# Ruskin Bond's World:

## Thematic Influences of Nature, Children, and Love in His Major Works

## Gulnaz Fatma, PhD

World Voices Series

Modern History Press

Library of Congress Cataloging-in-Publication Data
Fatma, Gulnaz.
 Ruskin Bond's world : thematic influences of nature, children, and love in his major works / Gulnaz Fatma, MA, MBA, PhD.
   pages cm. -- (World Voices Series)
 Includes bibliographical references and index.
 ISBN 978-1-61599-199-0 (pbk. : alk. paper) -- ISBN 978-1-61599-200-3 (ebook)
 1. Bond, Ruskin--Criticism and interpretation. 2. Nature in literature. 3. Children in literature. 4. Love in literature. I. Title.
 PR9499.3.B65Z68 2013
 823'.914--dc23
                                        2013020294

Modern History Press
An imprint of:
Loving Healing Press
5145 Pontiac Trail
Ann Arbor, MI 48105

www.ModernHistoryPress.com
info@ModernHistoryPress.com
Tollfree USA/CAN: 1-888-761-6268
London England: 44-20-331-81304

Distributed by Ingram Book Group (USA/CAN/AU), Bertram's Books (UK)

# Contents

# Introduction

It is difficult to define the theme of a literary work, but various scholars have done the job in their own ways. The theme reflects a way of life and presents the vision of a writer. It is an outcome of a vague system and is expressed through the work of art. In every genre of literature, whether a short story or a novel, the theme of a literary work is an expression of a writer and his observation of things; hence the theme of a work is a reflection of an author's own experiences, ideas, and the way he organizes everything in a perfect style.

According to contemporary literary studies, a *theme* is the main concern of the author, for it is a means of conveying whatever message, moral, or commentary he is trying to send regarding the said concept. For quite some time, a theme referred to a "message" or "moral," but the literary critics have now given up this concept to avoid confusion regarding the subject of discussion and composition. The previous usage led to the problem of conflation of "subject" and "theme," but the new terminology put an end to this confusion.

Thus, according to recent scholarship and pedagogy, identifying a story's theme does not necessarily involve identifying the story's claims, for instance about the definitions, properties, values, or significance of the concept of death. Like morals or messages, themes often explore similar recognizable ideas that are quite clear in their expression. Along with plot, character, setting and style, theme is one of the important components of fiction.

In his writing, Ruskin Bond records his own experience of life and his observations about things and people, which left an abiding effect on his mind. Hence, he created stories from his surroundings. He employs a variety of themes in his stories. They pertain to love, pets, animals, children, and objects of nature. His sober temperament affected his lifestyle. He had a polite and highly adjustable personality like his father. His melancholy and love of solitude, and also his lack of resources, did not allow him to get married and lead a happy life. Ruskin Bond was a voracious reader, which is evident from the variety of themes he uses in his short stories. He read about fifteen thousand books during his school days, and then he started his career as a writer. The repetitive themes in his works include his relationship with his father, his mother's desertion, cross-culture dimensions set by society, love of nature, unrequited love, and, changes taking place in India each day.

Although Ruskin Bond took up serious themes for his stories, they are never dull. Bond couches the themes in an interesting story to attract the common reader. His attention is focused on middle class men and women who follow their own ways of life. He writes about beggars—villagers who may be poor and yet have their point of honor, which the author reveals through his stories. Bond thinks that even a rogue has his point of honor, and a virtuous person has his point of dishonor. He therefore loves mankind. He has written about every aspect of life. From childhood to old age, he writes about experiences and incidents from his life. His favorite themes are: nature, animals, orphans, children, unrequited love, and wise old men and women.

# Chapter One – Shaping Influences on Ruskin Bond's Life

Ruskin Bond, renowned master short story writer, was born on May 19, 1934 at Kasauli (Himachal Pradesh) India. He is the eldest child of the late Aubrey Alexander Bond, who was a British officer in the Royal Air Force in India. His sister, named Edith Allen, was born in Dehra in 1936. She was a victim of childhood polio, which left her with disabilities requiring special care and attention. Edith lived with her grandmother, but Bond grew up with his father in Jamnagar (Gujarat), Dehradun and Shimla.

Ruskin Bond had his primary education in the boarding school in Mussoorie. In his autobiography, *Scenes from a Writer's Life*, Bond refers frequently to fond memories of his father. He describes in detail the days he spent with his father at Jamnagar, Dehradun, and Shimlad. His father's job required several relocations, so Bond and his father visited new places and surroundings. This provided him ample experiences relating to different countries, cultures, geography, and political history, and it also developed his general awareness of things. Bond also got an opportunity to attend the classes his father arranged for Indian princes and princesses because Aubrey Bond was appointed in the princely state of Jamnagar as tutor guardian to the royal children. Ruskin Bond stayed in Jamnagar for five years, where he came closer to Indian culture than any other British child in India. He grew up in the company of little princes and princesses and was also friendly with his Indian cook, ayah (nursemaid), and gardener, and he did not mind differences of caste or social status. Ruskin Bond collected a lot of information during his stay at Jamnagar. After a span of forty years, he wrote a story "The Room of Many Colors" about one of the rooms in the palace, which was on top and full of small windows.

During this time, Ruskin Bond lived in a Tennis Bungalow surrounded by forests, with many species of trees, flowers, and bushes, where his father introduced him to the trees as the best friends of human beings. He always remembered this, and today, he still prefers nature to people whenever he feels gloomy. He also cultivated an interest in cinema and enjoyed going to see the movies along with his father. They saw movies like *Bitter Sweet* (1933), an operetta by Noel Coward, and *Tarzan of the Apes*. Bond always remembered the happy days at Jamnagar because it was the best time he spent with his father whom he loved very much.

Bond was taught his first lessons from his father, who inspired him to read the classics of children's literature, and he also enjoyed reading comics. His favorite book was Lewis Carroll's *Alice in Wonderland*, which made him aware of the absurd aspects of life. Young Bond loved to wander about in the palace grounds and uninhabited places, which had the same attraction for him. It was also a difficult time for him because Bond's parents were not getting along. Edith's disabilities were also a cause of disturbance and aloofness for them. The most terrific and sad experience for Bond was when he was sent to a convent school at the hill station of Mussoorie because his father had to go to Delhi in 1941 during World War II. Bond wrote about this in "Life with My Father":

> The War wasn't going too well for England in 1941, and it wasn't going too well for me either, for I found myself interned in a convent school in the hill station of Mussoorie.[1]

Ruskin Bond was sent to Hampton Court School at Mussoorie at the tender age of seven, where he spent an unhappy year, although he enjoyed receiving postcards of the "Gran Pop Series" from his father. While he never felt a sense of belonging to the school, it was not a source of unhappiness. His mother quite unexpectedly withdrew him from school and put him on the night train to Delhi without any discussion. His father received him at the Delhi railway station where he came to know about the separation of his parents. Bond was left in the custody of his father while Edith had to live with their paternal grandmother, Glorina Bond, in Calcutta. His brother William, who was born in Dehra in 1942, was taken by his mother.

He learned that his mother was resolved to marry a Punjabi businessman, Harbans Lal Hari, who owned a used car showroom and an auto repair shop in Dehra. Mr. Hari had deserted his wife for Mrs. Bond. But these two years were a golden period of Ruskin Bond's life when he stayed with his father, although he also shared the pain of his

---

[1] Bond, Ruskin. "Life with Father." *Scenes from a Writer's Life: A Memoir.* New Delhi and New York: Penguin Books, 1997. p. 7.

father who was forced to give up his mother. His father's heart was totally broken and his son was the only source of comfort for him. Bond's father gave him attention and companionship, and this was the time when Bond enjoyed all his father's belongings such as his collections of stamps and gramophone records.

After these glorious years in New Delhi, Bond's father convinced him that he needed formal schooling and the company of children of his own age. His father decided to go to Shimla to visit Bishop Cotton School. Bond also went to Shimla with his father. Shimla was far away from Calcutta, so it was difficult for Bond's father to come there regularly, but he promised to write letters to his son quite frequently, giving news about Calcutta, Grandmother, and Edith, and his stamp and record collections. Finally, Bond agreed to study at Bishop Cotton School. It was a school for boys and he found it much better than the Convent School of Mussoorie. His father made him read Rudyard Kipling's *The Phantom Rickshaw* and other works by great writers of the day. Mr. Bond was a great admirer of English literature and wanted his son to become a writer. Bond was named after the Victorian essayist John Ruskin by his father, as his mother later stated. During these two years, he did not see his mother, who was enjoying her relationship with Mr. Hari, Bond's future stepfather.

Ruskin Bond and his father regularly corresponded. He used to receive his father's letters once a week. When his father was transferred to Calcutta in 1947, he let his son know that he would transfer to a school in England soon after independence. Their future was bleak in India, but he was trying to find the hidden writer in his son through the letters. Mr. Bond always inspired his son to write diaries, memoirs, and journals to develop his writing style.

In his last letter, he wrote about his son's writing in these words:

> I wanted to write before about your writing Ruskin, but forgot. Sometimes I get letters from you written in very small handwriting, as if you wanted to squeeze a lot of news into one sheet of letter paper. It is not good for you or for your eyes, to get into the habit of writing small: I know your handwriting is good and that you came 1st in class for handwriting, but try and form a larger style of writing and do not worry if you can't get all your news into one sheet of paper—but stick to big letters.[2]

---

[2] Bond, Ruskin. "My Father's Last Letter." *Scenes from a Writer's Life: A Memoir*. New Delhi and New York: Penguin Books, 1997. pp. 28-29.

Ruskin Bond could not forget this letter; he always kept it with him because very soon he got the news of his father's death due to malaria. This was a big shock to him. No one helped Bond to attend his father's funeral, which made it difficult for him to reconcile with his loss:

> There being no tangible evidence of my father's death, it was, for me, not a death but vanishing...and subconsciously expected him to turn up and deliver me from an unpleasant situation.[3]

Bond's father was not a rich man. His most valuable possession had been his extensive stamp collection, which he started selling gradually for he intended to move to England to advance his son's education there. However, after his death, the stamp collection was nowhere to be found and Bond was left with no inheritance. Being idealistic, he did not care for money, "My father taught me to write, that was inheritance enough."[4]

Years later, Ruskin Bond bravely confronted his feeling at the loss of his father by writing "The Funeral." In this short story, he exposes the insensitivity of the adult for deciding what is good for the orphan protagonist when his father dies. His father's death made him feel lonely, and he found nobody immediately to take care of him. He was given more shocking news by Mr. Priestley, the school headmaster, that at the closing of school he had to go to live with his mother. Mr. Priestley collected all the letters of Bond's father in order to keep them safe and to return them at the closing of the school, but unfortunately, when Bond asked for these letters, Mr. Priestley denied that he had them.

At the closing of his school, Bond returned to Dehradun alone and somehow managed to go to his stepfather's house on his own. After that, life became more complicated for him. Mr. Hari, his stepfather, was never cruel or unkind to him, and he did not mind his presence as Bond wrote in his memoir in "Mother and Stepfather." Bond had a unique temperament since childhood. He had his own whims and fancies; he was always an introvert and loved solitude as he wrote in his autobiography:

---

[3] Bond, Ruskin. "Coming Home." *Scenes from a Writer's Life: A Memoir.* New Delhi and New York: Penguin Books, 1997. pp. 44-45.
[4] Bond, Ruskin. "Coming Home." *Scenes from a Writer's Life: A Memoir.* New Delhi and New York: Penguin Books, 1997. p. 48.

From the start I insisted on having a room of my own, something I was always to insist on, even if it meant sleeping in a tin shed in the garden. My first room wasn't a tin shed; it was a nice room with a view of the litchi trees and the road and a large open plot on the other side of the road.[5]

Ruskin Bond had difficulty adjusting himself to life in his new house, so he started to read books as his father had already introduced him to a world of reading. He read all the books he came across because books gave him an escape from reality and they always provided good companionship throughout his life as he mentioned in his autobiography:

I began to read whatever books came my way. As very few did, I could not be choosy. But whatever they were—cheap thriller or Victorian classic or even erotica (there was some of that around)—it provided me with an escape from the reality of my situation. And it was during those first winter holidays in Dehra that I became a bookworm and, ultimately, a book lover and writer in embryo.[6]

Besides books, Bond also found two good friends at that time, one Mrs. Kellner who was a tenant in his grandmother's house, and another, Dukhi, who was forty years old and a gardener. Bond regularly visited Mrs. Kellner because she always offered him cakes and meringues, and Dukhi gave him knowledge of different flowers and names of trees, etc. Bond did not enjoy the friendship of children of his own age. He preferred to talk to older people who shared their experiences with him.

Although Mr. Hari and his mother tried to arouse a love of hunting in Bond by taking him on their *shikar* (hunting for sport) trip, Bond remained absorbed in his world of fiction. While at shikar, he found a library in a little farmhouse which he mentioned in his autobiography:

And while the great hunters were dashing off into the jungle with their guns (and frequently coming back empty-handed), I discovered several authors who were to give me considerable pleasure then and the years to come: M.R. James (*Ghost Stories*

---

[5] Bond, Ruskin. "Mother and Stepfather." *Scenes from a Writer's Life: A Memoir*. New Delhi and New York: Penguin Books, 1997. p. 36.

[6] Bond, Ruskin. "Mother and Stepfather." *Scenes from a Writer's Life: A Memoir*. New Delhi and New York: Penguin Books, 1997. p. 38.

*of An Antiquary*), P.G. Wodehouse (*Love among the Chickens* was my introduction to PGW), and A.A. Milne (with *The Red House Mystery*). I was always to prefer Milne's adult stories and plays to his children's stories.[7]

Books became Bond's best companions. He made them his best friends who always served him. His love of books kept him away from worldly things and inspired him to be a writer. Nature and books accompanied him everywhere. He found food for thought in flowers, trees, rain, and snowfall, which also gave him pleasure and delight. Ruskin Bond could not forget the first snowfall in Dehradun after his return from school. He enjoyed it very much, for he was trying to come out of the shackles of fate that had deprived him of the smile he used to have when his father was alive. Now nature seemed to replace bitterness and provide a glimpse of natural beauty.

Snowfall soft and smooth, the greenery of mountains, and the tall shady trees of Dehradun gave Bond a new hope for life. He learned a lot from nature, and as a result, he became an admirer and lover of nature even in his childhood because nature treated him as a mother. His love of nature made him self-sufficient. He was different from friends and relatives even at that age, for he preferred nature and his books to anything else.

Ruskin Bond's dream of having his own room was fulfilled when Mr. Hari became bankrupt and started to live with his first wife, and his mother had to take up a job in Green's Hotel as the manager. Then she allowed Bond to live in a small room at the back of the hotel. It was away from the humdrum of life. There he wrote many articles, journals, and diaries, which became the basis for the plots of many of his stories.

In his autobiography, Ruskin Bond also mentions the playground of Shimla. His association with his school at Shimla after his father's death was a source of happiness and relief for him. He became sober and mature and kept himself away from the company of wayward boys. For a friend, he selected Omar, with whom he played hockey and chose goal-keeping for himself. He writes to the following effect:

> Omar as a fullback, I as a goalkeeper, I think a defensive position suited me by nature. In all modesty I have to say that I made a good goalkeeper, both at hockey and football. And fifty

---

[7] Bond, Ruskin. "Mother and Stepfather." *Scenes from a Writer's Life: A Memoir.* New Delhi and New York: Penguin Books, 1997. p. 38.

years on, I am still keeping goal. Then I did it between goalposts, now I do it off the field—protecting a family, protecting my independence as a writer.[8]

Bond enjoyed playing hockey and football, for he dreamt of achieving excellence in sports. He played intramural games also and wrote a book titled *Nine Months* about one term of his schooling which was fairly lengthy, but it was lost because one of his teachers, Mr. Fisher, found it and tore it up. This was during the war of independence in India, which influenced all who lived in the country, and this also affected the lives of students in Shimla. India was divided and Pakistan came into existence. Bond again suffered a setback because he lost his good friend Omar, who went to Pakistan as Lahore became part of that country.

After completing his term at school, Bond came to Dehradun for further study. He read *Oliver Twist*, *Wuthering Heights*, and Shakespeare's complete works. There was no entertainment available to him because cinemas were closed due to rioting. Bond was fortunate since the Royal Air Force (RAF) was paying for his schooling so he was able to study for a Bachelor of Science. At the time, the science course at Shimla was undergoing drastic change. India was divided and Gandhi was assassinated. In school, he found a new teacher, Mr. Jones, an ex-army Welshman who taught him divinity and gave him the Bible to read. Mr. Jones was also a good reader of books. He presented a copy of the complete works of Charles Dickens to Bond. After reading *David Copperfield*, Bond decided to become a writer rather than a goalkeeper or a dancer. He was very much influenced by *David Copperfield*:

> I launched into *David Copperfield*, which I thoroughly enjoyed, identifying myself with young David, his triumphs and tribulations. After reading *Copperfield* I decided it was a fine thing to be a writer.[9]

While studying, Bond also enjoyed reading. Being a voracious reader of old and new writers gave him a good foundation for writing. The school library provided him with all kinds of books. The dream of

---

[8] Bond, Ruskin. "The Playing Fields of Shimla." *Scenes from a Writer's Life: A Memoir*. New Delhi and New York: Penguin Books, 1997. pp. 52-53.

[9] Bond, Ruskin. "Reading was My Religion." *Scenes from a Writer's Life: A Memoir*. New Delhi and New York: Penguin Books, 1997. p. 38.

his father was turning into reality. Bond was taking part in essay writing competitions and won prizes, which made him more confident and developed his creative talent. Although Bond also enjoyed watching movies and listening to music, books were his main entertainment. There he found both companionship and pleasure and also an escape from reality. It was a world of which he could be deprived by none. He attained popularity at Bishop Cotton School, while students of his age group were more fascinated by movies, which were easier than reading. Reading was Bond's religion, and he derived pleasure out of it. He regarded books as his companions:

> Book readers are special people, and they will always turn to books as the ultimate pleasure. Those who do not read are the unfortunate ones. There's nothing wrong with them; but they are missing out on one of life's compensations and rewards. A great book is a friend that never lets you down. You can return to it again and again, and the joy first derived from it will still be there.[10]

Ruskin Bond preferred to walk rather than ride a bicycle or use any other vehicle. He believed that when you walk, you get to know about people and your surroundings. By walking, you can enjoy natural scenes like gardens, trees, ponds, hills, but if you use a vehicle, you miss all the beautiful scenery.

He was quite a shy and reserved fifteen-year-old boy. His parents' unhappy married life and his father's sentiments about it also affected the shy and sensitive Ruskin Bond as is reflected in his works. He blamed his mother for leaving them, even though his father suffered from frequent bouts of malaria. This feeling of anger and melancholy was evident in his stories. When he grew up, he could better understand the problems between his parents and his mother's point of view.

Because he belonged to an Anglo-Indian family, Bond could not find many friends. The British did not see Anglo-Indians as kinsmen, socially viewing them as "half-caste" members who were morally and intellectually inferior to the sons and daughters of Britain.[11] Since they

[10] Bond, Ruskin. "Reading was My Religion." *Scenes from a Writer's Life: A Memoir*. New Delhi and New York: Penguin Books, 1997. pp. 66-67.

[11] Jame, Sheila Pais. "Anglo-Indians: the Dilemma of Identity." http://ehlt.flinders.edu.au/projects/counterpoints/PDF/A7.pdf

often identified with Western culture and values, Anglo-Indians might often be equally mistrusted by people of wholly Indian origin.

Although Mr. Hari was an Indian, he only had contact with his friends relating to business, so Bond's circle of friendship was therefore limited. Among servants, he had friends like the tonga (horse-cart) driver Bansi and the gardener Dukhi. Bansi always gave him free tonga rides. During the school vacation in his second year, Bond found a bookshop in Dehra. He did not get much inspiration from school and he believed that formal education was not essential for becoming a writer:

> I was sixteen that year, and I felt I was wasting my time in school. Dickens had not done much schooling, I reasoned; nor had Jack London or Joseph Conrad or the Brontë sisters or other favorite authors.[12]

Ruskin Bond found the short story suitable to his temperament because through this form of art, he could narrate events that affected him. He was both very selective and sensitive. After completing his Bachelor of Science degree, he gave up studying and indulged in creative writing. He got his stories published in various magazines printed in different parts of India. *My Magazine* paid him five rupees per story, which were sufficient to meet all his needs. Five rupees were enough to purchase the tickets of a movie twice a week. He received a check for fifty rupees from *Weekly*. He was not extravagant and had few demands. He knew how to adjust himself to the new atmosphere of his life. He never thought of collecting a lot of money and never dreamt of a luxurious life. Rather, he preferred to live like a common man and behaved accordingly.

In 1951, Ruskin Bond explored Dehradun, admiring its various aspects such as observing trains, washer men, and wrestlers, and playing football and cricket in the playground. He also became friendly with Indian people including Somi, Kishan, Daljeet, Haripal, Ranbirand, and his sister Raj, and he visited their homes, playing badminton, and taking bicycle rides in the outskirts of Dehra. He liked to wear Indian clothes and eat Indian food, and he visited the Sikh and Hindu places of worship along with his friends and listened to the folktales and religious stories told by his friends' mothers. Bond loved his friends and shared with them all the ups and downs of his life. He

---

[12] Bond, Ruskin. "The Young Rebel." *Scenes from a Writer's Life: A Memoir.* New Delhi and New York: Penguin Books, 1997. p. 75.

always liked to be associated with dreams on account of his positive attitude toward life. Although there would be a long road ahead, he never gave up hope to become a professional writer.

Ellen Clarke, his grandmother, was much concerned about Bond's future on account of Mr. Hari's declining business, so she took out an insurance policy in his name. The policy matured in 1951, and he used the money to go to the island of Jersey. At his mother's request, Aunt Emily agreed to let Bond live with her in Jersey until he made an alternate arrangement. Bond now was ready to face the world and to fulfill his dream of becoming a writer. This decision led to an inner conflict relating to his departure from India. As he states:

> Perhaps I am rotting here; perhaps the West will do me good. I have achieved nothing but happiness.[13]

He thought of giving up this apparently happy life to enter a world of rush and work and worry. He mentions his desire for recognition:

> It is the desire of recognition and applause that lures me away. I tell myself that fame is not greatness, and that if I remain as I am long enough, I shall soon grow accustomed to obscurity. At least I shall retain my individuality, and in art that is most important.[14]

On October 14, 1951, at the age of seventeen, Bond left Dehra by train, away from the comfort of life and friends to go to a new country, all by himself. His last publication in a Dehra journal was like a tribute to India and his childhood.

In Jersey, everything seemed different from India. He stayed with his aunt Emily, but he could not enjoy the comfort of a home. His forefathers were British, yet he felt himself a stranger there. He was an Indian by temperament. He wrote:

> I was longing for the languid, easy going, mango-scented air of small town India: the gulmohar trees in their fiery summer splendor, barefoot boys riding buffaloes and chewing on sticks of sugarcane; a hoopoe on the grass, bluejays performing aerial

---

[13] Bond, Ruskin. "The Pure, the Bright, the Beautiful." *Scenes from a Writer's Life: A Memoir*. New Delhi and New York: Penguin Books, 1997. p. 114.
[14] Bond, Ruskin. "The Pure, the Bright, the Beautiful." *Scenes from a Writer's Life: A Memoir*. New Delhi and New York: Penguin Books, 1997. p. 121.

acrobatics; a girl's pink dupatta flying in the breeze; the scent of wet earth after the first rain; and most of all my Dehra friends.[15]

In Jersey, Bond found a clerical job that left no time to pursue his creative writing because he had to work long hours except on weekends. His memories of happy days spent along with friends in Dehra were his only consolation. Whenever he could spare time, he wrote in a diary about distant friends, and thus, he could share those moments of happiness as if everything were happening then and there. It was a hard task to find a publisher who'd print such emotional passages. He did not know then that these writings would be the seed for a novel titled *The Room on the Roof*.

In Jersey, he switched from one job to another. His second job was as an assistant to a travel agent, and a third was in a public health department. These jobs taught Bond about the racial prejudice in Jersey. When he booked a room for a black couple, he was dismissed from the job for he'd violated the rules of the hotel that did not allow blacks to stay there. As he sought a better job, he got access to a library where he went through the complete works of Tagore, Sudhin, Ghosh, and other Indian writers. This renewed his efforts to become a writer. He felt uncomfortable at his aunt's place because both his uncle and aunt showed disapproval of his liking for Indians. His jobs being temporary, Ruskin Bond made up his mind to leave Jersey and went to London, but there he found life miserable as well. His three years stay abroad proved unsuccessful in every respect.

In London, he found more time to pursue his creative writing than in the backwater island of Jersey. He still couldn't stick to a job more than a few months, and therefore, while employed in the Photax office, he wrote his first novel entitled *The Room on the Roof*. It was difficult for a seventeen-year-old boy to get a novel published. After many rejections, Andre Deutsch agreed to take the risk to publish the novel. Then Bond met Diana Hills, editor and junior partner of Andre Deutsch. He later included their letters in his autobiography.

During his stay in London, he was often sick and admitted to a hospital where he had time to write many short stories. He now used the raw material from his diaries. He met Vu-Phuong, a Vietnamese girl with whom he fell in love, but he could not marry her because she went back to her country and never returned. Bond learned from the

---

[15] Bond, Ruskin. "Longing for India." *Scenes from a Writer's Life: A Memoir.* New Delhi and New York: Penguin Books, 1997. p. 132.

ups and downs of life to face bravely the difficult situations. He never
thought of taking a university degree. Rather, he preferred to go to the
theater, cinemas, bookshops, museums, and libraries to acquire
knowledge for self-education. He loved the English language and its
literature, and Britain was the most appropriate place to pursue his
career, but he did not like Britain personally for he always yearned to
go back to India. He refers to his experience in the U.K. in the
following words:

> Human contact! That was what I missed most. It was not to
> be found in the office where I worked, or in my landlady's
> house, or in any of the learned societies which I had joined, or
> even in the pubs into which I sometimes wandered...The
> freedom to touch someone without being misunderstood. To
> take someone by the hand as a mark of affection rather than
> desire. Or even to know desire. And fulfillment. To be among
> strangers without feeling like an outsider. For, in India there are
> no strangers...[16]

Ruskin Bond returned to India, where he'd always belonged. This
decision brought him happiness and hope for something better. It was
difficult to find a job without any formal education, but this fear of
unemployment could not keep him away from his dreamland, which
he'd always loved and missed. He returned to India at the age of
twenty-one, which began the second stage of Ruskin Bond's life again
in Dehradun.

---

[16] Bond, Ruskin. "Return to India." *Scenes from a Writer's Life: A Memoir.*
New Delhi and New York: Penguin Books, 1997. p. 155.

# Chapter Two – The Theme of Children's Stories

Ruskin Bond is considered to be a pioneer of children's literature in India. Since Bond liked his boyhood very much, all his children's stories, whether autobiographical or semi-autobiographical, express his longing for a happy childhood. He liked children because they are more frank, open-minded, and emotional. According to Bond, two children can become good friends merely by exchanging a marble, a coin, a doll, and bangles. Children do not like the restraints put on them by their elders. He liked children because they are without guile. All children love freedom, jumping in pools, and climbing on trees, and they are always curious to know about their surroundings. He felt close to the children of the world.

Ruskin Bond had published many casual short stories for children in magazines and newspapers in India and abroad, but he started to write regularly for children when he uprooted himself from Delhi to Mussoorie. Since moving to Ivy Cottage, as a grandfather to Prem Singh's children, he has constantly been writing children's stories to amuse his adopted grandchildren Rakesh, Mukesh, and Savitri. Through writing children's stories, he also fulfilled his own unfulfilled wishes and longings as a child. He writes in *Scenes from a Writer's Life* that:

> I don't suppose I would have written so much about childhood or even about other children if my own childhood had been all happiness and light.[17]

Ruskin Bond focuses on entertaining young readers. His pleasant attitude toward childhood is strongly influenced by his adolescent reading of the British and Indian Romantic poets; the poetry of Rabindranath Tagore; the simple attitude of Raja Rao, R.K. Narayan, and Mulk Raj Anand; and the depiction of an Indian childhood in the major works of Sudhin Ghosh. He follows the Romantic views of

---

[17] Bond, Ruskin. "Return to India." *Scenes from a Writer's Life: A Memoir.* New Delhi and New York: Penguin Books, 1997. p. 4.

Wordsworth, Shelley, and Coleridge. He sees dignity in the daily experiences and in the understated lifestyle of the people who live in the hilly Garhwali's towns and villages.

Ruskin Bond does not like the traditional children's stories of India, preferring stories like "Maugli" by Rudyard Kipling. Ruskin Bond's art of characterization is different from others', although many critics find fault with him for being autobiographical and subjective. However, he can be defended by comparing him with Charles Lamb. His characters are both archetypes and individuals, and most of them represent the middle class. Like Somerset Maugham, Ruskin Bond chose characters from his own surroundings, rather than based on his imagination. The rich and poor, small and grown up, vendor, trader, schoolboy, gardener, all are portrayed in their respective ways of living. Some of his characters resemble his father, Somi, Mr. Kapoor, Meena, caricatures like Rusty, Kishan, and some others are fictional.

His book for children, *The Hidden Pool*, is a collection of short stories. It is the story of three friends, Laurie, Anil, and Kamal. Laurie is the son of a British engineer in India, and Anil and Kamal are his Indian friends, who introduce him to the festivals, foods, and traditions of India. Laurie finds a hidden pool in the mountains, which deepens their friendship. "Hidden Pool" is the place where they swim, wrestle, and make plans for a trip to a glacier at 12,000 feet above sea level.

Another children's book by Ruskin Bond, *Grandfather's Private Zoo*, is a collection of ten short stories that had been published earlier in various magazines and newspapers. Some of these stories were written in the early 1960s in Delhi. The collection refers to the happy times Bond had spent at his grandmother's house in Dehra. These stories are based on what villagers had told him about his grandfather's liking for collecting strange animals. Ruskin Bond presents the book in first person narration to make it authentic.

He respects all religions, as reflected through the characters of his stories that belong to different sects, cultures, and religions. Ruskin Bond regards India and Indians as superior to Western civilized individuals. Many of his stories are a direct satire on Western culture and civilization. In India, he found humanism whereas Western people had become only machines for amassing wealth. India is the land of fables because its children are fond of listening to stories related by their grandparents before going to sleep.

Ruskin Bond first became known as a writer for adults, and then he became interested in writing stories for children. In his introduction to

*The Night Train at Deoli and Other Stories*, he writes that in the 1970s, when he was facing all kinds of problems, writing children's stories helped him to cope. Earlier, he had written a few stories for children, published in magazines and newspapers in India and abroad, but while in Mussoorie, after shifting to his new home, Ivy Cottage, he started writing more frequently for children as he played the role of grandfather to Prem Singh's children. He was always thinking of new stories to tell Rakesh, Mukesh, and Savitri. His innovation in Indian literature was to make children the protagonists in his stories. Also, these stories satisfied his own urge and desire to write about his lost childhood. He writes in *Scenes from a Writer's Life*:

> I don't suppose I'd have written so much about children or even other children if my own childhood had been all happiness and light. I find that those who have contented, normal childhoods, seldom remember much about them; nor do they have much insight into the world of childhood.[18]

Fortunately, his trauma was channeled toward children's classics, which provided an outlet to his own agonies. Ruskin Bond found a resemblance to Charles Dickens' character David Copperfield, who sustained himself in an unfriendly world. The thought that children are rarely given attention by their elders made him more sympathetic toward them. The children he came across in villages, their everyday experiences, suggested themes for his stories. He always enjoyed their company.

Ruskin Bond's children's stories can be put into two categories: personal and impersonal. Personal stories are autobiographical or semiautobiographical in tone, where he records his own reflections, unfulfilled passions, and small adventures. These are stories like "My Father's Trees in Dehra," "The Funeral," "When I Can't Climb Anymore," "The Tiger in the House," "The Playing Fields of Shimla," "Life with Uncle Ken," "The Cherry Tree," "The Last Tonga Ride," "Coming Home to Dehra," "All Creatures Great and Small," and "The Tree Lover." These stories show young Ruskin Bond's affinity with trees and pets and his love for the town of Dehra. He was deeply attached to the places where he spent his childhood; hence his stories are nostalgic and vivid, bringing to life charming little places, colonial

---

[18] Bond, Ruskin. "Life with Father." *Scenes from a Writer's Life: A Memoir.* New Delhi and New York: Penguin Books, 1997. p. 4.

bungalows, and fruit-laden orchards where he wandered about as a boy. His stories for children reflect his rich imagination.

A perusal of children's literature in India shows that at the time of independence in 1947, hardly any publishing houses produced children's books, and the adult publishers could not afford to invest in children's trade books during the early post-independence period. At that time, publishers were supposed to publish textbooks and supplementary readers to counteract the effort of colonialism and to replace the imported books recommended in schools where the medium of instruction was English. The National Council of Educational Research and Training (NCERT) was established in 1961 to publish bias-free and appropriate textbooks. However, those few people with a knowledge of English had to depend on books and magazines imported from England and the United States for their entertainment. India is known for oral literature, and therefore, the modern trend of creative writing known as children's literature written for young readers began in the nineteenth century under the influence of Western education and imported books. However, before the twentieth century, children's literature was confined to traditional tales related orally, and adapting adult books for children and translating foreign classics into Indian languages.

Today, fifty publishers in India produce books exclusively for children in all languages. Nearly 500 new titles are published each year. Ruskin Bond is the foremost Indian writer for children in English. When he started writing for children in the 1960s and early 1970s, books for children were quite rare in India. Now the children's book market is hard to penetrate. Short stories appear in children's magazines abroad such as *Cricket* (USA), the *Christian Science Monitor* (USA), *Elizabethan* (UK), *Reader's Digest* (USA), the *Lady* (UK), and *Asia Magazine* (Hong-Kong), and in English language magazines and newspapers in India such as *Children's World, The Times of India, The Illustrated Weekly of India, Deccan Herald, Statesman,* and *Hindustan Standard.*

Ruskin Bond was never inclined toward writing stories highlighting social and political issues. Instead, he wrote imaginative stories for the entertainment of young readers. In his stories, he brought to life the inner world of children, but it was not until 1979, the Year of the Child, that other Indian publishers, writers, and scholars paid heed to the emotional and psychological requirements of children.

Ruskin Bond's vision of childhood is entirely different from the bleak world he depicted in his novels. The most attractive period for a child is summer when he can indulge in festivals and activities. Ruskin Bond's children's literature was greatly influenced by his perusal of the evocative poetry of Rabindra Nath Tagore, and the social realism of Mulk Raj Anand, R.K. Narayan, and Sudhin Ghosh. Bond shares Wordsworth's Romantic view that nature showers its blessings on those who live in close contact with it. Rabindranath Tagore's (1861 – 1941) nostalgic association of childhood with a magical time is no less attractive. Tagore records the beautiful and memorable experiences of those who live in the small Himalayan towns and villages.

Ruskin Bond's early stories for children written during his stay in Delhi are based on his Anglo-Indian childhood, and they refer to people and places he knew as he grew up. The plots are based on journeys, friendships, and the simple pleasures and games of children. He wrote *Children's Omnibus* in 1995, published by Rupa Co. The book is a collection of seven children's stories. These very well depict the temperament of children. Some children are extremely mischievous, while others are innocent. Similarly, some are talkative and others are quiet and reserved. Ruskin Bond's knowledge of the temperament of children is amazing. It is so because he always spent time with children rather than adults. He excelled in writing children's stories as K.K. Biswas wrote in the foreword of Ruskin Bond's *Children's Omnibus*:

> During the last twenty years, Ruskin Bond has probably spent more time writing for children than for adults, and I find that they are as fresh and enjoyable as ever. They then give his books to their own children; Ruskin Bond has long since broken the age barrier.[19]

The *Omnibus* collection contains some of his well-known stories: the heroic poem "Angry River," the emotional "Blue Umbrella," the stimulating and naturalistic "Dust on the Mountain." One of the stories, "Cricket for the Crocodile" is about a cricket match played by the village children. A crocodile named Nakoo disturbs the game, giving the story a humorous twist. There are other characters like Ranji, Nathu, Sunder, Anil, and Sheroo, along with their fathers. All the characters represent different classes of society, including the lower and upper levels, but the characters are all loving and giving.

---

[19] Bond, Ruskin. "Foreword." *Ruskin Bond's Children's Omnibus*. New Delhi: Rupa & Co, 1995. p. i.

With this story, Ruskin Bond represents the happiness of childhood. The story reminds one of the peaceful days spent in villages where children have enough spare time to play in the open air as opposed to the humdrum and busy life lived in small flats, which are neither spacious nor have any exposure to natural scenery. Hence, children are confined to their homes and can only find an outlet by watching TV or playing games on the computer, which lead to bad health and the end of all social activity. Bond represents village life, which bears no tension and is full of generosity and kindness. The people living in cities are ambitious and selfish and also are complacent regarding their superiority. As they are engaged in a cutthroat competition, their children are deprived of the blessings of childhood. The story also highlights the relationship of children and parents. Through the story, Bond lays emphasis on the responsibility of parents to spend time with their children and get involved in their activities. The bank manager, the baker, and the postman also play cricket with their children. There is also a glimpse of Bond's hidden desire to play with his father during his childhood and this he fulfilled through the story. In his children's stories, there is a glimpse of the happy childhood which he yearned for.

Another story I consider an epic in itself is "Angry River." It is a short story but symbolic, with food for thought, and it has been published in England, the United States, France, Holland, and Denmark. In "Angry River," nature is depicted through a river that flows from the melting glaciers and snows of the high Himalayas. Bond writes about his protagonist's changing relationship with the river, from a deep love and gratitude on account of its several blessings to an awareness of its duality and the understanding of its mystical nature. This simple tale also reveals his deep insight into the philosophical concepts of Hindu scriptures and metaphysical thought. The protagonist of this adventure story is Sita, who lives on an isolated island. The story takes a decisive turn when the river suddenly changes its nature and becomes violent and destructive. Sita is alone at that time as her grandparents are away and there is nobody to save her. The entire island has sunk on account of the angry river when a boy, Krishan, appears on the scene and saves her life.

Ruskin Bond incorporates post-modern devices in the story that enable Sita to view her behavior and attitude from outside; she evaluates her experiences as she is experiencing them. At this juncture, when she is all alone and in danger, Sita critically examines her decaying physical world and her place in the cosmic order. Her ragdoll, Mamta, symbolizes wholeness amidst chaos and disarray.

Sita manages to reflect on her relationship with infinite powers. She doesn't accept the possibility that she is undergoing punishment for her Karma in this life or earlier, but indulges in dialectical reasoning. She has made the ragdoll and is determined to save it in the midst of the storm. She herself is a creation of God, and this is the device for the message of the story.

Sita tries to review the phenomena of rain and flood on the basis of her knowledge of Hindu mythology. Her grandmother imparted in her the required information about "Brahma," the omnipotent and omnipresent being regarding three functions as Creator who is Brahma, Preserver who is Vishnu, and Destroyer who is Shiva. She had visualized an impersonal image of the river as the destroyer, and she could not accept it as a wild beast:

> The river was very angry, it was like a wild beast, a dragon on the rampage, thundering, down from the hills and sweeping across the plain, bringing with it dead animals, uprooted trees, household goods, and huge fish chopped to death by the swirling mud.[20]

Sita visualizes the mythological character of Hindus. Like Hindu children who are told stories from the Sanskrit epics, Sita thinks specially about the identity of Krishan. He reminds her of lord Krishna, when Krishnan's dark skin looks blue in the moonlight. She could not help thinking of Krishna. In her sleep, Sita dreams of Krishna and Krishan who seem to become one and the same. In her dreams, she flies beside lord Krishna on a great white bird over the high Himalayas to the realms of the God.

The subconscious layer of dream sequences is associated with mythic time at a deeper allegorical level. Ruskin Bond's choice of names very well illustrates the story in the context of Hindu tradition. These names are apt and up to the mark. *Mamta* is a Hindi word, signifying affectionate love that a mother feels for her children. Sita loves Mamta dearly, and considers her as her best friend, with whom she can share all her thoughts. She talks to Mamta when she is depressed.

---

[20] Bond, Ruskin. "Angry River." *Ruskin Bond's Children's Omnibus*. New Delhi: Rupa & Co., 1995. p. 80.

"The God of the mountain is angry," said Sita. "Do you think they are angry with me?"

"Why should they be angry with you?" asked Mamta.

"They don't have to have a reason for being angry..."[21]

Like her name suggests, Mamta is full of affection like a mother. Krishna is a character who occurs in Mahabharata and Sita is the name of the heroine in the *Ramayana*. Krishna is worshipped as an incarnation of the god Vishnu. Hindus worship Sita as the divine mother because she is both beautiful and gentle. Sita's dream of flying on a white bird, "Garud," refers to an episode of the *Ramayana*, in which Garud tried to save Sita from the evil king of Lanka. Krishna and Sita in "Angry River" come from different Hindu epics. Both of them repeatedly reincarnate on earth to end human suffering.

Ruskin Bond also incorporates the symbolic meaning of Lord Krishna's flute into the story. To Hindus, Krishna's flute playing is the sensual equivalent of the quickening of life, the transcendental unifying spirit of God and nature. His music is regarded as a symbolic submission to the divine will. Like Lord Krishna, Krishan in the story is also a son of a humble cowherd. When Krishan leaves Sita, he gives his flute to her as a token of love, just as divine Krishna promised Radha to return soon. At the end of the story, the writer unites the male and the female to recreate a generation like Manu and Smirti, and that universe is recreated repeatedly after destruction. This story also showed Ruskin Bond's love and regard for children and illiterate villagers.

Ruskin Bond's second children's book, *Grandfather's Private Zoo*, was published by India Book House in 1967. It consists of ten short stories that had been published earlier in different magazines and newspapers. Some of these stories were written in early 1960 in Delhi and the rest in Mussoorie. They are reminiscent of his happy childhood days spent in Dehra. The author wanted to maintain coherence and decorum in the stories meant for the entertainment of young readers; hence, he chose the autobiographical style. The hero is the only son of his parents, who are away from the country, leaving him with his grandparents at Dehra. He is more intimate with his grandfather who has a menagerie of wild animals like Toto the monkey, who enjoys hot baths; a python, who indulges in self-admiration by looking into the

[21] Bond, Ruskin. "Angry River." *Ruskin Bond's Children's Omnibus*. New Delhi: Rupa & Co., 1995. p. 73.

mirror; Harold the hornbill, who plays with tennis balls; and Caesar the crow, who tears things to pieces. His grandfather admires animals that have a right to enjoy life, but the grandmother dislikes them on account of their dirty habits that make the house untidy.

The narrator loves animals and also enjoys the friendship of Ramu, the farmer's son, who comes to the pond along with the buffalos and makes him realize the falsity of differences in status. Although the grandfather and Ramu belong to different religions, they share the thought that one should be kind to animals and avoid killing them. In the story, the narrator secretly expresses his love of animals to entertain children and also to prove that even his grandmother was kind enough to nurse the wounded animals when they needed her help.

Ruskin Bond gives new expression to animals because Toto, Caesar, and Harold are attractive, despite their mischievous activities. At the end of the story, he advises readers not to keep animals as pets, for they are likely to become dangerous, and the forest is the most suitable place for their survival, like society is for human beings. Ruskin Bond writes to this effect: "Obviously Toto (monkey) was not the sort of a pet, we could keep for long."[22] Thus Ruskin Bond indirectly rejected such dangerous animals from the list of pets.

Through his animal stories, Ruskin Bond also throws light on the fact that animals are living creatures, with the same right to live as people, but they are killed for food and also tortured in laboratories for performing experiments. Often, they are killed merely for the sake of fashion to collect their skins for making stylish dresses for the chosen few. Bond was motivated to reveal the loving nature of animals so we also take care of them and avoid killing them for pleasure.

Ruskin Bond edited many short stories written by other writers on the theme of animals, and some of them are published in Ruskin Bond's *Children's Omnibus*. In the story "A Philosopher Stag," written by John Eviton, human violence toward animals is portrayed. In the story, the stag looks for greenery, trees, and the natural beauty of forests. He found these in the forests of India, which seem like a heaven, but soon the forests were destroyed by fire, burnt by people to clean the forest and all natural beauty as well, ending the lives of many animals and birds:

---

[22] Bond, Ruskin. "Grandfather's Private Zoo." *Ruskin Bond's Children's Omnibus*. New Delhi: Rupa & Co., 1995. p. 121.

A tongue of flame lit their faces for an instant before they fled. Within five minutes the jungle was alight at six points, and peace was no more.[23]

Ruskin Bond looks upon nature and animals with loving care. During his childhood, he spent time wandering in the forests to observe all kinds of animals. Animals do not usually harm human beings, and sometimes they show remarkable similarities to people. They also have a sense of love and responsibility. For instance, dogs are considered more faithful than human beings, as Rudyard Kipling wrote in his story "Garm, A Hostage" (edited by Ruskin Bond): "Dog is the best I know, for I made him myself and he is as good as man."[24]

Ruskin Bond has also written thrilling, moving stories that are usually true. In these stories, he has been influenced by such writers as James S. Lee, Pearl S. Buck, Rudyard Kipling, C.H. Donald, and Charles D. Robert. "Grandfather's Private Zoo" was written by Ruskin Bond in first person's narration to make it look authentic. Ruskin Bond also accepts this truth in the introduction to "A Town Called Dehra":

> Some of the characters in my Dehra Stories were fictional; some were based on real people. Granny was real of course.[25]

In his autobiography, *Scenes from a Writer's Life*, Bond does not mention his grandfather. Instead, Bond found inspiration from his adopted grandchildren Rakesh, Mukesh, Bina, and Savitri to write this story. He enjoys living with them. He always loved his grandfather, though he could not stay with him for a long time. Hence the story "Grandfather's Private Zoo" reflects his unfulfilled desire. His children's stories very well portray the advantages of a joint family where grandchildren get a chance to listen to stories by grandparents before going to sleep, so they know the amazing experiences of their grandparents. Hence, in his youth, Ruskin Bond always preferred the company of old people to youngsters.

Ruskin Bond writes animal's stories for the entertainment of children. There is a synthesis of fact and fiction in his stories. These

---

[23] Bond, Ruskin. "A Philosopher Stag." *Ruskin Bond's Children's Omnibus.* New Delhi: Rupa & Co., 1995. p. 55.

[24] Bond, Ruskin. "Garm, A Hostage." *Ruskin Bond's Children's Omnibus.* New Delhi: Rupa & Co., 1995. p. 101.

[25] Bond, Ruskin. "Introduction." *A Town Called Dehra.* New Delhi: Penguin Group, 2008. p. xiv.

stories are often close to reality because hill stations abound in animals like monkeys, crows, apes, and reptiles. Hence, some of his children's stories relating to animals are also based on his own experiences like "Monkey Trouble" and "Who Kissed Me in the Dark?" These stories seem to follow the style of writers who wrote about real experiences of their lives. James S. Lee is one such author. Bond edited Lee's story "The Coming of the Tiger" and included it in the book *Great Animal Stories*, published by Rupa & Co. The story is about James S. Lee's experience when he was posted to the northeast front of India as a mechanical engineer and was trapped by a tiger while engaged in his work at night. He was fortunate enough to escape, like Ruskin Bond's "Escape from Java." In this story, the protagonist and his friend Sono had an exciting experience when they were bombarded by a low-flying plane. Both of them were nine years old. Bond wrote:

> We were quickly on our feet and then began running in the direction of our homes. The twisted cycle lay forgotten on the road...[26]

Both of them nearly faced death. Lee saw death disguised as a tiger:

> The tiger's fangs soon were snapping within a couple of feet of my body. Its breath came in horrid, foul gusts, filling the chamber with a sickening odor...[27]

Some of Bond's stories are thrilling, others are gentle fun to entertain children. His favorite theme is a binding relationship between children and adults. In "Grandfather's Private Zoo" the protagonist has a loving and sensitive grandfather. In "Escape From Java," the adult is a loving and caring father. Hence, most of the stories portray a deep relationship between two generations. This makes all Bond's stories amusing for children and attractive for adults. These books tend to be passed on by adults to their own children. Ruskin Bond's children's stories sometimes follow the traditions adopted by Rudyard Kipling's "Maugli." He also seems to be influenced by the stories of Oscar Wilde, Charles Dickens, and Somerset Maugham. In Bond's stories, often childhood is spent in working in a tea stall or washing the vehicles of rich people. Sometimes the protagonist polishes the shoes on

---

[26] Bond, Ruskin. "Escape From Java." *Escape From Java and other Tales of Danger.* New Delhi: Penguin Group, No Date. pp. 82-83.

[27] Lee, S. James. "Coming of the Tiger." *The Rupa Book of Animal Stories* (Ed. Ruskin Bond). New Delhi: Rupa & Co., 2003. p. 7.

the roadside, while life is luxurious in other stories. In "Dust on the Mountain," the protagonist named "Bisnu" goes to the city in search of a job although he is merely twelve years old, yet he is a responsible person who runs his family. Bisnu has an optimistic viewpoint. Although he is almost a pauper, he never gives up hope to achieve something. In this story, Bond offers a glimpse of the rustic life. Bisnu faces the tragedy of a poor monsoon season in his village, where fields were dry, so Bisnu decides to go to Mussoorie to earn his livelihood. Bisnu is a very hardworking and optimistic boy. After encountering the difficulties of life, he manages to get a job in the cinema where he is to sell tea during the interval, but with the commencement of the summer season, the cinemas are closed for the tourists stopped coming. Soon he finds a new job cleaning a truck and assisting the truck driver. He likes this job, but unfortunately, the truck meets an accident and the driver is seriously injured; luckily Bisnu receives no injury, but he almost faces death. Then he decides to return to his own village. Ruskin Bond is very compassionate toward children who are forced to work instead of playing or studying during their childhood.

Ruskin Bond finds inspiration for his stories everywhere. Through Bisnu, Ruskin Bond depicts those children who need to work on the roadside or in shops, a common feature of Indian life. He throws light on child labor and also presents these things in such a way that everybody admires these children, who are ignored by society. Bisnu is very optimistic, loving, caring, and a sociable boy who has to put in a lot of labor to earn money for his mother and little sister. At the end, he feels proud of his land on which he works and says to Pritam, the truck driver: "I will work on my land. It's better to grow things on land than to blast things out of it."[28]

Just as Bisnu returns to his beloved home, Ruskin Bond himself came back from Britain to Dehra with the same sentiments. Bond wrote about Bisnu and himself: "It was his home and these were his fields! Even the snow was his."[29]

Through this story, Ruskin Bond also exhibits his love of trees: Bisnu's life was saved by a tree that stopped his descent while the truck plummeted to the bottom of a gorge. Then Bisnu made up his mind to grow trees, which are always helpful to human beings.

---

[28] Bond, Ruskin. "Dust on Mountain." *Ruskin Bond's Children's Omnibus.* New Delhi: Rupa & Co., 1995. p. 113.

[29] Bond, Ruskin. "Dust on Mountain." *Ruskin Bond's Children's Omnibus.* New Delhi: Rupa & Co., 1995. p. 114.

Ruskin Bond wrote many other stories about child labor; he was influenced by Charles Dickens in this regard because Dickens wrote about social evils and the struggle of poor children who work incessantly for their livelihood. Bisnu is a representative of child labor like Charles Dickens' Oliver Twist, David Copperfield, and Philip Pirrip. David Copperfield was one of Ruskin Bond's favorite characters. He'd read the novel in his childhood. David Copperfield, like Bisnu, goes in search of a job in London, when his mother dies and his stepfather, a cruel person, forces him to work. Like Bisnu, he struggles for a job and finds an unsuitable one in London during his school days. He meets his aunt and tells his sad story to her:

> I have been very unhappy since she's died. I have been neglected and thought nothing and thrown upon myself and put to work not fit for me. It made me run away to you. I was robbed at first starting and have walked all the way and have never slept in a bed since I began the journey.[30]

Ruskin Bond also read the full collection of Charles Dickens, and he wrote in his autobiography that he had a passion for Dickens. One of his teachers, Mr. Jones, gave him a complete set of Charles Dickens' works, and as said earlier, it was his reading of David Copperfield that first inspired Bond to become a writer:

> I launched into *David Copperfield*, which I thoroughly enjoyed, identifying myself with young David, his triumphs and tribulations. After reading *Copperfield* I decided it was a fine thing to be a writer.[31]

---

[30] Dickens, Charles. "David Copperfield." *Dickens' Stories About Children Every Child Can Read*. Ed. Jesse Lyman Hurlbut. May 2010, (eBook)

[31] Bond, Ruskin. "Reading was My Religion." *Scenes from a Writer's Life: A Memoir*. New Delhi and New York: Penguin Books, 1997. p. 63.

# Chapter Three – The Theme of Nature

Ruskin Bond is an ardent lover of nature. He writes about nature and always finds a lot of themes in it to write about, so he is never short of material. He never gets bored in the outdoors. He can spend hours listening to the songs of birds or watching a flower. He has an everlasting love affair with nature and with writing about it. Nature is his best stress relief. When he needs someone's company, he prefers nature to people. It was his love of the Himalayas that attracted him toward India and forced him to come back to India from London. In London, he missed the divine beauty of the hills and dales in the Garhwal Himalayas. These hills provided him endless enjoyment and impressions for a good life. Bond perfectly transferred these impressions into short stories, novels, and poems. He writes in "The Writer on the Hill":

> One seldom ran short of material. There was a stream at the bottom of the hill and this gave me many subjects in the way of small animals, wild flowers, birds, trees, insects, ferns.[32]

According to Bond, nature has a strange attraction and a strange love. Nobody can get bored in this love relationship. There is always something new in nature. The more you go to her, the more fascination you'll find in the love affair. A person who is in love with nature can never be old at heart because new flowers, leaves, even grass can give hope to a man. Ruskin Bond found infinite impressions and unending material in nature. He never yearned for the luxurious life of a metro city but preferred to live in the lap of nature. His love of the Himalayas never let him go anywhere else. Ruskin Bond became famous while living in the valley of Doon. He writes about his life in the Doon valley:

> It's hard to realise that I have been here all these years—forty summers and monsoons and winters and Himalayan springs—

---

[32] Bond, Ruskin. "The Writer on the Hill." *All Roads Lead to Ganga*. New Delhi: Rupa & Co., 2010. p. 4.

when I look back to the time of my first coming here, it really does seem like yesterday.[33]

Ruskin Bond's love of mountains is unique. He was raised among the trees at his grandfather's house. There were *peepal*, mango, jackfruit, and papaya trees around the house. His grandfather planted several trees; some of them are still standing and giving their shade and comfort to every passerby. Bond always loved to be with his grandfather during planting, sowing new seeds. His love of nature was imbibed in him since his childhood. He writes in his semi-autobiographical work "A Town Called Dehra" about the jamun, one of his favorite trees:

> One of my favorite trees was the jamun, also known as the Java plum. Its purple astringent fruit ripened during the rains, and then I would join the gardener's young son in its branches, and we would feast like birds on the smooth succulent fruit until our lips and cheeks were stained a bright purple.[34]

Bond's love of nature can be compared to that of romantic writers like Wordsworth, Coleridge, Shelley, and Keats, who worshipped nature. Ruskin Bond, also called the Indian Wordsworth, has the same feelings as Wordsworth had two centuries ago.

Wordsworth was a renowned nature writer of the Romantic age who gave the theory of four stages in the growth of one's love of nature. In the first stage, his love for nature was simply a healthy boy's delight in freedom and the open air. Ruskin Bond loves this stage very much. In many of his stories, protagonists are in their boyhood and are very close to nature. In the teenage stage, there is much energy and curiosity to know about one's surroundings and to explore the things as soon as possible. This is a favorite age to write about. In "Growing Up with Trees," the protagonist hides many things in the hole of a tree to get pleasure from his favorite things on that huge jackfruit tree, which was so leafy that it was impossible to be found by anybody. The boy enjoys the company of trees and remembers:

---

[33] Bond, Ruskin. "The Writer on the Hill." *All Roads Lead to Ganga.* New Delhi: Rupa & Co, 2010. p. 1.

[34] Bond, Ruskin. "Growing up with Trees." *A Town Called Dehra.* New Delhi: Penguin, 2008. p. 55.

I kept various banned items—a catapult, some lurid comics, and a large stock of chewing-gum. Perhaps, they are still there, because I forgot to collect them when we finally went away.[35]

Another famous short story based on boyhood is "The Hidden Pool." It is the story of a cross-cultural friendship between fifteen-year-old Laurie, the son of a British engineer in India, and his Indian friends Anil and Kamal, who introduce him to the festivals, foods, and folktales of India. Laurie's discovery of a hidden pool in the mountains seals their friendship—it is where they swim, wrestle, and make plans to trek up to a glacier. Their journey serves as an initiation rite that builds self-confidence and a love and respect for the Himalayas.

The stories in "The Road to the Bazaar" focus on the friendships, quarrels, simple fears, and triumphs of a group of boys and one girl who live in a small town and love every facet of nature. Summer conveys a mood of comfort, optimism, and joyousness. Butterflies and beetles hum lazily as the children explore the hills, forests, and river beds; climb guava and litchi trees; and take afternoon naps under shady trees.

In this genial atmosphere, Bond narrates the adventures of the protagonists with sensitivity and gentle irony. In "The Long Day," Suraj seems to be Wordsworth's healthy boy, who loves freedom and wants to live in the open air. He enjoys the shade of trees and eats fruit after leaving his home for the whole day because he fears the postman is going to bring his failing report card, only to find out that reports are due the next day. Another story, "The Fight," also presents the first stage of love of nature when Anil refuses to give Vijay exclusive rights to swim in the forest pool just because he is stronger. The atmosphere gets ugly, but Vijay's childlike curiosity at Anil's ability to dive and swim underwater dissipates the tension and they become friends and enjoy swimming.

The second stage of Wordsworth's theory is love of the senses, in which a person loves nature for its sensuous beauty. If we compare the sensuousness of Ruskin Bond's writing with the second stage of Wordsworth, we find that Ruskin Bond himself is a writer of extraordinary organic sensibility. His senses are highly receptive, even to the least vibration in nature around him. Ruskin Bond can notice the sound of the dry and thirsty earth. He easily catches the sound of

---

[35] Bond, Ruskin. "Growing up with Trees." *All Roads Lead to Ganga*. New Delhi: Rupa & Co., 2010. pp. 11-12.

falling petals and the drift of falling snow. In "Delhi is Not Far," the protagonist is surprised at his own behavior when he notices several new senses growing in him with his growing age. He enjoys the sensuous touch of earth, inhaled distant rare smells of variegated herbs, and other living and non-living phenomena. He always finds nature in new colors and freshness, and nature is so enticing that he is inspired to woo her.

Wordsworth's third stage in the growth of nature loving is sober by temperament. In this stage, nature takes on a sober coloring and love of nature now fuses with the love of man. This is exactly what happens in many of Ruskin Bond's stories. For example, "The Kite Maker" speaks of the inseparable relationship between man and nature. The analogy of man and tree gives the total essence of Ruskin Bond's treatment of nature.

The last and most important stage is the spiritual and mystical interpretation of nature, but Ruskin Bond avoids this kind of intellectualization. He is not keen to propound any theory of nature. He feels that too much application of cold logic distorts reality. Even mystification sometimes estranges simple objects. Like other naturalist writers, Ruskin Bond found an unending love affair with nature. From his boyhood to old age, he never left it. Now in his old age, when he has passed more than forty summers in the hills, he feels that:

> Time passes and yet it doesn't pass; people come and go, the mountains remain. Mountains are permanent things. They are stubborn, they refuse to move. You can blast holes out of them for their mineral wealth, strip them of their trees and foliage, or dam their streams and divert their currents.[36]

Like Wordsworth, Bond regards nature as humanity's teacher. There is an essential kinship between the soul of man and the soul of nature, and communication is possible only when the soul of man is in harmony with the soul of nature. According to Ruskin Bond, nature is very delicate and sensitive, and the more you love it, the more it will prosper. But in this age, when technologies are growing fast, we are neglecting her and doing deforestation for new industries, and one day, all of us will be responsible for the destruction of humanity. But time is changing slowly because now people are becoming aware of the coming danger of global warming. It's now becoming fashionable to be

---

[36] Bond, Ruskin. "Mother Hill." *The Rupa Book of Himalayan Tales*. New Delhi: Rupa & Co., 2010. p. 11.

an environmentalist, so the number of trees is slowly growing. Ruskin Bond writes in the short story "The Writer on the Hill":

> Now there is an outcry. It is suddenly fashionable to be an environmentalist. That's all right. Perhaps it is not too late to save the little that's left. They could start by curbing the property developers, who have been spreading their tentacles far and wide.[37]

Like the Romantic poet Percy Shelley, Ruskin Bond also finds joy in nature. His heart dances with joy to hear the music of a bird's voice. He thrills with listening to the song of a purple bird with a small yellow beak in the same way Shelley enjoys hearing the music of the skylark and Wordsworth enjoys the sight of daffodils. A voice or song of a bird can attract him to write poems and stories about them. In the story "Whistling Thrush," he mentions the purple lovely bird. He listened to its voice while he was sitting beside the window and was looking at new leaves on the walnut and wild pear trees. All was still when a sound emerged from one of the sides of the window. He was carried away by its song, and then he started to search out that beautiful voice again. He writes:

> It is a song that never fails to thrill me. The bird starts with a hesitant school boy whistle, as though trying out the melody; then, confident of the tune, it bursts into full song, a crescendo of sweet notes and variations that ring clearly across the hillside.[38]

Like Shelley and Wordsworth, Ruskin Bond loves all objects of nature with the glow and passion of a lover. He loves the homelier aspects of nature. He loves the desolate rocks and hills of the Himalayas. Bond is not a symbolist in the manner of writers such as William Blake, Poe, Melville, and Whitman. He does not use symbols as Symbolists who go to the outdoor world to find symbols for their own thoughts and emotions. Bond does not use symbols for the sake of symbols, but these are a natural part of his writing. Shelley is considered a great symbolist of the Romantic age who used his own type of symbols. Unlike Bond, Shelley's poetry acquires a singular force and power when one of his major passions finds its symbol in nature. His famous poem "Ode to the West Wind" is restless and moving like

---

[37] Bond, Ruskin. "The Writer on the Hill." *All Roads Lead to Ganga*. New Delhi: Rupa & Co., 2010. p. 2.

[38] Bond, Ruskin. "Song of the Whistling Thrush." *The Rupa Book of Himalayan Tales*. New Delhi: Rupa & Co., 2010. p. 14.

Shelley himself, and in "Adonais," pansies are the symbol of his sad thoughts. In contrast, Bond uses symbols to achieve an intensity and compactness of theme.

Ruskin Bond's treatment of nature sometimes seems similar to that of John Keats because his love of nature is also sensuous. Like Keats, Bond thrills at the touch of a little branch and dances with the prospect of a blooming bud and chases a butterfly like a small boy. Ruskin Bond is content to express nature through the senses—the color, the scent, the touch, the pulsing music. These are the things that stir him in the depths in the same way as for Keats. Ruskin Bond found nature kind enough to provide him a formidable sense of parental security. He could feel mountains flowing in his blood, giving a moral lesson of being strong, whether your life is good or bad, because time does not remains the same and we must not give up hope of being good in the future. Bond's response to nature is instinctive:

> April showers
> Bring swarms of butterflies
> Streaming across the valley
> Seeking sweet nectar.
> Yellow, gold and burning bright,
> Red and blue and banded white.
> To my eyes they bring delight![39]

Nature acts in a dual role for him. It provides new themes and also a background to his stories as it changes and refreshes his creative vigor. In the exhaustive process of writing a novel, even a tiny bird or a flower outside his window makes him fresh. The clattering of raindrops, the warbling of birds, the rippling and gurgling of brooks, the whispering of plants and the dancing summer breeze inspire his fiction with an exquisite softness. Coleridge also demonstrates a love of nature. Coleridge observed nature with a steady eye and could describe her with feeling and with accuracy. Similarly, Ruskin Bond likes nature to be free rather than walled in because in India people show their environmental leanings by having a few plants indoors or on a verandah. Bond leaves his room to enjoy nature outside.

Ruskin Bond does not concentrate on social, political, and economical issues like his contemporaries; observing nature is quite enough for him. He has always found new plots for his stories in

---

[39] Bond, Ruskin. "Butterfly Time." *A Little Night Music*. New Delhi: Rupa & Co., 2010. p. 11.

nature. Bond is far away from the materialistic world; he believes in simple living and has always remained close to nature. He chose to settle in Mussoorie, rather than a metro city full of humbug and pollution. The Taj Mahal is very fascinating for everyone, but Ruskin Bond finds a flower more fascinating than the glorious Taj. A flower symbolizes life for him:

> If someone were to ask me to choose between writing the essay on the Taj Mahal or on the last rose of the summer, I'd take the rose even if it were down to its last petal.[40]

He loves nature because he has found nothing in this selfish world of materialism. Bond passed a pensive childhood, being a motherless boy depending on his father, but after his father's death, he lived a lonely life; away from worldly relations, he found relief in the closeness of nature. Trees invited him with open arms, calling him to embrace them, and to forget all the worries of his life. Soon he became familiar with his surroundings; they were his guardians telling him the way of living. He made them his best friends and this friendship is still going on with the same enthusiasm as it was fifty years ago. This is nature, which can bare her bosom for big and small alike. Through the protagonists of his stories, Bond tries to get a happy childhood back, something he has wished for throughout his life.

Bond finds in all creatures a world of mysticism made by God. In his story "Monkey on the Roof," he mentions the mischievous monkey who can be easily distracted by a caterpillar crawling on the ground or a bee humming around. He can get a writing theme from an ant crawling on his desk:

> That small red ant walking across my desk may mean nothing to the world at large, but to me it represents the world at large. It represent industry, single mindedness, intricacy of design, the perfection of nature, the miracle of creation.[41]

Ruskin Bond found an affectionate mother in nature. After his father's death, he became aloof because his mother was busy in her new relationship with Mr. Hari; then Bond found emotional compensation in the warm lap of nature. He found nature always

---

[40] Bond, Ruskin. *Rain in the Mountains*. New Delhi: Penguin Books India Pvt. Ltd., 1993. p. 185.

[41] Bond, Ruskin. "Monkey on the Roof." *Funny Side Up*. New Delhi: Rupa & Co., 2010. p. 10.

welcoming him. It was his father who had introduced him to his everlasting relationship with nature. Nature has power to console the soul of an abandoned person. Bond writes in his short story "Mother's Hill" about the motherhood of nature:

> "Who goes to the hills, goes to his mother," wrote Kipling, and he seldom wrote truer words. For living in the hills was like living in the bosom of a strong, sometimes proud, but always a comforting mother. And every time I went away, the homecoming would be tender and precious. It became increasingly difficult for me to go away.[42]

Trees are familiar and always with him. In many of his stories, Bond's protagonists plant saplings with their grandfathers and fathers on the slopes of Dehra. These plants helped not only to keep the valley green, but also nurtured a great naturalist and environmentalist. He writes in *A Town Called Dehra* that he grew up among Indian trees planted by his grandfather before his birth. These trees gave him a sense of affection and he belongs to them. The trees and plants around him also assumed the role of a guardian spirit:

> Dehra was a good place for trees, and Grandfather's house was surrounded by several kinds—Peepul, neem, mango, jackfruit, and papaya. There was also an ancient banyan tree. I grew up amongst these Indian trees, while some of them were planted by Grandfather and grew up with me.[43]

Ruskin Bond loves greenery around his home. He is fond of knowing the varieties and names of the plants, trees, and flowers. His friendship with Dukhi, the gardener at his granny's house, provided him with a huge knowledge about the various plants and their Hindi names. Ruskin Bond, like his grandfather and father, continued the tradition of growing plants because trees are very useful for every human need. In the story "My Father's Trees in Dehra," a child happily asks his father when they will plant saplings together:

> "But no one ever comes here," I protested the first time. Who is going to see them?

---

[42] Bond, Ruskin. "The Tree Lover." *The Rupa Book Of Heartwarming Stories.* New Delhi: Rupa & Co., 2010. p. 12.

[43] Bond, Ruskin. "Growing Up with Trees." *A Town Called Dehra.* New Delhi: Penguin, 2008. p. 53.

"Someday," he said, "someone may come this way…If people keep cutting trees, instead of planting them, there will soon be no forests left at all, and the world will be just a vast desert."[44]

The faith of his father in the living organism of nature was firmly established in Bond's mind with the passage of time. After his father's death, Bond found the hills kind enough to provide him a sense of parental security. He could feel mountains flowing in his blood. The trees and plants around him also assumed the role of a guardian spirit. Nature, like an affectionate mother, was always with him and helped him to emerge out of his personal grief.

In Sanskrit, Kalidas, Baanbhatt, in Hindi Sumitra Nandan Pant, Suryakant Tripathi Nirala, and Mahadevi Verma, and in English, William Wordsworth, S.T. Coleridge, P.B. Shelley all are very close to nature. Like these lovers of nature, Ruskin Bond was also attracted to nature and devoted his life as her lover and priest.

Ruskin Bond moved to Maplewood Cottage, after giving up his job in Delhi. The cottage was situated between the shadows of Balahisar hills at the back and Paritibba in the front. It also faced a prominent forest, which kept him in high spirits. Bond's liking for flora and fauna and of the hills and dales is a result of his commitment to the place. He gives a detailed description of slopes, valleys, brooks, and forest with great geographical accuracy due to his natural familiarity with the region. The eternal beauty of the Garhwal Himalayas' landscapes flows in his numerous stories. In his short story "A Walk Through Garhwal," he gave the full description of the landscape: the rivers and even the vegetables that grow there. He is a walking person; he loves wandering in forests to search for nothing but the delight of the mysterious beauty of nature. He writes in "A Walk through Garhwal" about the loving hills:

> When I think of Manjeri village in Garhwal, I see a small river, a tributary of Ganga, rushing along the bottom of a steep, rocky valley. On the bank of the river and on the traced hills above, there are small fields of corn, barley, mustard, potatoes and onions. A few fruit trees grow near the village.[45]

---

[44] Bond, Ruskin. "My Father's Trees in Dehra." *A Town Called*. New Delhi: Penguin, 2008. p. 199.

[45] Bond, Ruskin. "A Walk through Garhwal." *The Rupa Book of Ruskin Bond's Himalayan Tales*. New Delhi: Rupa & Co, 2010. p. 70.

Ruskin Bond's characters are also drawn from that section of society that lives in close association with nature. They are small farmers, tonga drivers, shopkeepers, gatekeepers, gardeners etc. Most of his characters are born in the hills and have fellow feelings for insects, flowers, and trees around them. All Ruskin Bond's characters are innocent and ardent lovers of nature like himself. They represent life's finest attribute, an ability to find happiness and contentment in everyday life. Ruskin Bond's association with animals, birds, and insects is like that of a naturalist. By this long association, he has acquired a unique understanding of their habits. Ruskin Bond is also an environmentalist. He has been writing about nature since he started his career as a writer. When everybody was busy chasing success and the environment was being spoilt, he was anxious about the decaying of greenery and deforestation. Now, during the past two decades, the rest of society has started giving much more attention to the environment.

Eco-criticism as a concept arose in the late 1970s, but Ruskin Bond started to write about ecology and the polluted environment of cities a decade before this movement. He attracted his readers' attention to nature as a gift of God everywhere around us. This doesn't mean that it was a new subject invented by him since many great writers in the past had written about nature, but their presentations of nature were different. They saw the beauty of nature and praised it in their poetry and prose, but Ruskin Bond saw nature as his companion. He never compared a flower or the moon to his beloved. Instead, he found a parental guardianship in nature. Shakespeare, Spenser, and all the Romantic writers praised nature for her beauty and inspirational nature, but as a theory, it was first studied in America and then spread to the whole world. Now, everybody is aware of the need to save the environment because global warming is the biggest problem of the day for every creature on the earth. An individual can't change the world, but one must perform one's duty individually—even if no more than planting a single tree. Only then can we address the universal problem of the environment. Now an environmental component is a compulsory course in nearly every branch of studies. Ralph Waldo Emerson, Margaret Fuller, and Henry David Thoreau are renowned writers in American literature who also wrote about nature. Some feminist writers are also writing about the environment. Feminist writer Sherry B. Ortner mentions women's position by comparing it to nature in her essay "Is Female to Male as Nature to Culture?" Every department of education is concerned about the declining ecosystem. In his story "Mother Hill," Bond pointed out the decay of forests:

> One day, I thought if we trouble these great creatures too much, and hack away at them and destroy their young, they will simply uproot themselves and march away, whole forests on the move, over the next range and next, far from the haunts of man.[46]

In the stories of Ruskin Bond, there is a unique relationship between human beings, nature, and animals. Each has best adapted itself according to the others' mode of existence. The charm of creatures like butterflies, caterpillars, beetles, and squirrels is equally irresistible. Like a biologist, Bond records a scientific story of their habits and their living style, but like a true artist, he puts these creatures in his story with feeling. In his stories, there are also mythologies of Indian culture. He grew up among Indians and learned these Indian myths very closely. According to Hindu mythologies, some birds, animals, and trees are special because they have a different relationship with various gods. Ruskin Bond writes about Hindus, Muslims, and Sikhs without any partiality. He sees all the religions in the same way as nature provides pleasure to everybody without thinking about caste or creed.

Ruskin Bond doesn't subscribe to the blind adoration of nature. He considers it as an integral part of the human world. He is not forgetful to the realities of autumn, food, drought, heat, and storm. His characters struggle constantly in order to survive. Life is another name for struggle, and Bond ardently believes in the ultimate victory of man. In the story "The Night the Roof Blew Off," he mentions a storm in a comic way when he and his adopted grandchildren had to spend a sleepless night because of that terrifying storm in which the tin roof of his room was taken away by the wind and rain spoiled everything in his room, and all the night, he and his grandchildren remained shifting books from one room to another:

> Dolly and her brother Mukesh picked up armfuls of books and carried them into their room. But the floor was awash, so the books had to be piled on their beds. Two rooms were now

---

[46] Bond, Ruskin. "Mother Hill." *The Rupa Book of Himalayan Tales.* New Delhi: Rupa & Co., 2010. p. 11.

practically roofless, and we could see the sky lit up by flashes of lightning.[47]

However, a benevolent force of nature pervades his writing. Negative phases of nature are temporary. Autumn is followed by spring and drought by rain. In "Sita and the River," a flood destroys everything, but when it is over, people start living in the same way again with the realization that the river is the part of their lives. Ruskin Bond avoids intellectualizing nature. He doesn't aim at using any theory of nature. Bond, like D.H. Lawrence, believed in the religion of blood. He gives detail of his heroes by mentioning their day to day work, such as taking a bath in a river, basking their bodies by lying in the green grass, and enjoying the presence of birds and insects around them. His heroes are as innocent as he is in his life. Ruskin Bond thinks that one must be a child at heart to rejoice in nature.

In Bond's autobiographical story, "The Last Tonga Drive," the protagonist asks his grandmother about the jackfruit trees planted by his grandfather, and then his grandmother tells him about the tradition of planting the tree at the time of birth of a new baby, and at the time of celebrating a birthday. Although the story is autobiographical, it has a symbolic meaning in itself. This tradition of planting a tree at the time of birth was popular in ancient India, but now people have become so busy that they have no time to celebrate happy occasions in open nature. Birthdays are celebrated indoors or in the halls of reputed hotels. Nobody cares for nature, but Ruskin Bond reminds us of these traditions through his stories.

> "How old is the jackfruit tree?" I asked grandmother.
> "Now let me see," said grandmother.
> "I should remember the jackfruit tree. Oh yes, your grandfather put it down in 1927. It was during the rainy season. I remember, because it was your father's birthday and we celebrated it by planting a tree. 14 July 1927, long before you were born!"[48]

Ruskin Bond spent his childhood in Dehra, which was a good place for trees. His grandfather's house was surrounded by several kinds—

---

[47] Bond, Ruskin. "The Night the Roof Blew Off." *The Rupa Book of Himalayan Tales.* New Delhi: Rupa & Co., 2010. p. 11.

[48] Bond, Ruskin. "The Last Tonga Ride." *A Town Called Dehra.* New Delhi: Penguin, 2008. p. 37.

peepul, neem, mango, jackfruit, and papaya. There was also a banyan tree. Some were good for climbing and some were good for providing fruit. Bond writes in "Growing up with Trees" about all kinds of trees he saw around his grandfather's house, but he was fascinated by a banyan tree that was behind the house. He found it magical because he could hide himself in its branches. It was his favorite place to hide and to spy on the world below:

> The Banyan tree [a holy tree in India] was a world in itself, populated with small animals and large insects...its spreading branches, which hung to the ground and took root again. The tree was older than the house, older than my grandparents; I could hide in its branches, behind a screen of thick green leaves, and spy on the world below.[49]

Bond was fond of planting new saplings and watching them grow. He learnt from his grandfather that new plants are as soft, sensitive, and dependent as new babies; they need care and protection, but when they grow older, these trees give shelter to human beings. Trees are important, not only for people, but for birds and insects also, which live on them. In "Tree Lover," his grandfather tells him about the importance of trees because trees help human beings—by keeping the desert away, by attracting rain, by stabilizing the banks of rivers and for timber. When Bond asks his grandfather about the reason for planting a tree in a jungle, his grandfather replies:

> Men are cutting down the trees without replacing them. For every tree that is felled, we must plant two. Otherwise, one day there will be no forests at all, and the world will become one great desert.[50]

Ruskin Bond's famous story "Cherry Tree" was published in *Himalayan Tales*. He wrote this story for his grandson. The protagonist, Rakesh, is six years old and lives with his grandfather in Mussoorie. Rakesh loves eating cherries; it is rare to find any fruit in the Himalayan foothills because of the stony soil, but Rakesh used to live on the outskirts of Mussoorie, where cherry trees could grow. Rakesh plants a cherry seed in his garden. Apart from the hope of

---

[49] Bond, Ruskin. "The Tree Lover." *The Rupa Book of Heartwarming Stories.* New Delhi: Rupa & Co., 2010. p. 65.

[50] Bond, Ruskin. "The Tree Lover." *The Rupa Book of Heartwarming Stories.* New Delhi: Rupa & Co., 2010. p. 65.

growing fruit, cherry seeds were considered lucky in his village. Rakesh almost forgets about the seed, when one morning he sees a new small twig, which was well rooted and about four inches high. Rakesh loves the cherry tree like a child. When the tree grows older and taller, Rakesh is filled with pleasure because he has given a life in the soil. Rakesh feels ownership for the cherry tree as he is the possessor of it; then he thinks about God, who has created the whole world and how caring and loving he would be for all of us. Rakesh assumes that this cherry tree was special for him because he planted it by himself. Then how special we all must be to God who is our creator. When his grandfather asks him what he planted, he replies:

> "Just one small seed," said Rakesh, and he touched the smooth bark of the tree that had grown. He ran his hand along the trunk of the tree and put his fingers to the tip of a leaf. "I wonder," he whispered. "Is this what it feels like to be God?"[51]

---

[51] Bond, Ruskin. "The Cherry Tree." *The Rupa Book of Himalayan Tales.* New Delhi: Rupa & Co., 2010. p. 31.

# Chapter Four – The Theme of Love in the Stories

The literary argument that the idea of love in modern literature differs from that of earlier periods is irrefutably wrong. Although we find that writers of different ages characterize love in many ways, the central idea of love is still the same. Therefore, whether one reads the unattainable desire of Petrarch, the tender longing of Shakespeare, the impulsive prose of Dickens, or the feeling of love in John Donne's poetry, the message of love in its infinite forms remains the same. The concept of love is not only a literary attempt specific to the piece of writing, but also a study of psychology, sociology, and anthropology. Nothing different will be learned about love across eras, but rather it is a timeless message of the many aspects of love. Love as an idea or theme does not change from text to text or person to person. Love itself has many forms on the surface, although it has the same latent concept. It may seem unrequited, lustful, immoral, inherited, or religious, but it has the same passion and belief. Love as defined by the *Encyclopedia Britannica* is a very wide concept, relating to all sort of relationships:

> Love (libido) is the term used to describe such diverse manifestations of behavior and experience as the parent-child relationship, protecting reactions and appreciation of protective friendship, attachment to places, to occurrence or to food.[52]

The idea of romantic love was first popularized in Western literature by the concept of courtly love and chevaliers or knights in the Middle Ages. This type of love was usually non-physical and non-marital. Courtly love was an unrequited relationship with women of nobility, whom the knights served. Courtly love was often the subject of troubadours, and it could be generally found in artistic or aesthetic attempts such as lyrical narratives and poetic prose of the time. In contrast, marriages were commonly nothing more than formal or business arrangements. In conditions of courtly love, "lovers" are not

---

[52] *Encyclopedia Britannica*. New York: Britannica, 1978. Vol. 17. p. 399.

supposed to be engaged in sexual acts, but rather in the act of caring and emotional closeness. The attachment between a knight and his lady, or the woman of typically high nobility whom he served, may have become heightened psychologically but rarely physically. For a knight in the Middle Ages, it was a part of a value system of rules that he was destined to assist as a defender of the downtrodden or common people of the state, and particularly, he must be devoted in his service to the Lord.

*De Amore*, or *The Art of Courtly Love*, as it is known in English, was written in the twelfth century. This work is useful to differentiate physical from romantic love. Some believe that romantic love originated in the late nineteenth and early twentieth centuries, mainly from the French culture. Romantic love is contrasted with platonic love, which in all customs prevents sexual relations. The classical sense of love is a little different because in a classical sense, sexual drives were purified. Unrequited love, which is portrayed by Ruskin Bond in many of his short stories, can be romantic in different ways: comic, tragic, or in the sense that sublimation itself is comparable to romance, where the spirituality of both art and egalitarian ideals is combined with strong character and emotions. Unrequited love is also found in the Romantic period, but that period's term "romantic" is distinct from any romance that might arise within it.

During the initial stages of a romantic relationship between opposite sexes, there is often more emphasis on emotions, particularly those of love, intimacy, compassion, appreciation, and affinity, than on physical intimacy. In cultural and traditional societies, arranged marriages and engagements are customs that may conflict with romance due to the undesirable love that is only a forced relationship imposed by their families. But it is not the same with everyone. Sometimes, strong romance and love also can be seen between the partners in an arranged marriage. In the Elizabethan era, marriage meant wealth and status; it had little to do with love. However, Shakespeare lays great importance on marriage. William Shakespeare's interpretation of love is different from other writers'. Most of his plays are inspired by his own era rather than his own experience of life, such as *The Merchant of Venice*, *The Taming of the Shrew*, and *A Midsummer Night's Dream*. Shakespeare changes in his depiction of the idea of love. He shows that young love is fun and exciting, but when it turns into married love, it becomes divine.

In the Elizabethan era, love was portrayed as pure and innocent, and it turned into marriage. *As You Like It*, one of Shakespeare's best plays, ends with four marriages. Love is a central theme of the play, although in some of its variations, it cannot quite be said to be romantic! The love relationships may, at first glance, appear to be stock types: Rosalind and Orlando representing romantic hero-heroine love, Silvius and Phebe combining love in the lower classes with unrequited love, Audrey and Touchstone a darker attempt to seduce, and Celia and Oliver simply the tying up of loose ends. However, Shakespeare makes the theme interesting, not just through the sheer variety of relationships, but also through the unusual elements he brings to each.

Love portrayed during the later seventeenth century is different. Money is all-important, but sex only happens after marriage. Andrew Marvell, in his poem "To His Coy Mistress," directs his words at particular women he is courting, and by extension, to all young women. He offers advice, urging them to act upon their hormonal instincts as soon as possible. He does, however, urge them to catch the fancy of an upstanding man and marry him while still young and with the physical beauty that will catch the eye of a man. He doesn't believe there is enough time for extended flirting, as leading a man on without allowing him full sexual satisfaction will cause him to lose interest.

These views, portrayed in a love poem in the seventeenth century, are about feelings on love, and relationships among lovers. Feelings felt toward a woman then did not start because she had a beautiful personality; more likely, the beautiful looks are what counted, as did sex. The male figure fits in entirely with these ideas. He is pushy, impatient, and arrogant. He also sees her as a sexual object rather than appreciating her as a person. He piles upon her lots of flattery about her physical image: her eyes and her breasts—which is typical of this time period since breasts are seen as sexual objects.

Like the humanists, Ruskin Bond is an ardent lover of mankind, but many of his love stories have a tragic end. Bond did not approve of married love because he had experienced the bitterness of a broken family. To him, marriage is first a restraint that results in unhappiness. His love stories are unlike traditional ones and end on a note of despair. Ruskin Bond writes in the introduction to *The Rupa Book of Love Stories*:

> Why do so many great love stories end in sadness and tragedy? Whether it's Laila and Majnu, Romeo and Juliet, Sohni

and Mehar, Antony and Cleopatra, or the star-crossed lovers of Operas such as Carmen or Tosca, hero and heroine seem doomed to dying in each other's arms.[53]

Ruskin Bond highlights innocent love and sex that lead to absorption and are better than any compromise. The powerful emotions invoked by love reveal no evidential difference in the effect they have on man regardless of the period of writing. Therefore, one does not necessarily discover anything new about love. Instead, there is certain knowledge that love is enduring through the centuries with all its accompanying emotions, and it crosses political, language, philosophical, and religious boundaries. In short, love is an ageless universal constant. In Ruskin Bond's love stories, two individuals are attracted to each other, but there is no fulfillment or lasting relationship because their love is selfless without any expectation. His love stories represent unrequited love where the "joy" of the lover lies in remembering past happy minutes rather than in owning the beloved person. As Bond writes in the introduction to *Night Train at Deoli and Other Stories*: "I can't really write unless I am in love with my subject."[54]

Ruskin Bond goes in the opposite direction from his contemporaries when writing about love and emotions. He can't live or write in a professional way, as he states in his autobiography:

> I cannot breathe life into political leaders, media tycoons, or businessmen, because one has to peel off too many layers of protective armor to get at the flesh and blood that lies beneath the skin.[55]

In "The Night Train at Deoli," an eighteen-year-old boy waits for the basket girl whom he first saw on the platform. He never meets her again and dares to find out the reason for her not being there, but he always longs to see her at the same spot:

---

[53] Bond, Ruskin (Ed.). "Introduction." *The Rupa Book of Love Stories*. New Delhi: Rupa & Co., 2010. p. vii.

[54] Bond, Ruskin. *The Night Train at Deoli and Other Stories*. New Delhi: Penguin, 1988. No page.

[55] Bond, Ruskin. *The Lamp Is Lit: Leaves from a Journal*. New Delhi: Penguin, 1998. p. 196.

I prefer to keep hoping and dreaming and looking out of the window up and down the lonely platform, waiting for the girl with the basket.[56]

The whole story is narrated as a beautiful dream, which the narrator would not like to shatter at any cost.

Characters like Rusty, in *The Room on the Roof*, and the sensualist in *The Sensualist* respond to different stages of love. It seems that in Bond's stories, love is an enigma and each individual is trying to resolve it in his own way. The protagonist of "Delhi is Not So Far" says:

Few things reassure me...the desire to love and be loved, the beauty and ugliness of the human body, the intricacy of its design...some time I make love as a sort of exploration of all that is physical. Falling in love becomes an exploration of the mind.[57]

Ruskin Bond was affectionate and caring in his young age, and as a result, he found many good friends at every stage of his life. Among his many friends was a Vietnamese girl, Vu-Phuong, to whom he proposed marriage. However, she left London suddenly to visit her parents in Vietnam because they had not contacted her since the beginning of the civil war between the North and South, and unfortunately, she never came back to him. He has treasured the memory of that unrequited love. About her he wrote in his autobiography *Scenes from a Writer's Life*:

It was Thanh who introduced me to a Vietnamese girl called Vu-Phuong, and I promptly fell in love with her...

Vu was the sort of girl—pretty, soft-spoken, demure—who could enslave me without any apparent effort.[58]

It was a one-sided love because she treated Ruskin Bond as her brother, but his love was innocent and unrequited. This incident became the basic structure for all his love stories. He presents a wide range of love stories based on this model, so love in his stories is carefree and natural between two individuals.

---

[56] Bond, Ruskin. *The Night Train at Deoli and Other Stories.* New Delhi: Penguin, 1988. p. 48.

[57] Bond, Ruskin. *Collected Fiction.* New Delhi: Penguin, 1999. p. 778.

[58] Bond, Ruskin. "And Another in London." *Scenes from a Writer's Life: A Memoir.* New Delhi and New York: Penguin Books, 1997. p. 151.

The love stories by Ruskin Bond are always told in the first person; they mostly involve an unnamed protagonist in his mature age who falls in love with a young innocent girl. It is a mutual relationship between unmatched couples where the female partner represents an age of innocence, a state of pure, unrestrained love. The male protagonists in Ruskin Bond's love stories are always loyal and truehearted, but the females are portrayed as erratic, young, immature, and influenced by social considerations. He writes:

> Another appeal of a tragic love story is that it leaves the doomed lovers forever young.[59]

The tragic contradiction between romance and society is most forcibly portrayed in literature in Tolstoy's *Anna Karenina*, Flaubert's *Madame Bovary*, and William Shakespeare's *Romeo and Juliet*. The female protagonists in such stories are driven to suicide as if dying for a cause of freedom from various oppressions of marriage. Romance can also be tragic in its conflict with society. In Tolstoy's story, the family focuses on the romantic limitations of marriage, and Anna Karenina prefers death to being married to her husband whom she does not love and wants to divorce. She is also tired of waiting for her lover Vronsky and hiding their love from the public, especially since her fiancé makes failed attempts to get his mother's approval of their marriage. Even being aristocrats did not make them both free since the society was equally binding for all. In most of Ruskin Bond's writing, love meets a tragic end as portrayed in "Love Is a Sad Song."

The lover of the story "Love Is a Sad Song" is a mature writer of thirty-two who fails to determine the course of his love. He loves Sushila, a schoolgirl half his age. Their love is not fulfilled because of the mismatch of their ages and because of social taboos. "Love Is a Sad Song" is also based on an affair Ruskin Bond had with Anil Chopra's cousin, Sashi Kishore. The Kishore family did not take Ruskin Bond seriously when he expressed interest in marrying Sashi, who was seventeen at that time. Because of the difference in their ages, they thought he was joking each time he initiated the subject.

In "Love Is a Sad Song," Ruskin Bond commemorates his unrequited love by narrating the details of Sushila's coming to the hills, their falling in love, and her response like that of a woman. He "sings" this sad song, comforting himself:

---

[59] Bond, Ruskin (Ed). "Introduction." *The Rupa Book of Love Stories*. New Delhi: Rupa & Co, 2010. p. viii.

> Remembered passion grows sweeter with the passing of time.[60]

The writer doesn't blame her because she has a sense of woman in her and a heap of responsibilities toward her family and the society, in which both of them are bound to live. But the lover's thoughts are also a prideful declaration of his living in love and Sushila's faithlessness. The conflict that occurs in their love relationship centers on the opposing expectations, cultural differences, and social status.

In the story "A Girl from Copenhagen," Ulla and her lover experience the warmth of each other's bodies with such fullness that they feel as though it is not just a passing night, but all the nights of a lifetime. In spite of such fullness of experience, the girl goes away without making any commitment and the boy too basks in the lingering fragrance of honeysuckle every night.

Ulla is free in expressing her emotions like a bird, and the atmosphere she expresses is fresh and clean, like the earth after spring rain. There is an excited, aboriginal quality in their love that represents the beginning of time:

> Like two children who have been playing in the open all day.[61]

She has an innocent nature. She doesn't intend to seduce the author when she undresses and goes into his room.

The narrator finds a different culture in the mountains, with differences in education, culture, and age, and the social proprieties of staying within one's class, race, and economic boundaries. Binya is an innocent girl like the people of Garhwal:

> I'd always pride myself on my rationality; had taught myself to be wary of emotional states, like "falling in love" which turned out to be ephemeral and illusory.[62]

She belongs to a typical traditional family; her conservative grandmother discovers their love affair, and sends Binya to her maternal uncle's home. Thus the narrator's love meets a tragic end.

While this is the story of an Indian family, it bears a parallel to writing from the Elizabethan era. As in Shakespeare's *A Midsummer*

---

[60] Bond, Ruskin. *Love Is a Sad Song.* New Delhi: Orient Paperbacks, 1975.

[61] Bond, Ruskin. "The Girl from Copenhagen." *Collected Fiction.* New Delhi: Penguin, 1999. pp. 498-502.

[62] Bond, Ruskin. "The Girl from Copenhagen." *Collected Fiction.* New Delhi: Penguin, 1999. pp. 498-502.

*Night's Dream*, marriages based on love were not approved of by society. Through Hermia and Lysander, Shakespeare portrays an innocent young love. Hermia's father is looking out for her and explaining that she needs to marry a certain type of man. He doesn't want her to marry the one she is in love with at the moment because he believes, like the grandmother in "Binya," that a marriage is a device for arranging economic outcomes. He explains:

> But earthlier happy is the rose distilled,
> Than that which withering on the virgin thorn
> Grows, lives and dies in single blessedness.[63]

The parent doesn't want his child to run away with her love, for fear that Lysander will not make a good husband in the long run. In his plays, William Shakespeare's portrayal of young love runs the gamut of emotions from risk and excitement through to fun and enjoyment. Though challenging and sometimes perplexing, young love usually is its own reward, at least while it lasts.

Like William Shakespeare, Ruskin Bond has a concept of love that extends to all creatures and is essential for life. Bond believes that human beings, beasts, and birds, along with flowers and trees, answer to love. The man-woman relationship is just a part of this universal life force. He is in incessant search of love. His famous characters like Rusty, Ula, Sushila, and Sunil represent different stages of love.

For Sunil in "Death of a Familiar," life is coquetry and girls are only a source of enjoyment. He only flirts with girls. In contrast, the idea of being in love sounds very sweet for Sushila in "Love Is a Sad Song." In this story, Sunil is a failure in love, yet:

> I may stop loving you, Sushila, but I will never stop loving the days I loved you.[64]

Likewise, Rusty in *The Room on the Roof* is a boy of sixteen who falls in love with a married woman named Mena. Mena is also the mother of his friend Kishan. Rusty and Mena are both deprived of love in their personal lives, but luck put them together. They meet in a forest, in an isolated place. This awakes the long suppressed desire for love. For Ruskin Bond, life is a yearning for what is lost and this longing is characterized in the depiction of love in his stories and

[63] Shakespeare, William. *A Midsummer Night's Dream.* In *The Arden Shakespeare.* Harold F. Brooks, ed. Methuen & Co. Ltd., 1979. pp. 76-79.
[64] Bond, Ruskin. *Love Is a Sad Song.* New Delhi: Orient Paperbacks, 1975.

novels. Old passionate memories grow sweeter and sweeter with the passing of time. Most of Bond's characters who are lovers are teenagers, and they display a curious softness and grace in their longing. In the stories, sometime sheer physical attraction is misunderstood as love. Such attraction cannot abide time. Therefore, Sushila chooses security instead of love, and the lover despondently surrenders. She prefers to marry a rich widower who showers costly gifts on her, rather than a struggling writer. This story presents both the realistic and romantic side of love. Marriage without love and love without marriage is a general theme of the man-woman relationship. Bond has not created a single couple enjoying happy connubial life in his stories. Perhaps the psychic trauma of his parents' separation didn't allow him to conceive of a pair of lovers living in blissful matrimony.

In most of Ruskin Bond's stories, love is presented as a sad song or a passing fancy. Those who love the feeling of being in love are, of course, great individuals; they renew their spirits and live gracefully. But there are some like Sunil, the proud seducer and the sensualist, the rude pleasure seeker, who absolutely fail as lovers. They take love superficially as a pleasure hunt and ultimately they end as nothing. The narrator says truly:

> You find love when you least expect to and lose it when you are sure that it is in your grasp.[65]

In the story "Time Stops at Shamli," Sushila is the wife of a hotel owner, Mr. Dayal. He is an aged widower and remains absorbed in his business all the time, while she is young, beautiful, and gifted with a frolicsome spirit. Her former boyfriend comes back into her life and proposes that she elope with him, but Sushila rejects the idea because she thinks it will bring disgrace to the family. She is unhappy with her married life but doesn't want to give any trouble to her husband. She is a practical wife and she suggests her boyfriend come to meet her from time to time. Although this is daring, it can be safe for both of them:

> I am always here and you can come to see me and nobody will be made unhappy by it. But take me away, and we will only have regrets.[66]

---

[65] Bond, Ruskin. "Death of a Familiar." *The Complete Stories and Novels.* Penguin Books India: New Delhi, 2003. p. 48.

[66] Bond, Ruskin. "Time Stops at Shamli." *The Complete Stories and Novels.* Penguin Books India: New Delhi, 2003. p. 271.

Through Sushila, Ruskin Bond highlights his perception of married life. It is not love but the restrictions of society.

Another mismatched couple is presented in *The Room on the Roof*. Mr. Kapoor is extravagant, impulsive, and a drunkard, whereas Mina is a delicate lady. She skillfully manages her married life and doesn't show to others any sign of the lack of love in her life. She makes love with Rusty in the forest and wants Rusty to be with her forever. Mina's son Kishan, who is Rusty's friend, also takes it easily. Morally, their love is wrong because it is a betrayal of matrimonial pledges and the sanctity of married life, but Ruskin Bond's humanism finds in it a celebration of two innocent souls bound together.

Bond has also delved deep into the solely physical relations of man and woman. Such interactions are devoid of any emotional involvement. Some of his heroes seek pleasure in brothels. The protagonist of "Delhi is Not So Far" sleeps with Kamala and experiences something beyond the sex; he feels a union of mankind. Shankini in the novel *The Sensualist* performs sex as her duty, which is to relax a man from routine stress. She does it as an art, and no sense of remorse or sin is attached to it. The protagonist of *The Sensualist* is one of those rare individuals who derives fiendish pleasure by exercising his sexual aggressiveness against women. The sensualist does not love any woman but the passion to overpower them inspires him:

> I did not like her and she did not like me. We bore each other's hatred and malice and that was enough to make us physically attractive to each other.[67]

As the story reveals, his aggressiveness is disarmed by the primeval innocence of an overpowering hill-woman. The woman sucks his virility. He is left completely exhausted, broken, with wandering glances. Ruskin Bond realizes that sense of dignity for each other is very important in this relationship. His stand is totally pragmatic. He is fully aware of human weaknesses and physical compulsions. Therefore, he draws no hard lines. For him, love is a celebration of two individuals joined together. It may be for a short period of a few days, or for a few months. He doesn't emphasize its longevity. Ruskin Bond prefers innocent sex, which has neither promises nor unity till the death. His concept of love matches theorists like Robert Sternberg, Deleuze Gauttari, and Jacques Lacan, who gave their own theories of

---

[67] Bond, Ruskin. *The Sensualist*. In *The Complete Stories and Novels*. Penguin Books India: New Delhi, 2003. p. 911.

love. According to Robert Sternberg, love is merely a means of combining liking and sexual desire. Freud's theory of love is also dominated by romance and sexual relationships. This has given rise to a few counter-theories. Ruskin Bond's conviction is very simple in this regard: If a person feels perfection in a transient relationship, why should he linger for years? Bond writes about marriage:

> Romeo and Juliet might well have become bored with each other after a couple of years of marriage; Laila might have become disenchanted with Majnu; and Carmen, with her high temper, would certainly have been a handful for any husband.[68]

Ruskin Bond also wrote some of the best train stories. The *Penguin Book of Indian Railway Stories* (1994) is a collection of eighteen colonial and post-independence train stories edited by Bond. He writes that he is not a good traveler by train but that he loves railway platforms because he has spent much time watching trains coming and going. He writes in "Soot Gets into Your Eyes":

> I love railway platforms. I spent a great deal of time on them when I was a boy, waiting for connecting trains...in my late teens I started writing short stories, those memories became stories such as The Night Train at Deoli, The Woman on Platform No 8, The Tunnel and The Eyes Have It.[69]

Advanced aspiration came from his grandparents' close involvement with the Indian Railways, as his grandfather, William Dudley Clarke, was assistant stationmaster in Karachi in the 1920s and Fred Clark, his mother's cousin, was the station superintendent at Delhi Main during World War II. A train compartment or a small train station becomes the ideal setting for depicting a transitory relationship and for evoking the Indian scene. In the introduction to *The Night Train at Deoli*, Bond writes:

> I find that in the stories I wrote in the 1950s...there is a good deal of romance, often associated with trains. People are always travelling in them and going all over the place, but just occasionally two people meet, their paths cross, and though they

---

[68] Bond, Ruskin (Ed). "Introduction." *The Rupa Book of Love Stories.* New Delhi: Rupa & Co., 2010. p. vii.
[69] Bond, Ruskin (Ed.). *The Penguin Book of Indian Railway Stories.* New Delhi: Penguin, 1994. p. xiii.

may part again quite soon...their lives have been changed in some indefinable way.[70]

The plots of these train stories focus on the meeting of strangers, the brief acquaintance, the parting, and then the memory. Many love stories are written on this theme, where two people meet in a train and fall in love. Many writers find plots in railway stories like Rudyard Kipling, Jim Corbett, Manoj Das, and Satyajit Ray. Ruskin Bond's "The Woman on Platform No. 8" is a heart-touching story of a mother's love. She wants nothing in return for her love of the little child, whom she has hope of meeting again. She devotes her love to that strange little boy.

"The Night Train at Deoli" is another railway story, which captures the essence of one such fleeting moment with restrained suspense. It is a romantic story about an eighteen-year-old college student who is returning home from college. When his train stops briefly at Deoli, he is attracted to the girl selling baskets on the platform. She has pale skin, shiny black hair, and dark eyes—the symbols of feminine beauty in all of Bond's stories. He gets off, buys a basket, and shyly makes contact with her, and then he gets back on the train as it pulls out of the station. He forgets all about her until the train stops at Deoli on his way to college after the holidays. Both are pleased to see each other, and they look forward to the next meeting. However, when his train stops at Deoli on his way home, she is no longer there. He questions the stationmaster and then makes a special trip to question the tea-stall owner, but no one knows why the girl has stopped coming to the station. The protagonist feels tenderness and responsibility toward her, and vows to break his journey some day to make inquiries—but he never does. He is afraid to find out what actually happened to her, and this fear prevents him from making further inquiries and he prefers to preserve the sweet memories associated with the unknown friend.

---

[70] Bond, Ruskin. *The Night Train at Deoli and Other Stories*. New Delhi: Penguin, 1988. No page.

# Chapter Five – The Theme of Animals and Wildlife

Bond's earlier animal stories, such as "The Leopard," "Tiger, Tiger Burning Bright," "Monkey Trouble," "The Tiger in the Tunnel," "The Monkeys," "Eyes of the Cat," "The Eyes of the Eagle," "A Crow for All Seasons," and those in *Grandfather's Private Zoo* are idealized and impulsive stories to entertain young readers by showing the value and care that the protagonists of his stories have for animals and wildlife. His stories also portray natural aggression in the battle for food and survival between predator and victim—between frog and heron, mongoose and cobra, eagle and hare. It is the law of nature that animals eat each other. Ruskin Bond's famous book *Panther's Moon and Other Stories* is a collection of ten animal stories, mostly set in Himalayan valleys where wild animals can still be found. These ten stories explore various relationships between humans and animals. "Tiger, Tiger Burning Bright" is a promising story about the future of wildlife in India. It is about a powerful old tiger that lives peacefully near a village in the foothills of the Himalayas, with the villagers and tiger respecting each other's territory. When the tall grasses are dry as a result of a delay in the monsoon rains, a fire in the forest prevents the tiger from hunting. After several days, he is forced to attack the villagers' buffaloes. Because it is a question of either the tiger's survival or theirs, the villagers decide to hunt the tiger. They trap him on the bridge and shoot him.

> Sudden death appears at intervals. Wild creatures do not have to think about it, and so the sudden killing of one of their number by some predator of the forest is only a fleeting incident soon forgotten by the survivors.[71]

But the slightly wounded tiger falls into the Ganges and is carried to the opposite bank where he finds a favorable habitat and a mate. The

---

[71] Bond, Ruskin. "Tiger, Tiger Burning Bright." *Panther's Moon and Other Stories*. New Delhi: Penguin Books, India Pvt. Ltd., 1994, p. 107.

villagers miss the tiger because he signified dignity and the harmony of creation and, more practically, he had provided protection from intruders who have now started cutting the trees. The story denotes royal grace and superiority to save nature.

The story "Crow for All Seasons" is an interesting account of a crow, who thinks human beings to be foolish, and makes the most out of it. Crow's honest confession of the importance of people for the existence of their species reveals the law of interdependence in nature. "A Crow for All Seasons" is a satirical story about human unconcern for birds and beasts. Its protagonist is a crow named Speedy, who cleans leftovers from a bungalow inhabited by the Colonel, his wife, and their son. Speedy thinks that junior sahib is worse than crows because he doesn't work for a living but takes food three times a day as a load on his relatives. While the Colonel and his wife give Speedy food waste to eat and do not object to his eating from the trash bin, junior sahib is cruel and does not tolerate his presence. He always throws things at Speedy to make him fly from there. When junior sahib shoots Speedy's cousin, Speedy's tolerance ends, and he and the entire crow community begin to peck and claw him every time he ventures out of the house. Junior sahib has an anxious collapse and the Colonel takes him to the hills to recover. When Speedy appears on the verandah of the rest house, junior sahib completely loses his mind and imagines himself to be a crow; the story ends happily when the family returns home and junior sahib starts to feed the crows every day. "A Crow for All Seasons" is an unveiled attack on the selfish and unpredictable behavior of humans toward animals.

As with nature, there is dualism in the relationship between animals and humans. In Ruskin Bond's stories where animals are the antagonists of humans, either animals struggle to survive, or humans have upset the ecological balance by intrusion into the animal's world. His stories are intended to encourage us to save the wild animals of the world.

Ruskin Bond affirms the need for predators as part of the duality of nature. We need to protect them and must allow them to have their space on earth. In the hills, life is hard as people have to face the constant threat of wild animals. Ruskin Bond's simple prose style matches the lifestyle of the characters and their ordinary lives.

In "The Tiger in the Tunnel," a battle is fought between a tiger and the night watchman, who has been working there for a long time. In the night, his duty is to make sure that the tunnel is free of impediments before the trains pass through it. One night, a tiger intrudes in the tunnel, and the two opponents are locked in deadly combat, each fighting for his survival. Although the watchman wounds the tiger with his razor-sharp axe, he is killed by the tiger. But the tiger, with the axe lodged in his shoulder, is unable to move out of the tunnel of the approaching train and is cut in half. Tembu, the watchman's son, after performing the last rituals, assumes his father's job in order to feed the family.

The story "All Creatures Great and Small" is about a python that accidentally enters a bedroom and is captured by his own reflection in the mirror. Bond describes the python as being equal to human beings.

In the story "Panther's Moon," twelve-year-old Bisnu encounters a predator that has taken many victims. The predator at first kills Sheroo, Bisnu's pet dog, who always accompanies Bisnu to school. It then spreads its terror throughout the village by killing innocent villagers in their houses. One day, while returning from school, Bisnu fights bravely with the man-eater and saves the life of child.

In another story "The Leopard," a village boy wanders alone in the forest without any protection. He develops an unspoken understanding with the beasts. He likes the presence of the magnificent beast crouching at the bank of the river, and in return, the beast also likes his presence. Both are confident with each other, but the boy is scared of the man who may come another day with the gun to shoot it:

> I thought no more of the man. My attitude towards them was similar to that of the denizens of the forest. These were men unpredictable, and to be avoided if possible.[72]

This mutual distrust of man is shared by the beast and the boy, who feels ashamed at the deceit and faithlessness of his own race. Ruskin Bond's frank opinion is that wild animals are not an object of entertainment or amusement. They deserve an equal right to a graceful and untroubled life just as human beings do.

---

[72] Bond, Ruskin. *The Night Train at Deoli and Other Stories*. New Delhi: Penguin Books, India Pvt. Ltd., 1988. p. 175.

# Appendix: An Interview with Ruskin Bond

Interviewed by Gulnaz Fatima, PhD scholar at
Aligarh Muslim University, Aligarh, India

> There are two kinds of writer: those that make you think, and
> those that make you wonder.
>
> — Brian Aldiss

On 15th October 2012, I had the chance to have a face-to-face
interview with Mr. Ruskin Bond, at his cottage in the hills of
Mussoorie, Uttrakhand. Here are some questions from my side and
answers given by him.

Fatima: Sir, I would like to thank you for sparing time from your
busy schedule. I want to ask you some questions relating to your
personal and professional life. I am writing about your short stories.

Ruskin: You are welcome, please proceed.

FATIMA: Sir, how do you feel when a researcher comes to you?

Ruskin: Well, let us see, fifteen or sixteen researchers have visited
me in the last twenty years. I get nervous when they come for an
interview because I have to answer a lot of questions and half of my
day is gone (laughs) but still it's nice to know that some people are
interested to do research on my work and take it seriously, so I am
rather happy to know that.

FATIMA: Sir, since I am working on short stories, I would like to
know, why did you select this genre of literature?

Ruskin: Yes, for very practical reasons, you see when I started
writing for my living, we did not have many publishers in India. There
were schoolbooks and textbooks, college books, but no fiction. Hence,
I had to sell my stories to magazines and newspapers which were very
few in number. I wrote short stories because these could be written in a
couple of days and then I was young and I could write fast and I could
bombard the magazines and newspapers.

FATIMA: Sir, why didn't you prefer to write novels and novellas?

Ruskin: When sitting down to write a novel, it would take more time than a short story, and sometimes it takes years to complete a novel, and I preferred the medium just because I, even as a reader, prefer reading short stories to long novels, and I like the form of the short story because many of my favorite writers were short story writers like Chekhov, Maupassant, Somerset Maugham, and Charles Dickens, etc.

FATIMA: While writing a doctoral thesis I have thrown light on all stories, except ghost stories. In the *Children's Omnibus*, there is a story entitled "Sita and the River." Would you like to speak about it? Is it a fictitious story or a real one?

Ruskin: Well, I was inspired when I was living in Delhi, studying in sixth standard. I came across a brief account of this episode and a girl and her experiences, and so I expanded it and recreated the incidents because I felt this story was worth telling. It reflected the common humanity found among different sects of people from different backgrounds, religions, and ethnic groups, and there were people who were ready to help each other; all that brings to light common humanity rather than the conflicts and assassinations.

FATIMA: Please tell me something about Somi, Kishan, and Ranbeer. You mentioned these names in many of your stories. Are you still in contact with their families?

Ruskin: Well, they were characters in *Room on the Roof*, which was my first novel and that first novel was based on a journal I kept with me since 1951. After finishing my school, I turned the journal into a novel. A couple of years later when I was in England, I used the characters with the same names, Somi, Kishan, and Ranbeer became real characters with the same names. Now sixty years have passed, Somi is alive and well, and he is settled in America and has a family. He is an engineer. Kishan also became an engineer; sadly, he died in a car accident in Goa, some fifteen years ago, and Ranbeer, I lost touch with him when I came back from England; he was no longer in Dehradun, so the other two correspond on mail to me from time to time. Somi still writes to me; he has grandchildren now.

FATIMA: Who are your favorite contemporary authors?

Ruskin: Not many, I still read the writers I grew up on, the writers of the '30s and '40s, writers like Somerset Maugham, Rudyard Kipling... and others, but I don't specially depend on contemporary authors, but I still read crime fiction for relaxation so I am up to date with that sort of fiction and I also go back to classics from time to time.

FATIMA: What do you like most in India?

Ruskin: In India, well, how friendship works, also the variety of lifestyles from North to South, East to West. Hence, you can never run out of stories for you have something to write about whether you are in the West or in other countries; lifestyle does not very much change from France to Italy, Spain to Holland for everywhere lifestyles are very similar.

FATIMA: What will you suggest to upcoming writers who are new in this field, and how can they improve their writing skills?

Ruskin: Well, the more they read, the better they will write; the more you write, the better you will write too. So I think the more familiar you are with literature, in general good writers, your own style will improve. You do look at people and create characters and stories, and I think it always influences you. I think I am also influenced by other writers; being a writer keeps your own originality because two genuine writers do not write in the same style. But we learn a lot in our own language and through writing.

FATIMA: You acted in the film *Saat Khoon Maaf* (*Seven Murders Forgiven*) in 2011. How was your experience of acting at this time, because I know you were fond of acting and singing in your childhood?

Ruskin: Yes, I was very fond of acting in my school days; they always gave me the role of a drunken man, in which they would fill the bottle of whisky with tea, without sugar and milk in it, so that it would look like whisky and I had to pretend to get drunk with it. But in *Saat Khoon Maaf*, they very kindly made me a priest and I am not a peace-loving person that way, but I had this shot with Priyanaka Chopra in a cafe and gave her a fatherly kiss on the cheek, and I did this so clumsily at first that I knocked my glasses off and they said to give another kiss; she was very supportive about it. After seven takes and seven such kisses, the director said, "Mr. Bond, I think you are doing it deliberately." (Laughs) So it was, anyway no more kisses so that was my only role in movies and nobody offered me any more acting since then.

FATIMA: What is your perception about "Susanna" in this film? Is she a loving and caring wife or a frustrated woman?

Ruskin: She was a real character, going back to history, a hundred years back; she was a rich woman, and therefore, she attracted fortune-hunters, and at the same time, she was lovely and in need of company. She was fond of getting married, but later, when she discovered that their intentions were not good, she got rid of them in a very different way.

FATIMA: Most of your stories are in first person narration. Are these stories really based on your experience or merely fiction?

Ruskin: As I said, many of the incidents and people are from real life. I often embellish or expand them, like Uncle Ken. I wrote humor stories involving this character, and then I go on well beyond the real facts into inventing stories, but still they must be true to his/her nature of character that they can look like a real character.

FATIMA: Is Uncle Ken a real character?

Ruskin: Yes, I did have an Uncle Ken, and he was, whatever scamp he was, he became a good character like grandfather, grandmother in big interesting stories. Sometimes, friends become good characters and one could write on them. My latest novel *Maharani* is also based on reality. I started it as a short story, but it gradually became a novel as I carried on writing.

FATIMA: Sir, you also have written love stories, which frequently end with a tragic note; I would like to know what your own perception of love and married life is?

Ruskin: Well not so much a tragic note or melancholic note because maybe it merely reflected myself in my twenties. You can call it my romantic period, when I was always falling in love (laughs) so it got reflected in the stories. Some others are not tragic, but sad, and if I might say that they did not have a happy ending, anyway all that may be for getting life funnier. So I am not as romantic as I used to be (laughs). As I said "Love" in a lot of my stories is based on real people or actual incidents, and when I run out of people, I write those stories, so there is always something to write.

FATIMA: Is "Sushila" a real character?

Ruskin: Yes "Sushila" in "Love Is a Sad Song," is a real character; that story probably is as close to an autobiography as any; not much fiction arises in that one, so some stories are almost true, and others you might say apart from reality.

FATIMA: What inspired you to write "A Flight of Pigeons"?

Ruskin: It is a story based on a real girl I met, and then I expanded it because it was worth telling to people.

FATIMA: Sir, you have seen both pre- and post-independent India; as you see now, things are different, everybody is materialistic. What will you say about modern India, where values and traditions are losing their importance day by day?

Ruskin: People have always been materialistic, if you go back; maybe it's more competitive now; maybe there are more openings and more careers for young people. The competition is also much more difficult now because so many come through school and you have this traffic and the necessity of getting marks up to 80 percent or 90 percent is essential. It was not so when I visited school; this did not matter. I mean it was not so important as it is now, but I think at that time in the 1950s, 1960s. I don't think there is a great change. I think everything is the same; at that time, people wanted to make money too; it's not that they were not materialistic, only the opportunities were limited, at that time; you could finish school or college and go into law and medicine and if you didn't study, you could join the army, and so many other options were there, but not so many opportunities as there are now to make a good career. I was sitting in a bookshop a couple of weeks back. At Sunny Bookshop, a young man came and asked me "Sir, when did you do your MBA?" (laughs) so I said there was no such thing as an MBA when I was young. It is about fifteen years back, along with IITs and so many different courses and line careers that are opening today.

FATIMA: Have you ever been to Aligarh?

Ruskin: Yes, I visited Aligarh in 1960-61; I stayed there for a couple of days when I was doing some research not for academic purpose. At the same time, I was writing "A Flight of Pigeons." In Aligarh, there was a headquarters of General of Maratha Army, and then I went to Shahjahanpur. Even today, it has a big Pathan population; in fact, Shah Jahan gave that Cape Town or district to them to settle there. At the time of Shah Jahan's reign, the name of the Cape Town was also Shahjahanpur, and there I collected a lot of material for "Flight of Pigeons" as it was the center of Pathan's population.

FATIMA: What are you doing nowadays? Are you going to write a new story for your readers?

Ruskin: I keep writing new stories and books. My latest novel, *Maharani*, which was published two or three months back, and a book of poetry for children, *Hip Hop Nature Boy*, is also new. Now I am writing new stories, a couple of children's books, and starting another novel. Writers don't retire; they may be old, but their minds still function because there is no pension or provident fund for writers (laughs), so you have to keep making money and you can't stop writing, and besides this, I enjoy writing; even if I do not need money, I would still be writing.

FATIMA: Is there any message you want to convey to your readers?

Ruskin: My readers...I will thank them for appreciating my stories and being my readers for so many years, and I hope they will continue to do so.

FATIMA: There's a query from my supervisor, Prof. Iffat Ara; she wants to know whether everything which you write is pre-planned or does it come to your mind spontaneously?

Ruskin: Both, usually a story, I mean writing, I write it in my mind first and visualize it. Then I sit down and you can at least go through with it. Thus, you can avoid obstacles and running out of ideas because you know exactly what you have to write in your stories or fiction. But first you have to write it in your mind and then put it into a proper form. But sometimes in a poem or verse, it is a sudden urge to put down feelings or thoughts immediately; you know, in poetry it is more a spontaneous overflow of feelings and thoughts recollected in loneliness.

FATIMA: Are you editing a magazine *Kloud 9*?

Ruskin: Yes, I am connected with an educational institution named KIIT in Bhubaneswar as an ambassador. I go there sometimes for it provides me change while I am away from Mussoorie, and I also like to see the coastal area there from 'Puri to Downpou' and then I also go to school. In school, I am one of the panels of the so-called experts, who interview and select children and then give them scholarships in terms of money. Yes, I am editing *Kloud 9*, a national magazine for schoolchildren from the same school in Bhubeneshver.

FATIMA: Kindly let me know a little about your adopted family?

Ruskin: Yes, I have a large adopted family. Gautam is studying in Bhubaneswar and Siddhartha is doing Fashion Designing in NIFT in Chennai. I am living here with Rakesh and Beena, parents of Siddhartha, Shristi, and Gautam.

FATIMA: What do think about social gatherings like literary festivals and parties?

Ruskin: I don't socialize much at parties, and I am really a shy and private person, but I go to bookshops on Saturdays and I meet readers there, and a lot of other people do come to the shop. Not only local people, but the visitors also come to see me from different parts of the country. They come and buy books and take photographs with me.

# Bibliography

### Autobiographical Works by Ruskin Bond

*The Lamp Is Lit: Leaves from a Journal.* New Delhi: Penguin, 1998.
*Landour Days: A Writer's Journal.* New Delhi: Penguin, 2002.
*Rain in the Mountains: Notes from the Himalayas.* New Delhi: Viking/Penguin,1993.
*Scenes from a Writer's Life: A Memoir.* New Delhi: Penguin, 1997.

### Poetry

*It Isn't Time That's Passing: Poems 1970-1971.* Calcutta: Writers Workshop, 1972.
*Lone Fox Dancing: Lyric Poems.* Calcutta: Writers Workshop, 1975.

### Nonfiction

*Beautiful Garhwal.* Dehra Dun: English Book Depot, 1988.
*Ganga Descends.* Illus. M. Chakraborty; with charcoal illus. from *Gazetteer.* Dehra Dun: English Book Depot, 1992.
*Garhwal: Heaven in Himalayas.* With color photographs. Dehra Dun: English Book Depot, circa 1988.
*A Garland of Memories.* New Delhi: Mukul Prakashan, 1982.
*Mussoorie and Landour: Days of Wine and Roses.* Illus. Ganesh Saili. New Delhi: Lustre, 1992.
*Strange Men, Strange Places.* Bombay: Pearl, 1969. New: Rupa, 1992.

### Novels

*An Axe for the Rani.* Delhi: Hind Pocket Books, 1972.
*A Flight of Pigeons.* Bombay: India Book House, 1980. New Delhi: Penguin, 2002.
*Love Is a Sad Song.* New Delhi: Orient Paperbacks, 1975.

## Collections

*Complete Short Stories and Novels.* New Delhi: Viking/Penguin, 1996. As *Collected Fiction.* New Delhi: Penguin, 1999.

*Delhi Is Not Far: The Best of Ruskin Bond.* New Delhi: Penguin, 1994.

*Friends in Small Places: Ruskin Bond's Unforgettable People.* New Delhi: Penguin, 2000.

*Ghosts of a Hill Station.* Bombay: India Book House, 1983.

*A Girl from Copenhagen.* New Delhi: India Paperbacks, 1977.

*The Man-Eater of Manjari.* New Delhi: Sterling, 1974.

*My First Love and Other Stories.* Bombay: Pearl, 1968.

*The Neighbour's Wife and Other Stories.* Madras: Higginbothams, 1965, 1967.

*The Night Train at Deoli and Other Stories.* New Delhi: Penguin, 1988.

*Our Trees Still Grow in Dehra.* New Delhi: Penguin, 1991.

*Strangers in the Night: Two Novellas.* New Delhi: Penguin, 1996. In Hindi as *Raat ke Ajnabi: Do Laghu Upanyasa.* Trans. Prabhat K. Singh. New Delhi: Atmaram, 1998.

*Time Stops at Shamli and Other Stories.* New Delhi: Penguin, 1989.

*When Darkness Falls and Other Stories.* New Delhi: Penguin, 2001.

## Edited Works

*The Penguin Book of Classical Indian Love Stories and Lyrics.* New Delhi: Penguin, 1996.

*The Penguin Book of Indian Ghost Stories.* New Delhi: Penguin, 1993.

*The Penguin Book of Indian Railway Stories.* New Delhi: Penguin, 1994.

*Ruskin Bond's Green Book.* New Delhi: Roli, 1995.

## *Ruskin Bond's Books For Children*

## Poetry

*Granny's Tree Climbing and Other Poems.* Illus. Tapas Guha. Gurgaon: Scholastic, 2000.

*To Live in Magic: A Book of Nature Poems.* Illus. Suddhasattwa Basu. New Delhi: Thomson, 1985.

## Nonfiction

*The Last Tiger.* New Delhi: Publications Division, Government of India, 1971.

*Man of Destiny: A Biography of Jawaharlal Nehru.* New Delhi: Orient Paperbacks, 1976.

*Who's Who at the Zoo.* Illus. Raghu Rai. New Delhi: National Book Trust, 1974.

*The Wonderful World of Insects, Trees and Wild Flowers.* Illus. Kamal Kishore. Bombay: India Book House, 1968.

*The World of Trees.* Illus. Siddhartha Banerjee. New Delhi: National Book Trust, 1974.

## Traditional Stories

*The Adventures of Rama and Sita.* Illus. Valerie Littlewood. London: Julia MacRae, 1987.

*Hanuman to the Rescue.* Cover illus. Uday Shankar. New Delhi: Rupa, 1993.

*Tales and Legends from India.* Illus. Sally Scott. London: Julia MacRae, 1982. Illus. Scott. New Delhi: Rupa, 1990.

*Tales Told at Twilight.* Illus. Madhu Powle. Bombay: India Book House, 1970.

## Fiction

*The Adventures of Rusty.* Illus. Imtiaz Dharker. New Delhi: Thomson, 1981. New Delhi: Students' Stores, 1991.

*Angry River.* Illus. Trevor Stubley. London: Hamish Hamilton, 1972. Illus. Stubley. New Delhi: Rupa, 1992. In French as *Sita et la riviere.* Paris: Rageot, 1977. In Dutch as *De grote overstroming.* Trans. Els van Delden. Illus. Frank der Horst. Tilburg: Zwijsen, 1988.

*Big Business.* Illus. Valerie Littlewood. London: Hamish Hamilton, 1979. Illus. Littlewood. New Delhi: Students' Stores, 1987.

*The Blue Umbrella.* Illus. Trevor Stubley. London: Hamish Hamilton, 1974.

New Delhi: Students' Stores, 1986. Illus. Stubley. Calcutta: Rupa, 1992. As *Binya's Blue Umbrella.* Illus. Vera Rosenberry. Honesdale, PA: Boyds Mills, 1995. In French as *Une ombrelle bleu-reve.* Trans. Caroline Nyro. Illus. Dominique Goupil. Paris: Rageot, 1978. In Dutch as *Bleu Parasol.* Kosmos, 1978.

*The Cherry Tree.* Illus. Valerie Littlewood. London: Hamish Hamilton, 1980. New Delhi: Frank, 1994. As *Cherry Tree.* Illus. Allan Eitzen. Honesdale, PA: Caroline House, 1991.

*Cricket for the Crocodile.* Illus. Barbara Walker. London: Julia MacRae, 1986.

*Dust on the Mountain.* Illus. Nigel Murray. London: Julia MacRae, 1990.

*Earthquake.* Illus. Valerie Littlewood. London: Julia MacRae, 1984.

*The Eyes of the Eagle.* Illus. Valerie Littlewood. London: Julia MacRae, 1987.

*Flames in the Forest.* Illus. Valerie Littlewood. London: Julia MacRae, 1981.

*Getting Granny's Glasses.* Illus. Barbara Walker. London: Julia MacRae, 1985. New Delhi: Frank, 1996.

*Ghost Trouble.* Illus. Barbara Walker. London: Julia MacRae, 1989. In Danish as *Et venligt sp0else.* [N. place]: Munksgaard, 1991.

*The Hidden Pool.* Illus. Arup Das. New Delhi: Children's Book Trust, 1966. New Delhi: Students' Stores, 1987.

*Leopard on the Mountain.* Cambridge, Engl.: Cambridge UP, 1998.

*Night of the Leopard.* Illus. Eileen Green. London: Hamish Hamilton, 1979. New Delhi: Students' Stores, 1986.

*Once upon a Monsoon Time.* Hyderabad: Orient Longman, 1974. In German as *Damals zur Zeit des Monsuns.* Illus. Ingrid Hegemann. Recklinghausen: Georg Bitter, 1985.

*Panther's Moon.* Illus. Tom Feelings. New York: Random House, 1969.

*Quakes and Flames.* Illus. Subir Roy. New Delhi: National Book Trust, 1994.

*Snake Trouble.* Illus. Barbara Walker. London: Julia MacRae, 1990.

*Tiger Roars, Eagle Soars.* London: Walker, 1994.

*Tigers Forever.* Illus. Valerie Littlewood. London: Julia MacRae, 1983. New York: Watts, 1983. In Danish as *Den sidste tiger.* Illus. Littlewood. [N. place]: Munksgaard, 1987.

## Collections

*A Bond with the Mountains: Stories, Thoughts and Poems.* Illus. Tapas Guha. New Delhi: Ratna Sagar, 1998.

*The Eyes of the Eagle and Other Stories.* New Delhi: Students' Stores, 1990.

*Grandfather's Private Zoo.* Illus. Mario Miranda. Bombay: India Book House, 1967. New Delhi: Students' Stores, 1992. In Dutch as *Een huis vol dieren.* Trans. Els Pelgrom. Illus. Mario. Amsterdam: Bert Bakker, 1984.

*An Island of Trees: Nature Stories and Poems.* Illus. Suddhasattwa Basu. Delhi: Ratna Sagar, 1992.

*The Road to the Bazaar.* Illus. Valerie Littlewood. London: Julia MacRae, 1980. Rev. and exp. ed. Illus. Littlewood. London: Julia MacRae, 1991. Illus. Littlewood. New Delhi: Rupa, 1993, 1997. In Spanish as *El camino del bazar.* Trans. Teodoro Larriba. Illus. Littlewood. Madrid: Ediciones SM, 1982.

*The Ruskin Bond Children's Omnibus.* New Delhi: Rupa, 1995.

*Ruskin Bond's Treasury of Stories for Children.* Illus. Tapas Guha. New Delhi: Viking, 2000.

*Three Short Stories in Cricket.* New Delhi: Students' Stores, 1990.

*Tigers Forever: Stories and Poems.* Illus. Tapas Guha. New Delhi: Ratna Sagar, 1996.

## Forthcoming Titles

*Bangalore—Along the Fairway: A History of the Bangalore Golf Club.* Bangalore: Bangalore Golf Club.

*Ghost Stories of the Raj.* Ed. Ruskin Bond. New Delhi: Rupa.

*More Tales of Rusty: The Boy from the Hills.* New Delhi: Penguin.

*Rusty: The Boy from the Hills.* New Delhi: Penguin.

## Critical Works On Ruskin Bond

The Hans Christian Andersen Nominees Special. *Writer and Illustrator* 17.4 (July-Sept. 1998): 1-32.

Singh, Prabhat K., ed. *The Creative Contours of Ruskin Bond: An Anthology of Critical Writings.* New Delhi: Pencraft, 1995.

## Dissertations On Ruskin Bond

Basu, Sutapa. "Ruskin Bond: The Autobiographical Element in His Fiction." Diss. Chaudhri Charan Singh University (Meerut), in progress.

Dobhal, Brahma Nand. "Treatment of Humanism in the Works of Ruskin Bond." D. Phil. diss. Garhwal University (Srinagar, Garhwal), submitted.

Nayak, Felix. "The Fiction of Ruskin Bond: A Critical Study." Diss. Ravishanker University (Raipur), in progress.

Taqui, Ishrat G. "The Short Stories of Ruskin Bond: A Thematic Study." M. Phil. diss. University of Bombay (Vidyanagari), 1991.

## Ruskin Bond Website

<http://www.ruskinbond.com>.

## Special Collections

Ruskin Bond's diaries, photographs, letters, manuscripts, holographs, and other papers have been acquired by the Department of Special Collections, Mugar Memorial Library, Boston University, Boston.

## About the Author

Gulnaz Fatma, PhD is an Indian writer and author. She is a research scholar in the Department of English at Aligarh Muslim University in Aligarh, India. Fatma is a dynamic personality in literature studies who has published many articles in national and international journals. She is the author of a critical book titled *A Short History of the Short Story: Western and Asian Traditions* published by Modern History Press, USA, and she is currently writing a novel on the themes of immigration and multiculturalism.

# Index

## Worldwide Appreciation of the Short Story Form Spans Cultures and Centuries!

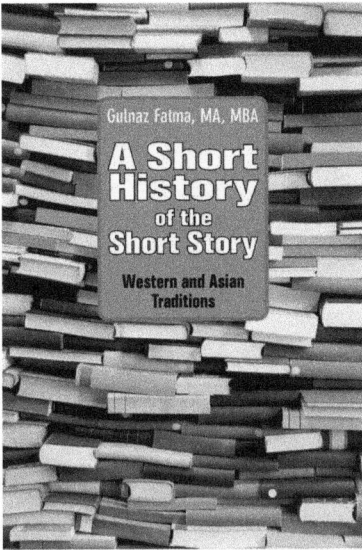

In this concise volume, Gulnaz Fatma traces the short story from its origins in fables, ancient poetry, and tales such as *The Arabian Nights*, to its modern form in the early American stories of Irving, Poe, and Hawthorne, and then through the twentieth century and throughout the world. The elements of what makes a short story are presented along with a discussion of the difficulties in defining the genre. The short story's relation to the novel as well as its uniqueness as its own form are deftly presented.

While the American and European traditions of the short story take up much of this book, the final chapter is a thorough presentation of the short story's development in India. Anyone interested in the short story--teachers, students, writers, and readers--will find this volume informative, thoughtful, and a welcome addition to our understanding of one of literature's most dynamic forms.

Gulnaz Fatma is an Indian writer and author. She is a research scholar in the Department of English at Aligarh Muslim University in Aligarh, India.

"As a fiction writer who has also taught the short story form, I was impressed by the thoroughness and insight presented in this concise book. Fatma's broad exploration of the short story form is backed by numerous supporting examples and her chapter on the short story in India will introduce many readers to that country's own literary gems."
--Tyler R. Tichelaar, Ph.D. and author *Narrow Lives*

**A Short History of the Short Story: Western and Asian Traditions**
**By Gulnaz Fatma**
**ISBN-13: 978-1-61599-166-2**

From the World Voices Series at Modern History Press
**www.ModernHistoryPress.com**

# Introducing the World Voices Series

This series highlights the best English-language autobiography, fiction, and poetry of diverse voices from Africa, Asia, the Caribbean, and South America.

*Because All Is Not Lost: Verse on Grief*
By Sweta Srivastava Vikram

*Kaleidoscope: An Asian Journey with Colors.*
By Sweta Srivastava Vikram

*The Blue Fairy and other tales of transcendence*
By Ernest Dempsey

*Iraq Through a Bullet Hole: A Civilian Wikileaks*
by Issam Jameel

*The Road-Shaped Heart*
by Nick Purdon

*Beyond the Scent of Sorrow*
By Sweta Srivastava Vikram

*A Short History of the Short Story*
By Gulnaz Fatma

*No Ocean Here*
by Sweta Srivastava Vikram

MODERN
HISTORY
PRESS

from Modern History Press
http://www.modernhistorypress.com/world-voices/

# Sprachführer Deutsch-Russisch und thematischer Wortschatz mit 3000 Wörtern

Von Andrey Taranov

Die Sammlung "Alles wird gut!" von T&P Books ist für Menschen, die für Tourismus und Geschäftsreisen ins Ausland reisen. Die Sprachführer beinhalten, was am wichtigsten ist - die Grundlagen für eine grundlegende Kommunikation. Dies ist eine unverzichtbare Reihe von Sätzen um zu "überleben", während Sie im Ausland sind.

Dieses Buch beinhaltet auch ein kleines Vokabular mit etwa 3000, am häufigsten verwendeten Wörtern. Ein weiterer Abschnitt des Sprachführers bietet ein gastronomisches Wörterbuch, das Ihnen helfen kann, Essen in einem Restaurant zu bestellen oder Lebensmittel im Lebensmittelladen zu kaufen.

T&P Books Publishing
www.tpbooks.com

ISBN: 978-1-78492-498-0

Dieses Buch ist auch im E-Book Format erhältlich.
Besuchen Sie uns auch auf www.tpbooks.com oder auf einer der bedeutenden Buchhandlungen online.

# AUSSPRACHE

| T&P phonetisches Alphabet | Russisch Beispiel | Deutsch Beispiel |
|---|---|---|

## Konsonanten

| | | |
|---|---|---|
| [b] | абрикос [abrikós] | Brille |
| [d] | квадрат [kvadrát] | Detektiv |
| [f] | реформа [refórma] | fünf |
| [g] | глина [glína] | gelb |
| [ʒ] | массажист [masaʒĩst] | Regisseur |
| [j] | пресный [présnij] | Jacke |
| [h], [x] | мех, Пасха [méh], [pásxa] | brauchbar |
| [k] | кратер [krátɛr] | Kalender |
| [l] | лиловый [lilóvij] | Juli |
| [m] | молоко [mɔlɔkó] | Mitte |
| [n] | нут, пони [nút], [póni] | nicht |
| [p] | пират [pirát] | Polizei |
| [r] | ручей [rutʃéj] | richtig |
| [s] | суслик [súslik] | sein |
| [t] | тоннель [tɔnélʲ] | still |
| [ʃ] | лишайник [liʃájnik] | Chance |
| [tʃ] | врач, речь [vrátʃ], [rétʃʲ] | Matsch |
| [ts] | кузнец [kuznéts] | Gesetz |
| [ʃʲ] | мощность [móʃnɔstʲ] | schieben |
| [v] | молитва [mɔlítva] | November |
| [z] | дизайнер [dizájner] | sein |

## Zusätzliche Symbole

| | | |
|---|---|---|
| [ʲ] | дикарь [dikárʲ] | Zeichen für die Palatalisierung |
| [·] | автопилот [aftɔ·pilót] | Mittelpunkt |
| [ˈ] | заплата [zapláta] | Hauptbetonung |

| T&P phonetisches Alphabet | Russisch Beispiel | Deutsch Beispiel |
|---|---|---|

## Betonte Vokale

| | | |
|---|---|---|
| [á] | платье [plátje] | schwarz |
| [é] | лебедь [lébetʲ] | Pferde |
| [ǿ] | шахтёр [ʃahtǿr] | Jordanien |
| [í] | организм [ɔrganízm] | ihr, finden |
| [ó] | роспись [róspisʲ] | orange |
| [ú] | инсульт [insúlʲt] | kurz |
| [ɨ̄] | добыча [dɔbɨ̄ʧa] | Mitte |
| [ǽ] | полиэстер [pɔliǽstɛr] | ärgern |
| [ʲú], [jú] | салют, юг [salʲút], [júg] | Verzeihung |
| [ʲá], [já] | связь, я [svʲásʲ], [já] | Jacke |

## Unbetonte Vokale

| | | |
|---|---|---|
| [a] | гравюра [gravʲúra] | neutrale Vokale, ähnlich dem Schwa-Laut |
| [e] | кенгуру [kɛngurú] | neutrale Vokale, ähnlich dem Schwa-Laut |
| [ə] | пожалуйста [pɔʒáləsta] | halte |
| [i] | рисунок [risúnɔk] | ihr, finden |
| [ɔ] | железо [ʒɛlézɔ] | neutrale Vokale, ähnlich dem Schwa-Laut |
| [u] | вирус [vírus] | kurz |
| [ɨ] | первый [pérvɨj] | Mitte |
| [ɛ] | аэропорт [aɛrɔpórt] | essen |
| [ʲu], [ju] | брюнет [brʲunét] | Verzeihung |
| [ı], [jı] | заяц, язык [zálıʦ], [jızɨ̄k] | neutrale Vokale, ähnlich dem Schwa-Laut |
| [ʲa], [ja] | няня, копия [nʲánʲa], [kópija] | Jacke |

# LISTE DER ABKÜRZUNGEN

## Deutsch. Abkürzungen

| | | |
|---|---|---|
| **Adj** | - | Adjektiv |
| **Adv** | - | Adverb |
| **Amtsspr.** | - | Amtssprache |
| **f** | - | Femininum |
| **f, n** | - | Femininum, Neutrum |
| **Fem.** | - | Femininum |
| **m** | - | Maskulinum |
| **m, f** | - | Maskulinum, Femininum |
| **m, n** | - | Maskulinum, Neutrum |
| **Mask.** | - | Maskulinum |
| **n** | - | Neutrum |
| **pl** | - | Plural |
| **Sg.** | - | Singular |
| **ugs.** | - | umgangssprachlich |
| **unzähl.** | - | unzählbar |
| **usw.** | - | und so weiter |
| **v mod** | - | Modalverb |
| **vi** | - | intransitives Verb |
| **vi, vt** | - | intransitives, transitives Verb |
| **vt** | - | transitives Verb |
| **zähl.** | - | zählbar |
| **z.B.** | - | zum Beispiel |

## Russisch. Abkürzungen

| | | |
|---|---|---|
| возв | - | reflexives Verb |
| ж | - | Femininum |
| ж мн | - | Femininum plural |
| м | - | Maskulinum |
| м мн | - | Maskulinum plural |
| м, ж | - | Maskulinum, Femininum |
| мн | - | Plural |
| н/пх | - | intransitives, transitives Verb |
| н/св | - | perfektive/imperfektive Aspekt |
| нпх | - | intransitives Verb |
| нсв | - | imperfektive Aspekt |

| пх | - | transitives Verb |
| с | - | Neutrum |
| с мн | - | Neutrum plural |
| св | - | perfektive Aspekt |

T&P BOOKS

# RUSSISCHER SPRACHFÜHRER

Dieser Teil beinhaltet
wichtige Sätze, die sich in
verschiedenen realen
Situationen als nützlich
erweisen können.
Der Sprachführer wird Ihnen
dabei helfen nach dem Weg
zu fragen, einen Preis
zu klären, Tickets zu kaufen
und Essen in einem
Restaurant zu bestellen.

T&P Books Publishing

# INHALT SPRACHFÜHRER

**T&P Books Publishing**

# Das absolute Minimum

| | |
|---|---|
| Entschuldigen Sie bitte, … | **Извините, …**<br>[izviníte, …] |
| Hallo. | **Здравствуйте.**<br>[zdrástvujte.] |
| Danke. | **Спасибо.**<br>[spasíbɔ.] |
| Auf Wiedersehen. | **До свидания.**<br>[dɔ svidánija.] |
| Ja. | **Да.**<br>[dá.] |
| Nein. | **Нет.**<br>[nét.] |
| Ich weiß nicht. | **Я не знаю.**<br>[já ne znáju.] |
| Wo? \| Wohin? \| Wann? | **Где? \| Куда? \| Когда?**<br>[gdé? \| kudá? \| kɔgdá?] |

| | |
|---|---|
| Ich brauche … | **Мне нужен …**<br>[mné núʒen …] |
| Ich möchte … | **Я хочу …**<br>[já hɔʧú …] |
| Haben Sie …? | **У вас есть …?**<br>[u vás jéstʲ …?] |
| Gibt es hier …? | **Здесь есть …?**<br>[zdésʲ éstʲ …?] |
| Kann ich …? | **Я могу …?**<br>[já mɔgú …?] |
| Bitte (anfragen) | **пожалуйста**<br>[pɔʒálǝsta] |

| | |
|---|---|
| Ich suche … | **Я ищу …**<br>[já iʃʲú …] |
| die Toilette | **туалет**<br>[tualét] |
| den Geldautomat | **банкомат**<br>[bankɔmát] |
| die Apotheke | **аптеку**<br>[aptéku] |
| das Krankenhaus | **больницу**<br>[bɔlʲnítsu] |
| die Polizeistation | **полицейский участок**<br>[pɔliʦǽjskij uʧástɔk] |
| die U-Bahn | **метро**<br>[metró] |

| | |
|---|---|
| das Taxi | такси<br>[taksí] |
| den Bahnhof | вокзал<br>[vɔkzál] |

| | |
|---|---|
| Ich heiße … | Меня зовут …<br>[menʲá zɔvút …] |
| Wie heißen Sie? | Как вас зовут?<br>[kák vás zɔvút?] |
| Helfen Sie mir bitte. | Помогите мне, пожалуйста.<br>[pɔmɔgíte mné, pɔʒáləsta.] |
| Ich habe ein Problem. | У меня проблема.<br>[u menʲá prɔbléma.] |
| Mir ist schlecht. | Мне плохо.<br>[mné plóhɔ.] |
| Rufen Sie einen Krankenwagen! | Вызовите скорую!<br>[vīzɔvite skóruju!] |
| Darf ich telefonieren? | Могу я позвонить?<br>[mɔgú já pɔzvɔnítʲ?] |

| | |
|---|---|
| Entschuldigung. | Извините.<br>[izviníte.] |
| Keine Ursache. | Пожалуйста.<br>[pɔʒáləsta.] |

| | |
|---|---|
| ich | я<br>[já] |
| du | ты<br>[tī] |
| er | он<br>[ón] |
| sie | она<br>[ɔná] |
| sie (Pl, Mask.) | они<br>[ɔní] |
| sie (Pl, Fem.) | они<br>[ɔní] |
| wir | мы<br>[mī] |
| ihr | вы<br>[vī] |
| Sie | Вы<br>[vī] |

| | |
|---|---|
| EINGANG | ВХОД<br>[fhód] |
| AUSGANG | ВЫХОД<br>[vīhɔd] |
| AUßER BETRIEB | НЕ РАБОТАЕТ<br>[ne rabótaet] |
| GESCHLOSSEN | ЗАКРЫТО<br>[zakrītɔ] |

OFFEN

**ОТКРЫТО**
[ɔtkrῖtɔ]

FÜR DAMEN

**ДЛЯ ЖЕНЩИН**
[dlʲa ʒǽnʃin]

FÜR HERREN

**ДЛЯ МУЖЧИН**
[dlʲa muʃín]

# Fragen

| | |
|---|---|
| Wo? | **Где?**<br>[gdé?] |
| Wohin? | **Куда?**<br>[kudá?] |
| Woher? | **Откуда?**<br>[ɔtkúda?] |
| Warum? | **Почему?**<br>[pɔʧemú?] |
| Wozu? | **Зачем?**<br>[zaʧém?] |
| Wann? | **Когда?**<br>[kɔgdá?] |

| | |
|---|---|
| Wie lange? | **Как долго?**<br>[kák dólgɔ?] |
| Um wie viel Uhr? | **Во сколько?**<br>[vɔ skólʲkɔ?] |
| Wie viel? | **Сколько стоит?**<br>[skólʲkɔ stóit?] |
| Haben Sie ...? | **У вас есть ...?**<br>[u vás jéstʲ ...?] |
| Wo befindet sich ...? | **Где находится ...?**<br>[gdé nahóditsa ...?] |

| | |
|---|---|
| Wie spät ist es? | **Который час?**<br>[kɔtórij ʧás?] |
| Darf ich telefonieren? | **Могу я позвонить?**<br>[mɔgú já pɔzvɔnítʲ?] |
| Wer ist da? | **Кто там?**<br>[któ tám?] |
| Darf ich hier rauchen? | **Могу я здесь курить?**<br>[mɔgú já zdésʲ kurítʲ?] |
| Darf ich ...? | **Я могу ...?**<br>[já mɔgú ...?] |

## Bedürfnisse

| | |
|---|---|
| Ich hätte gerne ... | Я бы хотел /хотела/ ...<br>[já bɨ hɔtél /hɔtéla/ ...] |
| Ich will nicht ... | Я не хочу ...<br>[já ne hɔʧú ...] |
| Ich habe Durst. | Я хочу пить.<br>[já hɔʧú pítʲ.] |
| Ich möchte schlafen. | Я хочу спать.<br>[já hɔʧú spátʲ.] |

| | |
|---|---|
| Ich möchte ... | Я хочу ...<br>[já hɔʧú ...] |
| abwaschen | умыться<br>[umɨ́tsa] |
| mir die Zähne putzen | почистить зубы<br>[pɔʧístitʲ zúbɨ] |
| eine Weile ausruhen | немного отдохнуть<br>[nemnógɔ ɔtdɔhnútʲ] |
| meine Kleidung wechseln | переодеться<br>[pereɔdétsa] |

| | |
|---|---|
| zurück ins Hotel gehen | вернуться в гостиницу<br>[vernútsa v gɔstínitsu] |
| kaufen ... | купить ...<br>[kupítʲ ...] |
| gehen ... | съездить в ...<br>[sjézditʲ f ...] |
| besuchen ... | посетить ...<br>[pɔsetítʲ ...] |
| treffen ... | встретиться с ...<br>[fstrétitsa s ...] |
| einen Anruf tätigen | позвонить<br>[pɔzvɔnítʲ] |

| | |
|---|---|
| Ich bin müde. | Я устал /устала/.<br>[já ustál /ustála/.] |
| Wir sind müde. | Мы устали.<br>[mɨ́ ustáli.] |
| Mir ist kalt. | Мне холодно.<br>[mné hólɔdnɔ.] |
| Mir ist heiß. | Мне жарко.<br>[mné ʒárkɔ.] |
| Mir passt es. | Мне нормально.<br>[mné nɔrmálʲnɔ.] |

Ich muss telefonieren.

**Мне надо позвонить.**
[mné nádɔ pɔzvɔnítʲ.]

Ich muss auf die Toilette.

**Мне надо в туалет.**
[mné nádɔ f tualét.]

Ich muss gehen.

**Мне пора.**
[mné porá.]

Ich muss jetzt gehen.

**Мне надо идти.**
[mné nádɔ itʲtí.]

# Wie man nach dem Weg fragt

| | |
|---|---|
| Entschuldigen Sie bitte, ... | **Извините, ...**<br>[izviníte, ...] |
| Wo befindet sich ...? | **Где находится ...?**<br>[gdé nahóditsa ...?] |
| Welcher Weg ist ...? | **В каком направлении находится ...?**<br>[f kakóm napravlénii nahóditsa ...?] |
| Könnten Sie mir bitte helfen? | **Помогите мне, пожалуйста.**<br>[pomogíte mné, poʒáləsta.] |

| | |
|---|---|
| Ich suche ... | **Я ищу ...**<br>[já iʃú ...] |
| Ich suche den Ausgang. | **Я ищу выход.**<br>[já iʃú víhot.] |
| Ich fahre nach ... | **Я еду в ...**<br>[já édu f ...] |
| Gehe ich richtig nach ...? | **Я правильно иду ...?**<br>[já právilʲno idú ...?] |

| | |
|---|---|
| Ist es weit? | **Это далеко?**<br>[ǽto dalekó?] |
| Kann ich dort zu Fuß hingehen? | **Я дойду туда пешком?**<br>[já dojdú tudá peʃkóm] |
| Können Sie es mir auf der Karte zeigen? | **Покажите мне на карте, пожалуйста.**<br>[pokaʒíte mne na kárte, poʒáləsta.] |
| Zeigen Sie mir wo wir gerade sind. | **Покажите, где мы сейчас.**<br>[pokaʒíte, gdé mi sejʧás.] |

| | |
|---|---|
| Hier | **Здесь**<br>[zdésʲ] |
| Dort | **Там**<br>[tám] |
| Hierher | **Сюда**<br>[sʲudá] |

| | |
|---|---|
| Biegen Sie rechts ab. | **Поверните направо.**<br>[poverníte naprávo.] |
| Biegen Sie links ab. | **Поверните налево.**<br>[poverníte nalévo.] |
| erste (zweite, dritte) Abzweigung | **первый (второй, третий) поворот**<br>[pérvij (vtorój, trétij) povorót] |
| nach rechts | **направо**<br>[naprávo] |

nach links

**налево**
[nalévɔ]

Laufen Sie geradeaus.

**Идите прямо.**
[idíte prʲámɔ.]

## Schilder

| | |
|---|---|
| HERZLICH WILLKOMMEN! | **ДОБРО ПОЖАЛОВАТЬ!**<br>[dɔbró pɔʒálɔvatʲ!] |
| EINGANG | **ВХОД**<br>[fhód] |
| AUSGANG | **ВЫХОД**<br>[vĩhɔd] |
| DRÜCKEN | **ОТ СЕБЯ**<br>[ɔt sebʲá] |
| ZIEHEN | **НА СЕБЯ**<br>[na sebʲá] |
| OFFEN | **ОТКРЫТО**<br>[ɔtkrĩtɔ] |
| GESCHLOSSEN | **ЗАКРЫТО**<br>[zakrĩtɔ] |
| FÜR DAMEN | **ДЛЯ ЖЕНЩИН**<br>[dlʲa ʒǽnʃin] |
| FÜR HERREN | **ДЛЯ МУЖЧИН**<br>[dlʲa muʃín] |
| HERREN-WC | **МУЖСКОЙ ТУАЛЕТ**<br>[muʃskój tualét] |
| DAMEN-WC | **ЖЕНСКИЙ ТУАЛЕТ**<br>[ʒǽnskij tualét] |
| RABATT \| REDUZIERT | **СКИДКИ**<br>[skítki] |
| AUSVERKAUF | **РАСПРОДАЖА**<br>[rasprɔdáʒa] |
| GRATIS | **БЕСПЛАТНО**<br>[besplátnɔ] |
| NEU! | **НОВИНКА!**<br>[nɔvínka!] |
| ACHTUNG! | **ВНИМАНИЕ!**<br>[vnimánie!] |
| KEINE ZIMMER FREI | **МЕСТ НЕТ**<br>[mést nét] |
| RESERVIERT | **ЗАРЕЗЕРВИРОВАНО**<br>[zarezervírɔvanɔ] |
| VERWALTUNG | **АДМИНИСТРАЦИЯ**<br>[administrátsija] |
| NUR FÜR PERSONAL | **ТОЛЬКО ДЛЯ ПЕРСОНАЛА**<br>[tólʲkɔ dlʲa persɔnála] |

| | |
|---|---|
| BISSIGER HUND | **ЗЛАЯ СОБАКА**<br>[zlája sɔbáka] |
| RAUCHEN VERBOTEN! | **НЕ КУРИТЬ!**<br>[ne kurítʲ!] |
| NICHT ANFASSEN! | **РУКАМИ НЕ ТРОГАТЬ!**<br>[rukámi ne trógatʲ!] |
| GEFÄHRLICH | **ОПАСНО**<br>[ɔpásnɔ] |
| GEFAHR | **ОПАСНОСТЬ**<br>[ɔpásnɔstʲ] |
| HOCHSPANNUNG | **ВЫСОКОЕ НАПРЯЖЕНИЕ**<br>[visókɔe naprɪʒǽnie] |
| BADEN VERBOTEN | **КУПАТЬСЯ ЗАПРЕЩЕНО**<br>[kupátsa zapreʃenó] |

| | |
|---|---|
| AUßER BETRIEB | **НЕ РАБОТАЕТ**<br>[ne rabótaet] |
| LEICHTENTZÜNDLICH | **ОГНЕОПАСНО**<br>[ɔgneɔpásnɔ] |
| VERBOTEN | **ЗАПРЕЩЕНО**<br>[zapreʃenó] |
| DURCHGANG VERBOTEN | **ПРОХОД ЗАПРЕЩЁН**<br>[prɔhót zapreʃǿn] |
| FRISCH GESTRICHEN | **ОКРАШЕНО**<br>[ɔkráʃenɔ] |

| | |
|---|---|
| WEGEN RENOVIERUNG GESCHLOSSEN | **ЗАКРЫТО НА РЕМОНТ**<br>[zakrĩtɔ na remónt] |
| ACHTUNG BAUARBEITEN | **РЕМОНТНЫЕ РАБОТЫ**<br>[remóntnie rabóti] |
| UMLEITUNG | **ОБЪЕЗД**<br>[ɔbjézd] |

## Transport - Allgemeine Phrasen

| | |
|---|---|
| Flugzeug | **самолёт**<br>[camɔlǿt] |
| Zug | **поезд**<br>[póezd] |
| Bus | **автобус**<br>[aftóbus] |
| Fähre | **паром**<br>[paróm] |
| Taxi | **такси**<br>[taksí] |
| Auto | **машина**<br>[maʃína] |

| | |
|---|---|
| Zeitplan | **расписание**<br>[raspisánie] |
| Wo kann ich den Zeitplan sehen? | **Где можно посмотреть расписание?**<br>[gdé móʒnɔ pɔsmɔtrétʲ raspisánie?] |
| Arbeitstage | **рабочие дни**<br>[rabótʃie dní] |
| Wochenenden | **выходные дни**<br>[vihɔdnʲie dní] |
| Ferien | **праздничные дни**<br>[práznitʃnie dní] |

| | |
|---|---|
| ABFLUG | **ОТПРАВЛЕНИЕ**<br>[ɔtpravlénie] |
| ANKUNFT | **ПРИБЫТИЕ**<br>[pribîtie] |
| VERSPÄTET | **ЗАДЕРЖИВАЕТСЯ**<br>[zadérʒivaeʦa] |
| GESTRICHEN | **ОТМЕНЁН**<br>[ɔtmenǿn] |

| | |
|---|---|
| nächste (Zug, usw.) | **следующий**<br>[sléduʃij] |
| erste | **первый**<br>[pérvij] |
| letzte | **последний**<br>[pɔslédnij] |

| | |
|---|---|
| Wann kommt der Nächste ...? | **Когда будет следующий ...?**<br>[kɔgdá búdet sléduʃij ...?] |
| Wann kommt der Erste ...? | **Когда отходит первый ...?**<br>[kɔgdá ɔtxódit pérvij ...?] |

Wann kommt der Letzte ...?

**Когда уходит последний ...?**
[kɔgdá uhódit pɔslédnij ...?]

Transfer

**пересадка**
[peresátka]

einen Transfer machen

**сделать пересадку**
[zdélatʲ peresátku]

Muss ich einen Transfer machen?

**Мне нужно делать пересадку?**
[mné núʒnɔ délatʲ peresátku?]

## Eine Fahrkarte kaufen

| | |
|---|---|
| Wo kann ich Fahrkarten kaufen? | **Где можно купить билеты?**<br>[gdé móʒnɔ kupítʲ biléti?] |
| Fahrkarte | **билет**<br>[bilét] |
| Eine Fahrkarte kaufen | **купить билет**<br>[kupítʲ bilét] |
| Fahrkartenpreis | **стоимость билета**<br>[stóimɔstʲ biléta] |
| Wohin? | **Куда?**<br>[kudá?] |
| Welche Station? | **До какой станции?**<br>[dɔ kakój stántsii?] |
| Ich brauche ... | **Мне нужно ...**<br>[mné núʒnɔ ...] |
| eine Fahrkarte | **один билет**<br>[ɔdín bilét] |
| zwei Fahrkarten | **два билета**<br>[dvá biléta] |
| drei Fahrkarten | **три билета**<br>[trí biléta] |
| in eine Richtung | **в один конец**<br>[v ɔdín kɔnéts] |
| hin und zurück | **туда и обратно**<br>[tudá i ɔbrátnɔ] |
| erste Klasse | **первый класс**<br>[pérvij klás] |
| zweite Klasse | **второй класс**<br>[ftɔrój klás] |
| heute | **сегодня**<br>[sevódnʲa] |
| morgen | **завтра**<br>[záftra] |
| übermorgen | **послезавтра**<br>[pɔslezáftra] |
| am Vormittag | **утром**<br>[útrɔm] |
| am Nachmittag | **днём**<br>[dnǿm] |
| am Abend | **вечером**<br>[vétʃerɔm] |

Gangplatz

**место у прохода**
[méstɔ u prɔhóda]

Fensterplatz

**место у окна**
[méstɔ u ɔkná]

Wie viel?

**Сколько?**
[skólʲkɔ?]

Kann ich mit Karte zahlen?

**Могу я заплатить карточкой?**
[mɔgú já zaplatítʲ kártɔʧkɔj?]

## Bus

| | |
|---|---|
| Bus | **автобус**<br>[aftóbus] |
| Fernbus | **междугородний автобус**<br>[meʒdugɔródnij aftóbus] |
| Bushaltestelle | **автобусная остановка**<br>[aftóbusnaja ɔstanófka] |
| Wo ist die nächste Bushaltestelle? | **Где ближайшая автобусная остановка?**<br>[gdé bliʒájʃaja aftóbusnaja ɔstanófka?] |

| | |
|---|---|
| Nummer | **номер**<br>[nómer] |
| Welchen Bus nehme ich um nach … zu kommen? | **Какой автобус идёт до …?**<br>[kakój aftóbus idøt dɔ …?] |
| Fährt dieser Bus nach …? | **Этот автобус идёт до …?**<br>[ǽtɔt aftóbus idøt dɔ …?] |
| Wie oft fahren die Busse? | **Как часто ходят автобусы?**<br>[kák tʃástɔ hódʲat aftóbusi?] |

| | |
|---|---|
| alle fünfzehn Minuten | **каждые 15 минут**<br>[káʒdie pitnátsatʲ minút] |
| jede halbe Stunde | **каждые полчаса**<br>[káʒdie poltʃasá] |
| jede Stunde | **каждый час**<br>[káʒdij tʃás] |
| mehrmals täglich | **несколько раз в день**<br>[néskɔlʲkɔ rás v dénʲ] |
| … Mal am Tag | **… раз в день**<br>[… ras v dénʲ] |

| | |
|---|---|
| Zeitplan | **расписание**<br>[raspisánie] |
| Wo kann ich den Zeitplan sehen? | **Где можно посмотреть расписание?**<br>[gdé móʒnɔ pɔsmɔtrétʲ raspisánie?] |
| Wann kommt der nächste Bus? | **Когда будет следующий автобус?**<br>[kɔgdá búdet sléduʃij aftóbus?] |
| Wann kommt der erste Bus? | **Когда отходит первый автобус?**<br>[kɔgdá ɔtхódit pérvij aftóbus?] |
| Wann kommt der letzte Bus? | **Когда уходит последний автобус?**<br>[kɔgdá uhódit pɔslédnij aftóbus?] |

Halt

**остановка**
[ɔstanófka]

Nächster Halt

**следующая остановка**
[sléduʃaja ɔstanófka]

Letzter Halt

**конечная остановка**
[kɔnétʃnaja ɔstanófka]

Halten Sie hier bitte an.

**Остановите здесь, пожалуйста.**
[ɔstanɔvíte zdésʲ, pɔʒálǝsta.]

Entschuldigen Sie mich,
dies ist meine Haltestelle.

**Разрешите, это моя остановка.**
[razreʃíte, ǽtɔ mɔjá ɔstanófka.]

# Zug

| | |
|---|---|
| Zug | **поезд**<br>[póezd] |
| S-Bahn | **пригородный поезд**<br>[prígɔrɔdnɨj póezd] |
| Fernzug | **поезд дальнего следования**<br>[póezd dálʲnevɔ slédɔvanija] |
| Bahnhof | **вокзал**<br>[vɔkzál] |
| Entschuldigen Sie bitte,<br>wo ist der Ausgang zum Bahngleis? | **Извините, где выход к поездам?**<br>[izviníte, gdé vɨhɔt k pɔezdám?] |

| | |
|---|---|
| Fährt dieser Zug nach …? | **Этот поезд идёт до …?**<br>[ǽtɔt póezd idǿt dɔ …?] |
| nächste Zug | **следующий поезд**<br>[sléduʃʲij póezd] |
| Wann kommt der nächste Zug? | **Когда будет следующий поезд?**<br>[kɔgdá búdet sléduʃʲij póezd?] |
| Wo kann ich den Zeitplan sehen? | **Где можно посмотреть расписание?**<br>[gdé móʒnɔ pɔsmɔtrétʲ raspisánie?] |
| Von welchem Bahngleis? | **С какой платформы?**<br>[s kakój platfórmɨ?] |
| Wann kommt der Zug in … an? | **Когда поезд прибывает в …?**<br>[kɔgdá póezd pribɨváet f …?] |

| | |
|---|---|
| Helfen Sie mir bitte. | **Помогите мне, пожалуйста.**<br>[pɔmɔgíte mné, pɔʒáləsta.] |
| Ich suche meinen Platz. | **Я ищу своё место.**<br>[já iʃʲú svɔjó méstɔ.] |
| Wir suchen unsere Plätze. | **Мы ищем наши места.**<br>[mɨ íʃʲem náʃi mestá.] |
| Unser Platz ist besetzt. | **Моё место занято.**<br>[mɔjó méstɔ zánɨtɔ.] |
| Unsere Plätze sind besetzt. | **Наши места заняты.**<br>[náʃi mestá zánɨti.] |

| | |
|---|---|
| Entschuldigen Sie,<br>aber das ist mein Platz. | **Извините, пожалуйста,<br>но это моё место.**<br>[izviníte, pɔʒáləsta,<br>nó ǽtɔ mɔjó méstɔ.] |
| Ist der Platz frei? | **Это место свободно?**<br>[ǽtɔ méstɔ svɔbódnɔ?] |
| Darf ich mich hier setzen? | **Могу я здесь сесть?**<br>[mɔgú já zdésʲ séstʲ?] |

## Im Zug - Dialog (Keine Fahrkarte)

Fahrkarte bitte.

**Ваш билет, пожалуйста.**
[váʃ bilét, pɔʒáləsta.]

Ich habe keine Fahrkarte.

**У меня нет билета.**
[u menʲá nét biléta.]

Ich habe meine Fahrkarte verloren.

**Я потерял /потеряла/ свой билет.**
[já poterʲál /poterʲála/ svój bilét.]

Ich habe meine Fahrkarte
zuhause vergessen.

**Я забыл /забыла/ билет дома.**
[já zabíl /zabíla/ bilét dóma.]

Sie können von mir
eine Fahrkarte kaufen.

**Вы можете купить билет у меня.**
[vī móʒete kupítʲ bilét u menʲá.]

Sie werden auch eine Strafe zahlen.

**Вам ещё придётся
заплатить штраф.**
[vam eʃǿ pridǿtsʲa
zaplatítʲ ʃtráf.]

Gut.

**Хорошо.**
[hɔrɔʃó.]

Wohin fahren Sie?

**Куда вы едете?**
[kudá vī edete?]

Ich fahre nach …

**Я еду до …**
[já édu dɔ …]

Wie viel? Ich verstehe nicht.

**Сколько? Я не понимаю.**
[skólʲkɔ? já ne pɔnimáju.]

Schreiben Sie es bitte auf.

**Напишите, пожалуйста.**
[napiʃíte, pɔʒáləsta.]

Gut. Kann ich mit Karte zahlen?

**Хорошо. Могу я заплатить
карточкой?**
[hɔrɔʃó. mɔgú já
zaplatítʲ kártɔtʃkɔj?]

Ja, das können Sie.

**Да, можете.**
[dá, móʒete.]

Hier ist ihre Quittung.

**Вот ваша квитанция.**
[vót váʃa kvitántsija.]

Tut mir leid wegen der Strafe.

**Сожалею о штрафе.**
[sɔʒiléju ɔ ʃtráfe.]

Das ist in Ordnung. Es ist meine Schuld.

**Это ничего. Это моя вина.**
[ǽtɔ nitʃevó. ǽtɔ mɔjá viná.]

Genießen Sie Ihre Fahrt.

**Приятной вам поездки.**
[prijátnɔj vam pɔéstki.]

# Taxi

| | |
|---|---|
| Taxi | **такси**<br>[taksí] |
| Taxifahrer | **таксист**<br>[taksíst] |
| Ein Taxi nehmen | **поймать такси**<br>[pɔjmátʲ taksí] |
| Taxistand | **стоянка такси**<br>[stɔjánka taksí] |
| Wo kann ich ein Taxi bekommen? | **Где я могу взять такси?**<br>[gdé já mɔgú vzʲátʲ taksí?] |
| Ein Taxi rufen | **вызвать такси**<br>[vízvatʲ taksí] |
| Ich brauche ein Taxi. | **Мне нужно такси.**<br>[mné núʒnɔ taksí.] |
| Jetzt sofort. | **Прямо сейчас.**<br>[prʲámɔ sejtʃás.] |
| Wie ist Ihre Adresse? (Standort) | **Ваш адрес?**<br>[váʃ ádres?] |
| Meine Adresse ist … | **Мой адрес …**<br>[mój ádres …] |
| Ihr Ziel? | **Куда вы поедете?**<br>[kudá vī pɔédete?] |
| Entschuldigen Sie bitte, … | **Извините, …**<br>[izviníte, …] |
| Sind Sie frei? | **Вы свободны?**<br>[vī svɔbódni?] |
| Was kostet die Fahrt nach …? | **Сколько стоит доехать до …?**<br>[skólʲkɔ stóit dɔéhatʲ dɔ …?] |
| Wissen Sie wo es ist? | **Вы знаете, где это?**<br>[vī znáete, gdé ǽtɔ?] |
| Flughafen, bitte. | **В аэропорт, пожалуйста.**<br>[v aɛrɔpórt, pɔʒálǝsta.] |
| Halten Sie hier bitte an. | **Остановитесь здесь, пожалуйста.**<br>[ɔstanɔvíte zdésʲ, pɔʒálǝsta.] |
| Das ist nicht hier. | **Это не здесь.**<br>[ǽtɔ ne zdésʲ.] |
| Das ist die falsche Adresse. | **Это неправильный адрес.**<br>[ǽtɔ neprávilʲnij ádres.] |
| nach links | **Сейчас налево.**<br>[sejtʃás nalévɔ.] |
| nach rechts | **Сейчас направо.**<br>[sejtʃás naprávɔ.] |

| | |
|---|---|
| Was schulde ich Ihnen? | **Сколько я вам должен /должна/?**<br>[skólʲkɔ ja vam dólʒen /dɔlʒná/?] |
| Ich würde gerne<br>ein Quittung haben, bitte. | **Дайте мне чек, пожалуйста.**<br>[dájte mne tɕék, pɔʒálǝsta.] |
| Stimmt so. | **Сдачи не надо.**<br>[zdátɕi ne nádɔ.] |

| | |
|---|---|
| Warten Sie auf mich bitte | **Подождите меня, пожалуйста.**<br>[pɔdɔʒdíte menʲá, pɔʒálǝsta.] |
| fünf Minuten | **5 минут**<br>[pʲátʲ minút] |
| zehn Minuten | **10 минут**<br>[désitʲ minút] |
| fünfzehn Minuten | **15 минут**<br>[pitnátsatʲ minút] |
| zwanzig Minuten | **20 минут**<br>[dvátsatʲ minút] |
| eine halbe Stunde | **полчаса**<br>[pɔltɕasá] |

# Hotel

| | |
|---|---|
| Guten Tag. | **Здравствуйте.**<br>[zdrástvujte.] |
| Mein Name ist … | **Меня зовут …**<br>[menʲá zɔvút …] |
| Ich habe eine Reservierung. | **Я резервировал /резервировала/ номер.**<br>[já rezervírɔval /rezervírɔvala/ nómer.] |

| | |
|---|---|
| Ich brauche … | **Мне нужен …**<br>[mné núʒen …] |
| ein Einzelzimmer | **одноместный номер**<br>[ɔdnɔmésnij nómer] |
| ein Doppelzimmer | **двухместный номер**<br>[dvuh·mésnij nómer] |
| Wie viel kostet das? | **Сколько он стоит?**<br>[skólʲkɔ ɔn stóit?] |
| Das ist ein bisschen teuer. | **Это немного дорого.**<br>[ǽtɔ nemnógɔ dórɔgɔ.] |

| | |
|---|---|
| Haben Sie sonst noch etwas? | **У вас есть ещё что-нибудь?**<br>[u vás jéstʲ eʃǿ ʃtó-nibutʲ?] |
| Ich nehme es. | **Я возьму его.**<br>[já vɔzʲmú evó.] |
| Ich zahle bar. | **Я заплачу наличными.**<br>[já zaplaʧú nalíʧnimi.] |

| | |
|---|---|
| Ich habe ein Problem. | **У меня проблема.**<br>[u menʲá prɔbléma.] |
| Mein … ist kaputt. | **Мой … сломан /Моя … сломана/**<br>[mój … slóman /mɔjá … slómana/] |
| Mein … ist außer Betrieb. | **Мой /Моя/ … не работает.**<br>[mój /mɔjá/ … né rabótaet.] |
| Fernseher | **телевизор**<br>[televízɔr] |
| Klimaanlage | **кондиционер**<br>[kɔndiʦionér] |
| Wasserhahn | **кран**<br>[krán] |

| | |
|---|---|
| Dusche | **душ**<br>[dúʃ] |
| Waschbecken | **раковина**<br>[rákɔvina] |

| | |
|---|---|
| Safe | **сейф**<br>[séjf] |
| Türschloss | **замок**<br>[zámɔk] |
| Steckdose | **розетка**<br>[rɔzétka] |
| Föhn | **фен**<br>[fén] |

| | |
|---|---|
| Ich habe kein … | **У меня нет …**<br>[u menʲá nét …] |
| Wasser | **воды**<br>[vódʲ] |
| Licht | **света**<br>[svéta] |
| Strom | **электричества**<br>[ɛlektrítʃestva] |

| | |
|---|---|
| Können Sie mir … geben? | **Можете мне дать …?**<br>[móʒete mne dátʲ …?] |
| ein Handtuch | **полотенце**<br>[pɔlɔténtse] |
| eine Decke | **одеяло**<br>[ɔdejálɔ] |
| Hausschuhe | **тапочки**<br>[tápɔtʃki] |
| einen Bademantel | **халат**<br>[halát] |
| etwas Shampoo | **шампунь**<br>[ʃampúnʲ] |
| etwas Seife | **мыло**<br>[mɨlɔ] |

| | |
|---|---|
| Ich möchte ein anderes Zimmer haben. | **Я хотел бы /хотела бы/ поменять номер.**<br>[já hɔtél bɨ /hɔtéla bɨ/ pɔmenʲátʲ nómer.] |
| Ich kann meinen Schlüssel nicht finden. | **Я не могу найти свой ключ.**<br>[já ne mɔgú najtí svój klʲútʃ.] |
| Machen Sie bitte meine Tür auf | **Откройте мой номер, пожалуйста.**<br>[ɔtkrójte mój nómer, pɔʒáləsta.] |
| Wer ist da? | **Кто там?**<br>[któ tám?] |
| Kommen Sie rein! | **Войдите!**<br>[vɔjdíte!] |
| Einen Moment bitte! | **Одну минуту!**<br>[ɔdnú minútu!] |

| | |
|---|---|
| Nicht jetzt bitte. | **Пожалуйста, не сейчас.**<br>[pɔʒáləsta, ne sejtʃás.] |
| Kommen Sie bitte in mein Zimmer. | **Зайдите ко мне, пожалуйста.**<br>[zajdíte kɔ mné, pɔʒáləsta.] |

| | |
|---|---|
| Ich würde gerne Essen bestellen. | **Я хочу сделать заказ еды в номер.**<br>[já hoʧú zdélatⁱ zakás edⁱ́ v nómer.] |
| Meine Zimmernummer ist … | **Мой номер комнаты …**<br>[mój nómer kómnatⁱ …] |

| | |
|---|---|
| Ich reise … ab. | **Я уезжаю …**<br>[já ueʒʒáju …] |
| Wir reisen … ab. | **Мы уезжаем …**<br>[mⁱ́ ueʒʒáem …] |
| jetzt | **сейчас**<br>[sejʧás] |
| diesen Nachmittag | **сегодня после обеда**<br>[sevódnⁱa pósle ɔbéda] |
| heute Abend | **сегодня вечером**<br>[sevódnⁱa véʧerɔm] |
| morgen | **завтра**<br>[záftra] |
| morgen früh | **завтра утром**<br>[záftra útrɔm] |
| morgen Abend | **завтра вечером**<br>[záftra veʧerɔm] |
| übermorgen | **послезавтра**<br>[pɔslezáftra] |

| | |
|---|---|
| Ich möchte die Zimmerrechnung begleichen. | **Я хотел бы /хотела бы/ рассчитаться.**<br>[já hɔtél bⁱ /hɔtéla bⁱ/ rasʃⁱitátsa.] |
| Alles war wunderbar. | **Всё было отлично.**<br>[fsǿ bⁱ́lɔ ɔtlíʧnɔ.] |
| Wo kann ich ein Taxi bekommen? | **Где я могу взять такси?**<br>[gdé já mɔgú vzⁱátⁱ taksí?] |
| Würden Sie bitte ein Taxi für mich holen? | **Вызовите мне такси, пожалуйста.**<br>[vⁱ́zɔvite mne taksí, pɔʒáləsta.] |

## Restaurant

| | |
|---|---|
| Könnte ich die Speisekarte sehen bitte? | **Могу я посмотреть ваше меню?**<br>[mɔgú já pɔsmɔtrétʲ váʃe menʲú?] |
| Tisch für einen. | **Столик для одного.**<br>[stólik dlʲa ɔdnɔvó.] |
| Wir sind zu zweit (dritt, viert). | **Нас двое (трое, четверо).**<br>[nás dvóe (tróe, tʃétverɔ).] |

| | |
|---|---|
| Raucher | **Для курящих**<br>[dlʲa kurʲáʃʲih] |
| Nichtraucher | **Для некурящих**<br>[dlʲa nekurʲáʃʲih] |
| Entschuldigen Sie mich!<br>(Einen Kellner ansprechen) | **Будьте добры!**<br>[bútʲte dɔbrʲí!] |
| Speisekarte | **меню**<br>[menʲú] |
| Weinkarte | **карта вин**<br>[kárta vín] |
| Die Speisekarte bitte. | **Меню, пожалуйста.**<br>[menʲú, pɔʒáləsta.] |

| | |
|---|---|
| Sind Sie bereit zum bestellen? | **Вы готовы сделать заказ?**<br>[vī gɔtóvɨ zdélatʲ zakás?] |
| Was würden Sie gerne haben? | **Что вы будете заказывать?**<br>[ʃtó vī búdete zakázivatʲ?] |
| Ich möchte … | **Я буду …**<br>[já búdu …] |

| | |
|---|---|
| Ich bin Vegetarier. | **Я вегетарианец /вегетарианка/.**<br>[já vegetariánets /vegetariánka/.] |
| Fleisch | **мясо**<br>[mʲásɔ] |
| Fisch | **рыба**<br>[rībа] |
| Gemüse | **овощи**<br>[óvɔʃʲi] |
| Haben Sie vegetarisches Essen? | **У вас есть вегетарианские блюда?**<br>[u vás jéstʲ vegetariánskie blʲúda?] |
| Ich esse kein Schweinefleisch. | **Я не ем свинину.**<br>[já ne ém svinínu.] |
| Er /Sie/ isst kein Fleisch. | **Он /она/ не ест мясо.**<br>[ón /ɔná/ ne ést mʲásɔ.] |
| Ich bin allergisch auf … | **У меня аллергия на …**<br>[u menʲá alergíja na …] |

| | |
|---|---|
| Könnten Sie mir bitte … Bringen. | **Принесите мне, пожалуйста …**<br>[prinesíte mné, pɔʒáləsta …] |
| Salz \| Pfeffer \| Zucker | **соль \| перец \| сахар**<br>[sólʲ \| péreʦ \| sáhar] |
| Kaffee \| Tee \| Nachtisch | **кофе \| чай \| десерт**<br>[kófe \| ʧáj \| desért] |
| Wasser \| Sprudel \| stilles | **вода \| с газом \| без газа**<br>[vóda \| s gázɔm \| bez gáza] |
| einen Löffel \| eine Gabel \| ein Messer | **ложка \| вилка \| нож**<br>[lóʃka \| vílka \| nóʃ] |
| einen Teller \| eine Serviette | **тарелка \| салфетка**<br>[tarélka \| salfétka] |

| | |
|---|---|
| Guten Appetit! | **Приятного аппетита!**<br>[prijátnɔvɔ apetíta!] |
| Noch einen bitte. | **Принесите ещё, пожалуйста.**<br>[prinesíte eʃʲǿ, pɔʒáləsta.] |
| Es war sehr lecker. | **Было очень вкусно.**<br>[bɨ̄lɔ óʧenʲ fkúsnɔ.] |

| | |
|---|---|
| Scheck \| Wechselgeld \| Trinkgeld | **счёт \| сдача \| чаевые**<br>[ʃǿt \| zdáʧa \| ʧaevɨ̄je] |
| Zahlen bitte. | **Счёт, пожалуйста.**<br>[ʃǿt, pɔʒáləsta.] |
| Kann ich mit Karte zahlen? | **Могу я заплатить карточкой?**<br>[mɔgú já zaplatítʲ kártɔʧkɔj?] |
| Entschuldigen Sie, hier ist ein Fehler. | **Извините, здесь ошибка.**<br>[izviníte, zdésʲ ɔʃɨ̄pka.] |

# Einkaufen

Kann ich Ihnen behilflich sein?
**Могу я вам помочь?**
[mɔgú já vam pɔmótʃ?]

Haben Sie ...?
**У вас есть ...?**
[u vás jéstʲ ...?]

Ich suche ...
**Я ищу ...**
[já iʃú ...]

Ich brauche ...
**Мне нужен ...**
[mné núʒen ...]

---

Ich möchte nur schauen.
**Я просто смотрю.**
[já prósto smɔtrʲú.]

Wir möchten nur schauen.
**Мы просто смотрим.**
[mɨ́ prósto smótrim.]

Ich komme später noch einmal zurück.
**Я зайду позже.**
[já zajdú póʒʒe.]

Wir kommen später vorbei.
**Мы зайдём позже.**
[mɨ́ zajdǿm póʒʒe.]

Rabatt | Ausverkauf
**скидки | распродажа**
[skítki | rasprɔdáʒa]

---

Zeigen Sie mir bitte ...
**Покажите мне, пожалуйста ...**
[pɔkaʒíte mné, pɔʒáləsta ...]

Geben Sie mir bitte ...
**Дайте мне, пожалуйста ...**
[dájte mne, pɔʒáləsta ...]

Kann ich es anprobieren?
**Могу я это примерить?**
[mɔgú já æ̀tɔ priméritʲ?]

Entschuldigen Sie bitte,
wo ist die Anprobe?
**Извините, где примерочная?**
[izviníte, gdé primérɔtʃnaja?]

Welche Farbe mögen Sie?
**Какой цвет вы хотите?**
[kakój tsvét vɨ̄ hotíte?]

Größe | Länge
**размер | рост**
[razmér | róst]

Wie sitzt es?
**Подошло?**
[pɔdɔʃló?]

---

Was kostet das?
**Сколько это стоит?**
[skólʲkɔ æ̀tɔ stóit?]

Das ist zu teuer.
**Это слишком дорого.**
[æ̀tɔ slíʃkɔm dórɔgɔ.]

Ich nehme es.
**Я возьму это.**
[já vɔzʲmú æ̀tɔ.]

Entschuldigen Sie bitte,
wo ist die Kasse?
**Извините, где касса?**
[izviníte, gdé kássa?]

Zahlen Sie Bar oder mit Karte?

**Как вы будете платить?**
[kák vɨ búdete platítʲ?]

in Bar | mit Karte

**наличными | карточкой**
[nalítʃnimi | kártotʃkɔj]

---

Brauchen Sie die Quittung?

**Вам нужен чек?**
[vam núʒen tʃék?]

Ja, bitte.

**Да, будьте добры.**
[dá, bútʲte dɔbrɨ̃.]

Nein, es ist ok.

**Нет, не надо. Спасибо.**
[nét, ne nádɔ. spasíbɔ.]

Danke. Einen schönen Tag noch!

**Спасибо. Всего хорошего!**
[spasíbɔ. fsevó hɔróʃevɔ!]

## In der Stadt

| | |
|---|---|
| Entschuldigen Sie bitte, ... | **Извините, пожалуйста ...**<br>[izviníte, pɔʒálǝsta ...] |
| Ich suche ... | **Я ищу ...**<br>[já iʃú ...] |
| die U-Bahn | **метро**<br>[metró] |
| mein Hotel | **свою гостиницу**<br>[svɔjú gɔstínitsu] |
| das Kino | **кинотеатр**<br>[kinɔteátr] |
| den Taxistand | **стоянку такси**<br>[stɔjánku taksí] |
| einen Geldautomat | **банкомат**<br>[bankɔmát] |
| eine Wechselstube | **обмен валют**<br>[ɔbmén valʲút] |
| ein Internetcafé | **интернет-кафе**<br>[intɛrnǽt-kafǽ] |
| die ... -Straße | **улицу ...**<br>[úlitsu ...] |
| diesen Ort | **вот это место**<br>[vót ǽtɔ méstɔ] |
| Wissen Sie, wo ... ist? | **Вы не знаете, где находится ...?**<br>[vɨ̄ ne znáete, gdé nahóditsa ...?] |
| Wie heißt diese Straße? | **Как называется эта улица?**<br>[kák nazɨváetsa ǽta úlitsa?] |
| Zeigen Sie mir wo wir gerade sind. | **Покажите, где мы сейчас.**<br>[pɔkaʒíte, gdé mɨ sejtʃás.] |
| Kann ich dort zu Fuß hingehen? | **Я дойду туда пешком?**<br>[já dɔjdú tudá peʃkóm] |
| Haben Sie einen Stadtplan? | **У вас есть карта города?**<br>[u vás jéstʲ kárta górɔda?] |
| Was kostet eine Eintrittskarte? | **Сколько стоит билет?**<br>[skólʲkɔ stóit bilét?] |
| Darf man hier fotografieren? | **Здесь можно фотографировать?**<br>[zdésʲ móʒnɔ fɔtɔgrafírovatʲ?] |
| Haben Sie offen? | **Вы открыты?**<br>[vɨ̄ ɔtkrɨ̄ti?] |

Wann öffnen Sie?

**Во сколько вы открываетесь?**
[vɔ skólʲkɔ vī ɔtkriváetesʲ?]

Wann schließen Sie?

**До которого часа вы работаете?**
[dɔ kɔtórɔvɔ ʧása vī rabótaete?]

# Geld

| | |
|---|---|
| Geld | **деньги**<br>[dén'gi] |
| Bargeld | **наличные деньги**<br>[nalíʧnie dén'gi] |
| Papiergeld | **бумажные деньги**<br>[bumáʒnie dén'gi] |
| Kleingeld | **мелочь**<br>[mélɔʧ'] |
| Scheck \| Wechselgeld \| Trinkgeld | **счёт \| сдача \| чаевые**<br>[ʃǿt \| zdáʧa \| ʧaevǐje] |

| | |
|---|---|
| Kreditkarte | **кредитная карточка**<br>[kredítnaja kártɔʧka] |
| Geldbeutel | **бумажник**<br>[bumáʒnik] |
| kaufen | **покупать**<br>[pɔkupát'] |
| zahlen | **платить**<br>[platít'] |
| Strafe | **штраф**<br>[ʃtráf] |
| kostenlos | **бесплатно**<br>[besplátnɔ] |

| | |
|---|---|
| Wo kann ich … kaufen? | **Где я могу купить …?**<br>[gdé já mɔgú kupít' …?] |
| Ist die Bank jetzt offen? | **Банк сейчас открыт?**<br>[bánk sejʧás ɔtkrǐt?] |
| Wann öffnet sie? | **Во сколько он открывается?**<br>[vɔ skól'kɔ ón ɔtkriváetsa?] |
| Wann schließt sie? | **До которого часа он работает?**<br>[dɔ kɔtórɔvɔ ʧása ón rabótaet?] |

| | |
|---|---|
| Wie viel? | **Сколько?**<br>[skól'kɔ?] |
| Was kostet das? | **Сколько это стоит?**<br>[skól'kɔ ǽtɔ stóit?] |
| Das ist zu teuer. | **Это слишком дорого.**<br>[ǽtɔ slíʃkɔm dórɔgɔ.] |

| | |
|---|---|
| Entschuldigen Sie bitte,<br>wo ist die Kasse? | **Извините, где касса?**<br>[izviníte, gdé kássa?] |
| Ich möchte zahlen. | **Счёт, пожалуйста.**<br>[ʃǿt, pɔʒálǝsta.] |

Kann ich mit Karte zahlen?

**Могу я заплатить карточкой?**
[mɔgú já zaplatítʲ kártɔtʃkɔj?]

Gibt es hier einen Geldautomat?

**Здесь есть банкомат?**
[zdésʲ éstʲ bankɔmát?]

Ich brauche einen Geldautomat.

**Мне нужен банкомат.**
[mne núʒen bankɔmát.]

---

Ich suche eine Wechselstube.

**Я ищу обмен валют.**
[já iʃú ɔbmén valʲút.]

Ich möchte ... wechseln.

**Я бы хотел /хотела/ поменять ...**
[já bɨ hɔtél /hɔtéla/ pɔmenʲátʲ ...]

Was ist der Wechselkurs?

**Какой курс обмена?**
[kakój kúrs ɔbména?]

Brauchen Sie meinen Reisepass?

**Вам нужен мой паспорт?**
[vam núʒen mój páspɔrt?]

# Zeit

| | |
|---|---|
| Wie spät ist es? | **Который час?**<br>[kɔtórij ʧás?] |
| Wann? | **Когда?**<br>[kɔgdá?] |
| Um wie viel Uhr? | **Во сколько?**<br>[vɔ skólʲkɔ?] |
| jetzt \| später \| nach … | **сейчас \| позже \| после …**<br>[sejʧás \| póʒʒe \| pósle …] |

| | |
|---|---|
| ein Uhr | **Час дня**<br>[ʧás dnʲá] |
| Viertel zwei | **Час пятнадцать**<br>[ʧás pitnátsatʲ] |
| Ein Uhr dreißig | **Час тридцать**<br>[ʧás trítsatʲ] |
| Viertel vor zwei | **Без пятнадцати два**<br>[bes pitnátsati dvá] |

| | |
|---|---|
| eins \| zwei \| drei | **один \| два \| три**<br>[ɔdín \| dvá \| trí] |
| vier \| fünf \| sechs | **четыре \| пять \| шесть**<br>[ʧetíre \| pʲátʲ \| ʃǽstʲ] |
| sieben \| acht \| neun | **семь \| восемь \| девять**<br>[sémʲ \| vósemʲ \| dévɪtʲ] |
| zehn \| elf \| zwölf | **десять \| одиннадцать \| двенадцать**<br>[désitʲ \| ɔdínatsatʲ \| dvenátsatʲ] |

| | |
|---|---|
| in … | **через …**<br>[ʧéres …] |
| fünf Minuten | **5 минут**<br>[pʲátʲ minút] |
| zehn Minuten | **10 минут**<br>[désitʲ minút] |
| fünfzehn Minuten | **15 минут**<br>[pitnátsatʲ minút] |
| zwanzig Minuten | **20 минут**<br>[dvátsatʲ minút] |
| einer halben Stunde | **полчаса**<br>[pɔlʧasá] |
| einer Stunde | **один час**<br>[ɔdín ʧás] |

| | |
|---|---|
| am Vormittag | **утром**<br>[útrɔm] |
| früh am Morgen | **рано утром**<br>[ránɔ útrɔm] |
| diesen Morgen | **сегодня утром**<br>[sevódnʲa útrɔm] |
| morgen früh | **завтра утром**<br>[záftra útrɔm] |
| am Mittag | **в обед**<br>[v ɔbéd] |
| am Nachmittag | **после обеда**<br>[pósle ɔbéda] |
| am Abend | **вечером**<br>[vétʃerɔm] |
| heute Abend | **сегодня вечером**<br>[sevódnʲa vétʃerɔm] |
| in der Nacht | **ночью**<br>[nótʃju] |
| gestern | **вчера**<br>[ftʃerá] |
| heute | **сегодня**<br>[sevódnʲa] |
| morgen | **завтра**<br>[záftra] |
| übermorgen | **послезавтра**<br>[pɔslezáftra] |
| Welcher Tag ist heute? | **Какой сегодня день?**<br>[kakój sevódnʲa dénʲ?] |
| Es ist … | **Сегодня …**<br>[sevódnʲa …] |
| Montag | **понедельник**<br>[pɔnedélʲnik] |
| Dienstag | **вторник**<br>[ftórnik] |
| Mittwoch | **среда**<br>[sredá] |
| Donnerstag | **четверг**<br>[tʃetvérg] |
| Freitag | **пятница**<br>[pʲátnitsa] |
| Samstag | **суббота**<br>[subóta] |
| Sonntag | **воскресенье**<br>[vɔskresénje] |

# Begrüßungen und Vorstellungen

| | |
|---|---|
| Hallo. | **Здравствуйте.**<br>[zdrástvujte.] |
| Freut mich, Sie kennen zu lernen. | **Рад /рада/ с вами познакомиться.**<br>[rát /ráda/ s vámi poznakómitsa.] |
| Ganz meinerseits. | **Я тоже.**<br>[já tóʒe.] |
| Darf ich vorstellen? Das ist … | **Знакомьтесь. Это …**<br>[znakómʲtesʲ. ǽto …] |
| Sehr angenehm. | **Очень приятно.**<br>[ótʃenʲ prijátno.] |
| | |
| Wie geht es Ihnen? | **Как вы? \| Как у вас дела?**<br>[kák vɨ? \| kák u vás delá?] |
| Ich heiße … | **Меня зовут …**<br>[menʲá zovút …] |
| Er heißt … | **Его зовут …**<br>[evó zovút …] |
| Sie heißt … | **Её зовут …**<br>[ejó zovút …] |
| Wie heißen Sie? | **Как вас зовут?**<br>[kák vás zovút?] |
| Wie heißt er? | **Как его зовут?**<br>[kák evó zovút?] |
| Wie heißt sie? | **Как ее зовут?**<br>[kák ejó zovút?] |
| | |
| Wie ist Ihr Nachname? | **Как ваша фамилия?**<br>[kák váʃa famílija?] |
| Sie können mich … nennen. | **Зовите меня …**<br>[zovíte menʲá …] |
| Woher kommen Sie? | **Откуда вы?**<br>[otkúda vɨ?] |
| Ich komme aus … | **Я из …**<br>[já ís …] |
| Was machen Sie beruflich? | **Кем вы работаете?**<br>[kém vɨ rabótaete?] |
| Wer ist das? | **Кто это?**<br>[któ ǽto?] |
| Wer ist er? | **Кто он?**<br>[któ ón?] |
| Wer ist sie? | **Кто она?**<br>[któ oná?] |
| Wer sind sie? | **Кто они?**<br>[któ oní?] |

| | |
|---|---|
| Das ist … | **Это …**<br>[áɛtɔ …] |
| mein Freund | **мой друг**<br>[mój drúg] |
| meine Freundin | **моя подруга**<br>[mɔjá pɔdrúga] |
| mein Mann | **мой муж**<br>[mój múʃ] |
| meine Frau | **моя жена**<br>[mɔjá ʒená] |
| | |
| mein Vater | **мой отец**<br>[mój ɔtéts] |
| meine Mutter | **моя мама**<br>[mɔjá máma] |
| mein Bruder | **мой брат**<br>[mój brát] |
| meine Schwester | **моя сестра**<br>[mɔjá sestrá] |
| mein Sohn | **мой сын**<br>[mój sīn] |
| meine Tochter | **моя дочь**<br>[mɔjá dótʃ] |
| | |
| Das ist unser Sohn. | **Это наш сын.**<br>[áɛtɔ náʃ sīn.] |
| Das ist unsere Tochter. | **Это наша дочь.**<br>[áɛtɔ náʃa dótʃ.] |
| Das sind meine Kinder. | **Это мои дети.**<br>[áɛtɔ mɔí déti.] |
| Das sind unsere Kinder. | **Это наши дети.**<br>[áɛtɔ náʃi déti.] |

# Verabschiedungen

Auf Wiedersehen!
**До свидания!**
[dɔ svidánija!]

Tschüss!
**Пока!**
[pɔká!]

Bis morgen.
**До завтра.**
[dɔ záftra.]

Bis bald.
**До встречи.**
[dɔ fstrétʃi.]

Bis um sieben.
**Встретимся в семь.**
[fstrétimsʲa f sémʲ.]

Viel Spaß!
**Развлекайтесь!**
[razvlekájtesʲ!]

Wir sprechen später.
**Поговорим попозже.**
[pɔgɔvɔrím pɔpóʒʒe.]

Ich wünsche Ihnen
ein schönes Wochenende.
**Удачных выходных.**
[udátʃnih vihɔdníh.]

Gute Nacht.
**Спокойной ночи.**
[spɔkójnɔj nótʃi.]

Es ist Zeit, dass ich gehe.
**Мне пора.**
[mné pɔrá.]

Ich muss gehen.
**Мне надо идти.**
[mné nádɔ itʲtí.]

Ich bin gleich wieder da.
**Я сейчас вернусь.**
[já sejtʃás vernúsʲ.]

Es ist schon spät.
**Уже поздно.**
[uʒǽ póznɔ.]

Ich muss früh aufstehen.
**Мне рано вставать.**
[mné ránɔ fstavátʲ.]

Ich reise morgen ab.
**Я завтра уезжаю.**
[já záftra ueʒʒáju.]

Wir reisen morgen ab.
**Мы завтра уезжаем.**
[mī záftra ueʒʒáem.]

Ich wünsche Ihnen eine gute Reise!
**Счастливой поездки!**
[ʃʲislívɔj pɔéstki!]

Hat mich gefreut, Sie kennen zu lernen.
**Было приятно с вами
познакомиться.**
[bīlɔ prijátnɔ s vámi
pɔznakómitsa.]

Hat mich gefreut mit Ihnen zu sprechen.
**Было приятно с вами пообщаться.**
[bīlɔ prijátnɔ s vámi pɔɔpʃʲátsa.]

Danke für alles.

**Спасибо за всё.**
[spasíbɔ za fsǿ.]

Ich hatte eine sehr gute Zeit.

**Я прекрасно провёл /провела/ время.**
[já prekrásnɔ prɔvǿl /prɔvelá/ vrémʲa.]

Wir hatten eine sehr gute Zeit.

**Мы прекрасно провели время.**
[mɨ prekrásnɔ prɔvelí vrémʲa.]

Es war wirklich toll.

**Всё было замечательно.**
[fsǿ bɨlɔ zametʃátelʲnɔ.]

Ich werde Sie vermissen.

**Я буду скучать.**
[já búdu skutʃátʲ.]

Wir werden Sie vermissen.

**Мы будем скучать.**
[mɨ búdem skutʃátʲ.]

Viel Glück!

**Удачи! Счастливо!**
[udátʃi!, ʃáslivɔ!]

Grüßen Sie …

**Передавайте привет …**
[peredavájte privét …]

# Fremdsprache

| | |
|---|---|
| Ich verstehe nicht. | **Я не понимаю.**<br>[já ne pɔnimáju.] |
| Schreiben Sie es bitte auf. | **Напишите это, пожалуйста.**<br>[napiʃíte ǽtɔ, pɔʒáləsta.] |
| Sprechen Sie ...? | **Вы знаете ...?**<br>[vī znáete ...?] |

| | |
|---|---|
| Ich spreche ein bisschen ... | **Я немного знаю ...**<br>[já nemnógɔ znáju ...] |
| Englisch | **английский**<br>[anglíjskij] |
| Türkisch | **турецкий**<br>[turétskij] |
| Arabisch | **арабский**<br>[arápskij] |
| Französisch | **французский**<br>[frantsúskij] |

| | |
|---|---|
| Deutsch | **немецкий**<br>[nemétskij] |
| Italienisch | **итальянский**<br>[italjánskij] |
| Spanisch | **испанский**<br>[ispánskij] |
| Portugiesisch | **португальский**<br>[pɔrtugálʲskij] |
| Chinesisch | **китайский**<br>[kitájskij] |
| Japanisch | **японский**<br>[jıpónskij] |

| | |
|---|---|
| Können Sie das bitte wiederholen. | **Повторите, пожалуйста.**<br>[pɔftɔríte, pɔʒáləsta.] |
| Ich verstehe. | **Я понимаю.**<br>[já pɔnimáju.] |
| Ich verstehe nicht. | **Я не понимаю.**<br>[já ne pɔnimáju.] |
| Sprechen Sie etwas langsamer. | **Говорите медленнее, пожалуйста.**<br>[gɔvɔríte médlenee, pɔʒáləsta.] |

| | |
|---|---|
| Ist das richtig? | **Это правильно?**<br>[ǽtɔ právilʲnɔ?] |
| Was ist das? (Was bedeutet das?) | **Что это?**<br>[ʃtó ǽtɔ?] |

## Entschuldigungen

Entschuldigen Sie bitte.

**Извините, пожалуйста.**
[izviníte, pɔʒáləsta.]

Es tut mir leid.

**Я сожалею.**
[já sɔʒiléju.]

Es tut mir sehr leid.

**Мне очень жаль.**
[mné ótʃenʲ ʒálʲ.]

Es tut mir leid, das ist meine Schuld.

**Виноват /Виновата/, это моя вина.**
[vinɔvát /vinɔváta/, ǽtɔ mɔjá viná.]

Das ist mein Fehler.

**Моя ошибка.**
[mɔjá ɔʃípka.]

Darf ich ...?

**Могу я ...?**
[mɔgú já ...?]

Haben Sie etwas dagegen, wenn ich ...?

**Вы не будете возражать, если я ...?**
[vî ne búdete vɔzraʒátʲ, esli já ...?]

Es ist okay.

**Ничего страшного.**
[nitʃevó stráʃnɔvɔ.]

Alles in Ordnung.

**Всё в порядке.**
[fsǿ f pɔrʲátke.]

Machen Sie sich keine Sorgen.

**Не беспокойтесь.**
[ne bespɔkójtesʲ.]

# Einigung

| | |
|---|---|
| Ja. | **Да.**<br>[dá.] |
| Ja, natürlich. | **Да, конечно.**<br>[dá, kɔnéʃnɔ.] |
| Ok! (Gut!) | **Хорошо!**<br>[hɔrɔʃó!] |
| Sehr gut. | **Очень хорошо.**<br>[ɔʧenʲ hɔrɔʃó.] |
| Natürlich! | **Конечно!**<br>[kɔnéʃnɔ!] |
| Genau. | **Я согласен /согласна/.**<br>[já sɔglásen /saglásna/.] |

| | |
|---|---|
| Das stimmt. | **Верно.**<br>[vérnɔ.] |
| Das ist richtig. | **Правильно.**<br>[právilʲnɔ.] |
| Sie haben Recht. | **Вы правы.**<br>[vī právi.] |
| Ich habe nichts dagegen. | **Я не возражаю.**<br>[já ne vɔzraʒáju.] |
| Völlig richtig. | **Совершенно верно.**<br>[sɔverʃǽnnɔ vérnɔ.] |

| | |
|---|---|
| Das kann sein. | **Это возможно.**<br>[ǽtɔ vɔzmóʒnɔ.] |
| Das ist eine gute Idee. | **Это хорошая мысль.**<br>[ǽtɔ hɔróʃaja mīslʲ.] |
| Ich kann es nicht ablehnen. | **Не могу отказать.**<br>[ne mɔgú ɔtkazátʲ.] |
| Ich würde mich freuen. | **Буду рад /рада/.**<br>[búdu rad /ráda/.] |
| Gerne. | **С удовольствием.**<br>[s udɔvólʲstviem.] |

## Ablehnung. Äußerung von Zweifel

| | |
|---|---|
| Nein. | **Нет.**<br>[nét.] |
| Natürlich nicht. | **Конечно нет.**<br>[kɔnéʃnɔ nét.] |
| Ich stimme nicht zu. | **Я не согласен /не согласна/.**<br>[já ne sɔglásen /ne sɔglásna/.] |
| Das glaube ich nicht. | **Я так не думаю.**<br>[já ták ne dúmaju.] |
| Das ist falsch. | **Это неправда.**<br>[ǽtɔ neprávda.] |

| | |
|---|---|
| Sie liegen falsch. | **Вы неправы.**<br>[vī neprávi.] |
| Ich glaube, Sie haben Unrecht. | **Я думаю, что вы неправы.**<br>[já dúmaju, ʃtó vī neprávi.] |
| Ich bin nicht sicher. | **Не уверен /не уверена/.**<br>[ne uvéren /ne uvérena/.] |
| Das ist unmöglich. | **Это невозможно.**<br>[ǽtɔ nevɔzmóʒnɔ.] |
| Nichts dergleichen! | **Ничего подобного!**<br>[niʧevó pɔdóbnɔvɔ!] |

| | |
|---|---|
| Im Gegenteil! | **Наоборот!**<br>[naɔbɔrót!] |
| Ich bin dagegen. | **Я против.**<br>[já prótif.] |
| Es ist mir egal. | **Мне всё равно.**<br>[mné fsǿ ravnó.] |
| Keine Ahnung. | **Понятия не имею.**<br>[pɔnʲátija ne iméju.] |
| Ich bezweifle, dass es so ist. | **Сомневаюсь, что это так.**<br>[sɔmnevájus, ʃtó ǽtɔ ták.] |

| | |
|---|---|
| Es tut mir leid, ich kann nicht. | **Извините, я не могу.**<br>[izviníte, já ne mɔgú.] |
| Es tut mir leid, ich möchte nicht. | **Извините, я не хочу.**<br>[izviníte, já ne hɔʧú.] |

| | |
|---|---|
| Danke, das brauche ich nicht. | **Спасибо, мне это не нужно.**<br>[spasíbɔ, mne ǽtɔ ne núʒnɔ.] |
| Es ist schon spät. | **Уже поздно.**<br>[uʒǽ póznɔ.] |

Ich muss früh aufstehen.

**Мне рано вставать.**
[mné ránɔ fstavátʲ.]

Mir geht es schlecht.

**Я плохо себя чувствую.**
[já plóhɔ sebʲá ʧústvuju.]

## Dankbarkeit ausdrücken

Danke.
**Спасибо.**
[spasíbɔ.]

Dankeschön.
**Спасибо большое.**
[spasíbɔ bɔlʲʃóe.]

Ich bin Ihnen sehr verbunden.
**Очень признателен /признательна/.**
[ótʃenʲ priznátelen /priznátelʲna/.]

Ich bin Ihnen sehr dankbar.
**Я вам благодарен /благодарна/.**
[já vam blagɔdáren /blagɔdárna/.]

Wir sind Ihnen sehr dankbar.
**Мы Вам благодарны.**
[mī vam blagɔdárnɨ.]

Danke, dass Sie Ihre Zeit geopfert haben.
**Спасибо, что потратили время.**
[spasíbɔ, ʃtó pɔtrátili vrémʲa.]

Danke für alles.
**Спасибо за всё.**
[spasíbɔ za fsǿ.]

Danke für …
**Спасибо за …**
[spasíbɔ za …]

Ihre Hilfe
**вашу помощь**
[váʃu pómɔʃʲ]

die schöne Zeit
**хорошее время**
[hɔróʃee vrémʲa]

das wunderbare Essen
**прекрасную еду**
[prekrásnuju edú]

den angenehmen Abend
**приятный вечер**
[prijátnij vétʃer]

den wunderschönen Tag
**замечательный день**
[zametʃátelʲnij dénʲ]

die interessante Führung
**интересную экскурсию**
[interésnuju ɛkskúrsiju]

Keine Ursache.
**Не за что.**
[né za ʃtɔ.]

Nichts zu danken.
**Не стоит благодарности.**
[ne stóit blagɔdárnɔsti.]

Immer gerne.
**Всегда пожалуйста.**
[fsegdá pɔʒáləsta.]

Es freut mich, geholfen zu haben.
**Был рад /Была рада/ помочь.**
[bɨl rád /bɨlá ráda/ pɔmótʃʲ.]

Vergessen Sie es.
**Забудьте. Всё в порядке.**
[zabútʲte. fsǿ f porʲátke.]

Machen Sie sich keine Sorgen.
**Не беспокойтесь.**
[ne bespɔkójtesʲ.]

## Glückwünsche. Beste Wünsche

| | |
|---|---|
| Glückwunsch! | **Поздравляю!**<br>[pɔzdravlʲáju!] |
| Alles gute zum Geburtstag! | **С днём рождения!**<br>[z dnʲǿm rɔʒdénija!] |
| Frohe Weihnachten! | **Весёлого рождества!**<br>[vesʲǿlɔvɔ rɔʒdestvá!] |
| Frohes neues Jahr! | **С Новым годом!**<br>[s nóvim gódɔm!] |
| Frohe Ostern! | **Со Светлой Пасхой!**<br>[sɔ svétlɔj pásxɔj!] |
| Frohes Hanukkah! | **Счастливой Хануки!**<br>[ʃʲislívɔj hánuki!] |
| Ich möchte einen Toast ausbringen. | **У меня есть тост.**<br>[u menʲá jéstʲ tóst.] |
| Auf Ihr Wohl! | **За ваше здоровье!**<br>[za váʃe zdɔróvje!] |
| Trinken wir auf …! | **Выпьем за … !**<br>[vīpjem za … !] |
| Auf unseren Erfolg! | **За наш успех!**<br>[za náʃ uspéh!] |
| Auf Ihren Erfolg! | **За ваш успех!**<br>[za váʃ uspéh!] |
| Viel Glück! | **Удачи!**<br>[udátʃi!] |
| Einen schönen Tag noch! | **Приятного вам дня!**<br>[prijátnɔvɔ vam dnʲá!] |
| Haben Sie einen guten Urlaub! | **Хорошего вам отдыха!**<br>[hɔróʃevɔ vam ótdiha!] |
| Haben Sie eine sichere Reise! | **Удачной поездки!**<br>[udátʃnɔj pɔéstki!] |
| Ich hoffe es geht Ihnen bald besser! | **Желаю вам скорого выздоровления!**<br>[ʒeláju vam skórɔvɔ vizdɔrɔvlénija!] |

## Sozialisieren

| | |
|---|---|
| Warum sind Sie traurig? | **Почему вы расстроены?**<br>[pɔtʃemú vī rastróeni?] |
| Lächeln Sie! | **Улыбнитесь!**<br>[ulibnítesʲ!] |
| Sind Sie heute Abend frei? | **Вы не заняты сегодня вечером?**<br>[vī ne zániti sevódnʲa vétʃerɔm?] |

| | |
|---|---|
| Darf ich Ihnen was zum<br>Trinken anbieten? | **Могу я предложить вам выпить?**<br>[mɔgú já predlɔʒītʲ vam vīpitʲ?] |
| Möchten Sie tanzen? | **Не хотите потанцевать?**<br>[ne hotíte potantsɛvátʲ?] |
| Gehen wir ins Kino. | **Может сходим в кино?**<br>[móʒet sxódim f kinó?] |

| | |
|---|---|
| Darf ich Sie ins … einladen? | **Могу я пригласить вас в …?**<br>[mɔgú já priglasítʲ vás f …?] |
| Restaurant | **ресторан**<br>[restorán] |
| Kino | **кино**<br>[kinó] |
| Theater | **театр**<br>[teátr] |
| auf einen Spaziergang | **на прогулку**<br>[na prɔgúlku] |

| | |
|---|---|
| Um wie viel Uhr? | **Во сколько?**<br>[vɔ skólʲkɔ?] |
| heute Abend | **сегодня вечером**<br>[sevódnʲa vétʃerɔm] |
| um sechs Uhr | **в 6 часов**<br>[f ʃæstʲ tʃasóf] |
| um sieben Uhr | **в 7 часов**<br>[f sémʲ tʃasóf] |
| um acht Uhr | **в 8 часов**<br>[v vósemʲ tʃasóf] |
| um neun Uhr | **в 9 часов**<br>[v dévitʲ tʃasóf] |

| | |
|---|---|
| Gefällt es Ihnen hier? | **Вам здесь нравится?**<br>[vam zdésʲ nrávitsa?] |
| Sind Sie hier mit jemandem? | **Вы здесь с кем-то?**<br>[vī zdésʲ s kém-tɔ?] |
| Ich bin mit meinem Freund /meiner<br>Freundin/. | **Я с другом /подругой/.**<br>[já s drúgɔm /pɔdrúgɔj/.] |

| Ich bin mit meinen Freunden. | Я с друзьями.<br>[já s druzjámi.] |
| Nein, ich bin alleine. | Я один /одна/.<br>[já ɔdín /ɔdná/.] |

| Hast du einen Freund? | У тебя есть приятель?<br>[u tebʲá jéstʲ prijátelʲ?] |
| Ich habe einen Freund. | У меня есть друг.<br>[u menʲá jéstʲ drúk.] |
| Hast du eine Freundin? | У тебя есть подружка?<br>[u tebʲá jéstʲ pɔdrúʃka?] |
| Ich habe eine Freundin. | У меня есть девушка.<br>[u menʲá jéstʲ dévuʃka.] |

| Kann ich dich nochmals sehen? | Мы ещё встретимся?<br>[mɪ̄ eʃǿ fstrétimsʲa?] |
| Kann ich dich anrufen? | Можно я тебе позвоню?<br>[móʒnɔ já tebé pɔzvɔnʲú?] |
| Ruf mich an. | Позвони мне.<br>[pɔzvɔní mné.] |
| Was ist deine Nummer? | Какой у тебя номер?<br>[kakój u tebʲá nómer?] |
| Ich vermisse dich. | Я скучаю по тебе.<br>[já skutʃáju pɔ tebé.] |

| Sie haben einen schönen Namen. | У вас очень красивое имя.<br>[u vás ótʃenʲ krasívɔe ímʲa.] |
| Ich liebe dich. | Я тебя люблю.<br>[já tebʲá lʲublʲú.] |
| Willst du mich heiraten? | Выходи за меня.<br>[vɪhɔdí za menʲá.] |
| Sie machen Scherze! | Вы шутите!<br>[vɪ̄ ʃútite!] |
| Ich habe nur gescherzt. | Я просто шучу.<br>[já próstɔ ʃutʃú.] |

| Ist das Ihr Ernst? | Вы серьёзно?<br>[vɪ̄ serjóznɔ?] |
| Das ist mein Ernst. | Я серьёзно.<br>[já serjóznɔ.] |
| Echt?! | Правда?!<br>[právda?!] |
| Das ist unglaublich! | Это невероятно!<br>[ǽtɔ neverɔjátnɔ!] |
| Ich glaube Ihnen nicht. | Я вам не верю.<br>[já vam ne verʲu.] |
| Ich kann nicht. | Я не могу.<br>[já ne mɔgú.] |
| Ich weiß nicht. | Я не знаю.<br>[já ne znáju.] |
| Ich verstehe Sie nicht. | Я вас не понимаю.<br>[já vás ne pɔnimáju.] |

| | |
|---|---|
| Bitte gehen Sie weg. | **Уйдите, пожалуйста.**<br>[ujdíte, poʒáləsta.] |
| Lassen Sie mich in Ruhe! | **Оставьте меня в покое!**<br>[ɔstáfʲte menʲá f pɔkóe!] |

| | |
|---|---|
| Ich kann ihn nicht ausstehen. | **Я его не выношу.**<br>[já evó ne vinɔʃú.] |
| Sie sind widerlich! | **Вы отвратительны!**<br>[vi̅ ɔtvratítelʲni̅!] |
| Ich rufe die Polizei an! | **Я вызову полицию!**<br>[já vi̅zɔvu pɔlítsiju!] |

## Gemeinsame Eindrücke. Emotionen

| | |
|---|---|
| Das gefällt mir. | **Мне это нравится.**<br>[mné áɛtɔ nrávitsa.] |
| Sehr nett. | **Очень мило.**<br>[óʧenʲ mílɔ.] |
| Das ist toll! | **Это здорово!**<br>[áɛtɔ zdórɔvɔ!] |
| Das ist nicht schlecht. | **Это неплохо.**<br>[áɛtɔ neplóhɔ.] |

| | |
|---|---|
| Das gefällt mir nicht. | **Мне это не нравится.**<br>[mné áɛtɔ ne nrávitsa.] |
| Das ist nicht gut. | **Это нехорошо.**<br>[áɛtɔ nehɔrɔʃó.] |
| Das ist schlecht. | **Это плохо.**<br>[áɛtɔ plóhɔ.] |
| Das ist sehr schlecht. | **Это очень плохо.**<br>[áɛtɔ óʧenʲ plóhɔ.] |
| Das ist widerlich. | **Это отвратительно.**<br>[áɛtɔ ɔtvratítelʲnɔ.] |

| | |
|---|---|
| Ich bin glücklich. | **Я счастлив /счастлива/.**<br>[já ʃáslif /ʃásliva/.] |
| Ich bin zufrieden. | **Я доволен /довольна/.**<br>[já dɔvólen /dɔvólʲna/.] |
| Ich bin verliebt. | **Я влюблён /влюблена/.**<br>[já vlʲublʲøn /vlʲublená/.] |
| Ich bin ruhig. | **Я спокоен /спокойна/.**<br>[já spɔkóen /spɔkójna/.] |
| Ich bin gelangweilt. | **Мне скучно.**<br>[mné skúʃnɔ.] |

| | |
|---|---|
| Ich bin müde. | **Я устал /устала/.**<br>[já ustál /ustála/.] |
| Ich bin traurig. | **Мне грустно.**<br>[mné grúsnɔ.] |
| Ich habe Angst. | **Я напуган /напугана/.**<br>[já napúgan /napúgana/.] |

| | |
|---|---|
| Ich bin wütend. | **Я злюсь.**<br>[já zlʲúsʲ.] |
| Ich mache mir Sorgen. | **Я волнуюсь.**<br>[já vɔlnújusʲ.] |
| Ich bin nervös. | **Я нервничаю.**<br>[já nérvniʧaju.] |

Ich bin eifersüchtig.

**Я завидую.**
[já zavíduju.]

Ich bin überrascht .

**Я удивлён /удивлена/.**
[já udívlǿn /udivlená/.]

Es ist mir peinlich.

**Я озадачен /озадачена/.**
[já ɔzadátʃen /ɔzadátʃena/.]

# Probleme. Unfälle

| | |
|---|---|
| Ich habe ein Problem. | **У меня проблема.** [u menّá prɔbléma.] |
| Wir haben Probleme. | **У нас проблема.** [u nás prɔbléma.] |
| Ich bin verloren. | **Я заблудился /заблудилась/.** [já zabludílsّa /zabludílasّ/.] |
| Ich habe den letzten Bus (Zug) verpasst. | **Я опоздал на последний автобус (поезд).** [já ɔpɔzdál na pɔslédnij aftóbus (póezd).] |
| Ich habe kein Geld mehr. | **У меня совсем не осталось денег.** [u menّá sɔfsém ne ɔstálɔsّ déneg.] |

| | |
|---|---|
| Ich habe mein ... verloren. | **Я потерял /потеряла/ ...** [já pɔterّál /pɔterّála/ ...] |
| Jemand hat mein ... gestohlen. | **У меня украли ...** [u menّá ukráli ...] |
| Reisepass | **паспорт** [páspɔrt] |
| Geldbeutel | **бумажник** [bumáʒnik] |
| Papiere | **документы** [dɔkuménti] |
| Fahrkarte | **билет** [bilét] |

| | |
|---|---|
| Geld | **деньги** [dénّgi] |
| Tasche | **сумку** [súmku] |
| Kamera | **фотоаппарат** [fɔtɔ·aparát] |
| Laptop | **ноутбук** [nɔutbúk] |
| Tabletcomputer | **планшет** [planʃǽt] |
| Handy | **телефон** [telefón] |

| | |
|---|---|
| Hilfe! | **Помогите!** [pɔmɔgíte!] |
| Was ist passiert? | **Что случилось?** [ʃtó sluʧílɔsّ?] |

| | |
|---|---|
| Feuer | **пожар**<br>[pɔʒár] |
| Schießerei | **стрельба**<br>[strelʲbá] |
| Mord | **убийство**<br>[ubíjstvɔ] |
| Explosion | **взрыв**<br>[vzrīf] |
| Schlägerei | **драка**<br>[dráka] |

| | |
|---|---|
| Rufen Sie die Polizei! | **Вызовите полицию!**<br>[vīzɔvite polítsiju!] |
| Beeilen Sie sich! | **Пожалуйста, быстрее!**<br>[pɔʒálǝsta, bistrée!] |
| Ich suche nach einer Polizeistation. | **Я ищу полицейский участок.**<br>[já iʃú politsæjskij utʃástɔk.] |
| Ich muss einen Anruf tätigen. | **Мне нужно позвонить.**<br>[mné núʒnɔ pɔzvɔnítʲ.] |
| Kann ich Ihr Telefon benutzen? | **Могу я позвонить?**<br>[mɔgú já pɔzvɔnítʲ?] |

| | |
|---|---|
| Ich wurde ... | **Меня ...**<br>[menʲá ...] |
| ausgeraubt | **ограбили**<br>[ɔgrábili] |
| überfallen | **обокрали**<br>[ɔbɔkráli] |
| vergewaltigt | **изнасиловали**<br>[iznasílɔvali] |
| angegriffen | **избили**<br>[izbíli] |

| | |
|---|---|
| Ist bei Ihnen alles in Ordnung? | **С вами всё в порядке?**<br>[s vámi fsǿ f pɔrʲátke?] |
| Haben Sie gesehen wer es war? | **Вы видели, кто это был?**<br>[vī vídeli, któ ǽtɔ bīl?] |
| Sind Sie in der Lage<br>die Person wiederzuerkennen? | **Вы сможете его узнать?**<br>[vī smǿʒete evó uznátʲ?] |
| Sind sie sicher? | **Вы точно уверены?**<br>[vī tótʃnɔ uvérenʲ?] |

| | |
|---|---|
| Beruhigen Sie sich bitte! | **Пожалуйста, успокойтесь.**<br>[pɔʒálǝsta, uspɔkójtesʲ.] |
| Ruhig! | **Спокойнее!**<br>[spɔkójnee!] |
| Machen Sie sich keine Sorgen | **Не беспокойтесь.**<br>[ne bespɔkójtesʲ.] |
| Alles wird gut. | **Всё будет хорошо.**<br>[fsǿ búdet hɔrɔʃó.] |
| Alles ist in Ordnung. | **Всё в порядке.**<br>[fsǿ f pɔrʲátke.] |

Kommen Sie bitte her.

**Подойдите, пожалуйста.**
[pɔdɔjdíte, pɔʒáləsta.]

Ich habe einige Fragen für Sie.

**У меня к вам несколько вопросов.**
[u menʲá k vám néskɔlʲkɔ vɔprósɔf.]

Warten Sie einen Moment bitte.

**Подождите, пожалуйста.**
[pɔdɔʒdíte, pɔʒáləsta.]

Haben Sie einen
Identifikationsnachweis?

**У вас есть документы?**
[u vás jéstʲ dɔkuménti?]

Danke. Sie können nun gehen.

**Спасибо. Вы можете идти.**
[spasíbɔ. vī móʒete itʲtí.]

Hände hinter dem Kopf!

**Руки за голову!**
[rúki za gólɔvu!]

Sie sind verhaftet!

**Вы арестованы!**
[vī arestóvani!]

## Gesundheitsprobleme

| | |
|---|---|
| Helfen Sie mir bitte. | **Помогите, пожалуйста.**<br>[pomɔgíte, pɔʒálǝsta.] |
| Mir ist schlecht. | **Мне плохо.**<br>[mné plóhɔ.] |
| Meinem Ehemann ist schlecht. | **Моему мужу плохо.**<br>[mɔemú múʒu plóhɔ.] |
| Mein Sohn ... | **Моему сыну ...**<br>[mɔemú sīnu ...] |
| Mein Vater ... | **Моему отцу ...**<br>[mɔemú ɔtⁱsú ...] |
| Meine Frau fühlt sich nicht gut. | **Моей жене плохо.**<br>[mɔéj ʒené plóhɔ.] |
| Meine Tochter ... | **Моей дочери ...**<br>[mɔéj dótʲeri ...] |
| Meine Mutter ... | **Моей матери ...**<br>[mɔéj máteri ...] |
| Ich habe ... schmerzen. | **У меня болит ...**<br>[u menʲá bɔlít ...] |
| Kopf- | **голова**<br>[gɔlɔvá] |
| Hals- | **горло**<br>[górlɔ] |
| Bauch- | **живот**<br>[ʒivót] |
| Zahn- | **зуб**<br>[zúb] |
| Mir ist schwindelig. | **У меня кружится голова.**<br>[u menʲá krúʒiⁱsa gɔlɔvá.] |
| Er hat Fieber. | **У него температура.**<br>[u nevó temperatúra.] |
| Sie hat Fieber. | **У неё температура.**<br>[u nejó temperatúra.] |
| Ich kann nicht atmen. | **Я не могу дышать.**<br>[já ne mɔgú diʃátʲ.] |
| Ich kriege keine Luft. | **Я задыхаюсь.**<br>[já zadihájusʲ.] |
| Ich bin Asthmatiker. | **Я астматик.**<br>[já astmátik.] |
| Ich bin Diabetiker /Diabetikerin/ | **Я диабетик.**<br>[já diabétik.] |

Ich habe Schlaflosigkeit.

**У меня бессонница.**
[u men'á bessónitsa.]

Lebensmittelvergiftung

**пищевое отравление**
[piʃevóe ɔtravlénie]

---

Es tut hier weh.

**Болит вот здесь.**
[bɔlít vót zdés'.]

Hilfe!

**Помогите!**
[pɔmɔgíte!]

Ich bin hier!

**Я здесь!**
[já zdés'!]

Wir sind hier!

**Мы здесь!**
[mɨ zdés'!]

Bringen Sie mich hier raus!

**Вытащите меня!**
[vɨtaʃʲite men'á!]

Ich brauche einen Arzt.

**Мне нужен врач.**
[mné núʒen vrátʃ.]

Ich kann mich nicht bewegen.

**Я не могу двигаться.**
[já ne mɔgú dvígatsa.]

Ich kann meine Beine nicht bewegen.

**Я не чувствую ног.**
[já ne tʃústvuju nók.]

---

Ich habe eine Wunde.

**Я ранен /ранена/.**
[já ránen /ránena/.]

Ist es ernst?

**Это серьёзно?**
[ǽtɔ serjóznɔ?]

Meine Dokumente sind in meiner Hosentasche.

**Мои документы в кармане.**
[mɔí dɔkuménti f karmáne.]

Beruhigen Sie sich!

**Успокойтесь!**
[uspɔkójtes'!]

Kann ich Ihr Telefon benutzen?

**Могу я позвонить?**
[mɔgú já pɔzvɔnít'?]

---

Rufen Sie einen Krankenwagen!

**Вызовите скорую!**
[vɨzɔvite skóruju!]

Es ist dringend!

**Это срочно!**
[ǽtɔ srótʃnɔ!]

Es ist ein Notfall!

**Это очень срочно!**
[ǽtɔ ótʃen' srótʃnɔ!]

Schneller bitte!

**Пожалуйста, быстрее!**
[pɔʒálɵsta, bɨstrée!]

Können Sie bitte einen Arzt rufen?

**Вызовите врача, пожалуйста.**
[vɨzɔvite vratʃá, pɔʒálɵsta.]

Wo ist das Krankenhaus?

**Скажите, где больница?**
[skaʒíte, gdé bɔl'nítsa?]

---

Wie fühlen Sie sich?

**Как вы себя чувствуете?**
[kák vɨ seb'á tʃústvuete?]

Ist bei Ihnen alles in Ordnung?

**С вами всё в порядке?**
[s vámi fsɵ f pɔr'átke?]

Was ist passiert?

**Что случилось?**
[ʃtó slutʃílɔs'?]

Mir geht es schon besser.

**Мне уже лучше.**
[mné uʒǽ lútʃe.]

Es ist in Ordnung.

**Всё в порядке.**
[fsǿ f porʲátke.]

Alles ist in Ordnung.

**Всё хорошо.**
[fsǿ hɔrɔʃó.]

# In der Apotheke

| | |
|---|---|
| Apotheke | **Аптека**<br>[aptéka] |
| 24 Stunden Apotheke | **круглосуточная аптека**<br>[kruglɔsútɔʧnaja aptéka] |
| Wo ist die nächste Apotheke? | **Где ближайшая аптека?**<br>[gdé bliʒájʃaja aptéka?] |
| Ist sie jetzt offen? | **Она сейчас открыта?**<br>[ɔná sejʧás ɔtkrĭta?] |
| Um wie viel Uhr öffnet sie? | **Во сколько она открывается?**<br>[vɔ skólʲkɔ ɔná ɔtkriváetsa?] |
| Um wie viel Uhr schließt sie? | **До которого часа она работает?**<br>[dɔ kɔtórɔvɔ ʧása ɔná rabótaet?] |
| Ist es weit? | **Это далеко?**<br>[ǽtɔ dalekó?] |
| Kann ich dort zu Fuß hingehen? | **Я дойду туда пешком?**<br>[já dɔjdú tudá peʃkóm] |
| Können Sie es mir auf der Karte zeigen? | **Покажите мне на карте, пожалуйста.**<br>[pɔkaʒĭte mne na kárte, pɔʒáləsta.] |
| Bitte geben sie mir etwas gegen ... | **Дайте мне, что-нибудь от ...**<br>[dájte mné, ʃtó-nibutʲ ɔt ...] |
| Kopfschmerzen | **головной боли**<br>[gɔlɔvnój bóli] |
| Husten | **кашля**<br>[káʃlʲa] |
| eine Erkältung | **простуды**<br>[prɔstúdi] |
| die Grippe | **гриппа**<br>[grípa] |
| Fieber | **температуры**<br>[temperatúri] |
| Magenschmerzen | **боли в желудке**<br>[bóli v ʒelútke] |
| Übelkeit | **тошноты**<br>[tɔʃnɔtĭ] |
| Durchfall | **диареи**<br>[diaréi] |
| Verstopfung | **запора**<br>[zapóra] |
| Rückenschmerzen | **боль в спине**<br>[bólʲ f spiné] |

| Brustschmerzen | **боль в груди**<br>[bólʲ v grudí] |
| Seitenstechen | **боль в боку**<br>[bólʲ v bɔkú] |
| Bauchschmerzen | **боль в животе**<br>[bólʲ v ʒivɔté] |

| Pille | **таблетка**<br>[tablétka] |
| Salbe, Creme | **мазь, крем**<br>[másʲ, krém] |
| Sirup | **сироп**<br>[siróp] |
| Spray | **спрей**<br>[spréj] |
| Tropfen | **капли**<br>[kápli] |

| Sie müssen ins Krankenhaus gehen. | **Вам нужно в больницу.**<br>[vam núʒnɔ v bɔlʲnítsu.] |
| Krankenversicherung | **страховка**<br>[strahófka] |
| Rezept | **рецепт**<br>[retsǽpt] |
| Insektenschutzmittel | **средство от насекомых**<br>[srétstvɔ ɔt nasekómih] |
| Pflaster | **лейкопластырь**<br>[lejkɔplástirʲ] |

## Das absolute Minimum

| | |
|---|---|
| Entschuldigen Sie bitte, ... | **Извините, ...**<br>[izviníte, ...] |
| Hallo. | **Здравствуйте.**<br>[zdrástvujte.] |
| Danke. | **Спасибо.**<br>[spasíbɔ.] |
| Auf Wiedersehen. | **До свидания.**<br>[dɔ svidánija.] |
| Ja. | **Да.**<br>[dá.] |
| Nein. | **Нет.**<br>[nét.] |
| Ich weiß nicht. | **Я не знаю.**<br>[já ne znáju.] |
| Wo? \| Wohin? \| Wann? | **Где? \| Куда? \| Когда?**<br>[gdé? \| kudá? \| kɔgdá?] |

| | |
|---|---|
| Ich brauche ... | **Мне нужен ...**<br>[mné núʒen ...] |
| Ich möchte ... | **Я хочу ...**<br>[já hɔʧú ...] |
| Haben Sie ...? | **У вас есть ...?**<br>[u vás jéstʲ ...?] |
| Gibt es hier ...? | **Здесь есть ...?**<br>[zdésʲ éstʲ ...?] |
| Kann ich ...? | **Я могу ...?**<br>[já mɔgú ...?] |
| Bitte (anfragen) | **пожалуйста**<br>[pɔʒáləsta] |

| | |
|---|---|
| Ich suche ... | **Я ищу ...**<br>[já iʃʲú ...] |
| die Toilette | **туалет**<br>[tualét] |
| den Geldautomat | **банкомат**<br>[bankɔmát] |
| die Apotheke | **аптеку**<br>[aptéku] |
| das Krankenhaus | **больницу**<br>[bɔlʲnítsu] |
| die Polizeistation | **полицейский участок**<br>[pɔlitsǽjskij uʧástɔk] |
| die U-Bahn | **метро**<br>[metró] |

| | |
|---|---|
| das Taxi | **такси**<br>[taksí] |
| den Bahnhof | **вокзал**<br>[vɔkzál] |

| | |
|---|---|
| Ich heiße … | **Меня зовут …**<br>[menʲá zɔvút …] |
| Wie heißen Sie? | **Как вас зовут?**<br>[kák vás zɔvút?] |
| Helfen Sie mir bitte. | **Помогите мне, пожалуйста.**<br>[pɔmɔgíte mné, pɔʒáləsta.] |
| Ich habe ein Problem. | **У меня проблема.**<br>[u menʲá prɔbléma.] |
| Mir ist schlecht. | **Мне плохо.**<br>[mné plóhɔ.] |
| Rufen Sie einen Krankenwagen! | **Вызовите скорую!**<br>[vɨzɔvite skóruju!] |
| Darf ich telefonieren? | **Могу я позвонить?**<br>[mɔgú já pɔzvɔnítʲ?] |

| | |
|---|---|
| Entschuldigung. | **Извините.**<br>[izviníte.] |
| Keine Ursache. | **Пожалуйста.**<br>[pɔʒáləsta.] |

| | |
|---|---|
| ich | **я**<br>[já] |
| du | **ты**<br>[tɨ] |
| er | **он**<br>[ón] |
| sie | **она**<br>[ɔná] |
| sie (Pl, Mask.) | **они**<br>[ɔní] |
| sie (Pl, Fem.) | **они**<br>[ɔní] |
| wir | **мы**<br>[mɨ] |
| ihr | **вы**<br>[vɨ] |
| Sie | **Вы**<br>[vɨ] |

| | |
|---|---|
| EINGANG | **ВХОД**<br>[fhód] |
| AUSGANG | **ВЫХОД**<br>[vɨhɔd] |
| AUßER BETRIEB | **НЕ РАБОТАЕТ**<br>[ne rabótaet] |
| GESCHLOSSEN | **ЗАКРЫТО**<br>[zakrɨtɔ] |

OFFEN

**ОТКРЫТО**
[ɔtkrĩtɔ]

FÜR DAMEN

**ДЛЯ ЖЕНЩИН**
[dlʲa ʒǽnʃin]

FÜR HERREN

**ДЛЯ МУЖЧИН**
[dlʲa muʃín]

# AKTUELLES VOKABULAR

Dieser Teil beinhaltet mehr als 3.000 der wichtigsten Wörter. Das Wörterbuch wird Ihnen wertvolle Unterstützung während Ihrer Reise bieten, weil einzelne, häufig benutzte Wörter genug sind, damit Sie verstanden werden. Das Wörterbuch beinhaltet eine praktische Transkription jedes Fremdworts

**T&P Books Publishing**

# INHALT WÖRTERBUCH

T&P Books Publishing

**T&P BOOKS**

# GRUNDBEGRIFFE

**T&P Books Publishing**

## 1. Pronomen

| | | |
|---|---|---|
| ich | я | [já] |
| du | ты | [tī] |
| | | |
| er | он | [ón] |
| sie | она | [oná] |
| es | оно | [onó] |
| | | |
| wir | мы | [mī] |
| ihr | вы | [vī] |
| sie | они | [oní] |

## 2. Grüße. Begrüßungen

| | | |
|---|---|---|
| Hallo! (ugs.) | Здравствуй! | [zdrástvuj] |
| Hallo! (Amtsspr.) | Здравствуйте! | [zdrástvujte] |
| Guten Morgen! | Доброе утро! | [dóbroe útro] |
| Guten Tag! | Добрый день! | [dóbrij dénʲ] |
| Guten Abend! | Добрый вечер! | [dóbrij vetʃer] |
| | | |
| grüßen (vi, vt) | здороваться (нсв, возв) | [zdoróvatsa] |
| Hallo! (ugs.) | Привет! | [privét] |
| Gruß (m) | привет (м) | [privét] |
| begrüßen (vt) | приветствовать (нсв, пх) | [privétstvovatʲ] |
| Wie geht es Ihnen? | Как у вас дела? | [kák u vás delá?] |
| Wie geht's dir? | Как дела? | [kák delá?] |
| Was gibt es Neues? | Что нового? | [ʃtó nóvovo?] |
| | | |
| Auf Wiedersehen! | До свидания! | [do svidánija] |
| Bis bald! | До скорой встречи! | [do skóroj fstrétʃi] |
| Lebe wohl! | Прощай! | [proʃáj] |
| Leben Sie wohl! | Прощайте! | [proʃájte] |
| sich verabschieden | прощаться (нсв, возв) | [proʃátsa] |
| Tschüs! | Пока! | [poká] |
| | | |
| Danke! | Спасибо! | [spasíbo] |
| Dankeschön! | Большое спасибо! | [bolʲʃóe spasíbo] |
| Bitte (Antwort) | Пожалуйста | [pozáləsta] |
| Keine Ursache. | Не стоит благодарности | [ne stóit blagodárnosti] |
| | | |
| Nichts zu danken. | Не за что | [né za ʃto] |
| Entschuldige! | Извини! | [izviní] |
| Entschuldigung! | Извините! | [izviníte] |

| entschuldigen (vt) | извинять (нсв, пх) | [izvinʲátʲ] |
| sich entschuldigen | извиняться (нсв, возв) | [izvinʲátsa] |
| Verzeihung! | Мои извинения | [mɔí izvinénija] |
| Es tut mir leid! | Простите! | [prɔstíte] |
| verzeihen (vt) | прощать (нсв, пх) | [prɔʃátʲ] |
| Das macht nichts! | Ничего страшного | [nitʃevó stráʃnɔvɔ] |
| bitte (Die Rechnung, ~!) | пожалуйста | [pɔʒálǝsta] |
| | | |
| Nicht vergessen! | Не забудьте! | [ne zabútʲte] |
| Natürlich! | Конечно! | [kɔnéʃnɔ] |
| Natürlich nicht! | Конечно нет! | [kɔnéʃnɔ nét] |
| Gut! Okay! | Согласен! | [sɔglásen] |
| Es ist genug! | Хватит! | [hvátit] |

## 3. Fragen

| Wer? | Кто? | [któ?] |
| Was? | Что? | [ʃtó?] |
| Wo? | Где? | [gdé?] |
| Wohin? | Куда? | [kudá?] |
| Woher? | Откуда? | [ɔtkúda?] |
| Wann? | Когда? | [kɔgdá?] |
| Wozu? | Зачем? | [zatʃém?] |
| Warum? | Почему? | [pɔtʃemú?] |
| | | |
| Wofür? | Для чего? | [dlʲa tʃevó?] |
| Wie? | Как? | [kák?] |
| Welcher? | Какой? | [kakój?] |
| | | |
| Wem? | Кому? | [kɔmú?] |
| Über wen? | О ком? | [ɔ kóm?] |
| Wovon? (~ sprichst du?) | О чём? | [ɔ tʃóm?] |
| Mit wem? | С кем? | [s kém?] |
| | | |
| Wie viel? Wie viele? | Сколько? | [skólʲkɔ?] |
| Wessen? | Чей? | [tʃéj?] |
| Wessen? (Fem.) | Чья? | [tʃjá?] |
| Wessen? (pl) | Чьи? | [tʃjí?] |

## 4. Präpositionen

| mit (Frau ~ Katzen) | с | [s] |
| ohne (~ Dich) | без | [bez], [bes] |
| nach (~ London) | в | [ f ], [ v ] |
| über (~ Geschäfte sprechen) | о | [ɔ] |
| vor (z.B. ~ acht Uhr) | перед | [péred] |
| vor (z.B. ~ dem Haus) | перед | [péred] |

| | | |
|---|---|---|
| unter (~ dem Schirm) | под | [pɔd] |
| über | над | [nád] |
| (~ dem Meeresspiegel) | | |
| auf (~ dem Tisch) | на | [na] |
| aus (z.B. ~ München) | из | [iz], [is] |
| aus (z.B. ~ Porzellan) | из | [iz], [is] |
| in (~ zwei Tagen) | через | [ʧérez] |
| über (~ zaun) | через | [ʧérez] |

## 5. Funktionswörter. Adverbien. Teil 1

| | | |
|---|---|---|
| Wo? | Где? | [gdé?] |
| hier | здесь | [zdésʲ] |
| dort | там | [tám] |
| irgendwo | где-то | [gdé-tɔ] |
| nirgends | нигде | [nigdé] |
| an (bei) | у, около | [u], [ókɔlɔ] |
| am Fenster | у окна | [u ɔkná] |
| Wohin? | Куда? | [kudá?] |
| hierher | сюда | [sʲudá] |
| dahin | туда | [tudá] |
| von hier | отсюда | [ɔtsʲúda] |
| von da | оттуда | [ɔttúda] |
| nah (Adv) | близко | [blískɔ] |
| weit, fern (Adv) | далеко | [dalekó] |
| in der Nähe von ... | около | [ókɔlɔ] |
| in der Nähe | рядом | [rʲádɔm] |
| unweit (~ unseres Hotels) | недалеко | [nedalekó] |
| link (Adj) | левый | [lévij] |
| links (Adv) | слева | [sléva] |
| nach links | налево | [nalévɔ] |
| recht (Adj) | правый | [právij] |
| rechts (Adv) | справа | [správa] |
| nach rechts | направо | [naprávɔ] |
| vorne (Adv) | спереди | [spéredi] |
| Vorder- | передний | [perédnij] |
| vorwärts | вперёд | [fperǿd] |
| hinten (Adv) | сзади | [szádi] |
| von hinten | сзади | [szádi] |
| rückwärts (Adv) | назад | [nazád] |

| Mitte (f) | середина (ж) | [seredína] |
| in der Mitte | посередине | [pɔseredíne] |

| seitlich (Adv) | сбоку | [zbóku] |
| überall (Adv) | везде | [vezdé] |
| ringsherum (Adv) | вокруг | [vɔkrúg] |

| von innen (Adv) | изнутри | [iznutrí] |
| irgendwohin (Adv) | куда-то | [kudá-tɔ] |
| geradeaus (Adv) | напрямик | [naprımík] |
| zurück (Adv) | обратно | [ɔbrátnɔ] |

| irgendwoher (Adv) | откуда-нибудь | [ɔtkúda-nibutʲ] |
| von irgendwo (Adv) | откуда-то | [ɔtkúda-tɔ] |

| erstens | во-первых | [vɔ-pérvıh] |
| zweitens | во-вторых | [vɔ-ftɔrȋh] |
| drittens | в-третьих | [f trétjih] |

| plötzlich (Adv) | вдруг | [vdrúg] |
| zuerst (Adv) | вначале | [vnatʃále] |
| zum ersten Mal | впервые | [fpervȋje] |
| lange vor... | задолго до ... | [zadólgɔ dɔ ...] |
| von Anfang an | заново | [zánɔvɔ] |
| für immer | насовсем | [nasɔfsém] |

| nie (Adv) | никогда | [nikɔgdá] |
| wieder (Adv) | опять | [ɔpʲátʲ] |
| jetzt (Adv) | теперь | [tepérʲ] |
| oft (Adv) | часто | [tʃástɔ] |
| damals (Adv) | тогда | [tɔgdá] |
| dringend (Adv) | срочно | [srótʃnɔ] |
| gewöhnlich (Adv) | обычно | [ɔbȋtʃnɔ] |

| übrigens, ... | кстати, ... | [kstáti, ...] |
| möglicherweise (Adv) | возможно | [vɔzmóʒnɔ] |
| wahrscheinlich (Adv) | вероятно | [verɔjátnɔ] |
| vielleicht (Adv) | может быть | [móʒet bȋtʲ] |
| außerdem ... | кроме того, ... | [krómе tɔvó, ...] |
| deshalb ... | поэтому ... | [pɔǽtɔmu ...] |
| trotz ... | несмотря на ... | [nesmɔtrʲá na ...] |
| dank ... | благодаря ... | [blagɔdarʲá ...] |

| was (~ ist denn?) | что | [ʃtó] |
| das (~ ist alles) | что | [ʃtó] |
| etwas | что-то | [ʃtó-tɔ] |
| irgendwas | что-нибудь | [ʃtó-nibutʲ] |
| nichts | ничего | [nitʃevó] |

| wer (~ ist ~?) | кто | [któ] |
| jemand | кто-то | [któ-tɔ] |
| irgendwer | кто-нибудь | [któ-nibutʲ] |

| niemand | никто | [niktó] |
| nirgends | никуда | [nikudá] |
| niemandes (~ Eigentum) | ничей | [nitʃéj] |
| jemandes | чей-нибудь | [tʃej-nibútʲ] |

| so (derart) | так | [ták] |
| auch | также | [tágʒe] |
| ebenfalls | тоже | [tóʒe] |

## 6. Funktionswörter. Adverbien. Teil 2

| Warum? | Почему? | [potʃemú?] |
| aus irgendeinem Grund | почему-то | [potʃemú-to] |
| weil … | потому, что … | [potomú, ʃtó …] |
| zu irgendeinem Zweck | зачем-то | [zatʃém-to] |

| und | и | [i] |
| oder | или | [íli] |
| aber | но | [nó] |
| für (präp) | для | [dlʲá] |

| zu (~ viele) | слишком | [slíʃkom] |
| nur (~ einmal) | только | [tólʲko] |
| genau (Adv) | точно | [tótʃno] |
| etwa | около | [ókolo] |

| ungefähr (Adv) | приблизительно | [priblizítelʲno] |
| ungefähr (Adj) | приблизительный | [priblizítelʲnij] |
| fast | почти | [potʃtí] |
| Übrige (n) | остальное (c) | [ostalʲnóe] |

| jeder (~ Mann) | каждый | [káʒdij] |
| beliebig (Adj) | любой | [lʲubój] |
| viel | много | [mnógo] |
| viele Menschen | многие | [mnógie] |
| alle (wir ~) | все | [fsé] |

| im Austausch gegen … | в обмен на … | [v obmén na …] |
| dafür (Adv) | взамен | [vzamén] |
| mit der Hand (Hand-) | вручную | [vrutʃnúju] |
| schwerlich (Adv) | вряд ли | [vrʲát lí] |

| wahrscheinlich (Adv) | наверное | [navérnoe] |
| absichtlich (Adv) | нарочно | [naróʃno] |
| zufällig (Adv) | случайно | [slutʃájno] |

| sehr (Adv) | очень | [ótʃenʲ] |
| zum Beispiel | например | [naprimér] |
| zwischen | между | [méʒdu] |
| unter (Wir sind ~ Mördern) | среди | [srédí] |

| | | |
|---|---|---|
| so viele (~ Ideen) | **столько** | [stólʲkɔ] |
| besonders (Adv) | **особенно** | [ɔsóbennɔ] |

# ZAHLEN. VERSCHIEDENES

T&P Books Publishing

| null | ноль | [nólʲ] |
| eins | один | [ɔdín] |
| zwei | два | [dvá] |
| drei | три | [trí] |
| vier | четыре | [ʧetī̈re] |

| fünf | пять | [pʲátʲ] |
| sechs | шесть | [ʃǽstʲ] |
| sieben | семь | [sémʲ] |
| acht | восемь | [vósemʲ] |
| neun | девять | [dévɪtʲ] |

| zehn | десять | [désɪtʲ] |
| elf | одиннадцать | [ɔdínatsatʲ] |
| zwölf | двенадцать | [dvenátsatʲ] |
| dreizehn | тринадцать | [trinátsatʲ] |
| vierzehn | четырнадцать | [ʧetī̈rnatsatʲ] |

| fünfzehn | пятнадцать | [pitnátsatʲ] |
| sechzehn | шестнадцать | [ʃɛsnátsatʲ] |
| siebzehn | семнадцать | [semnátsatʲ] |
| achtzehn | восемнадцать | [vɔsemnátsatʲ] |
| neunzehn | девятнадцать | [devitnátsatʲ] |

| zwanzig | двадцать | [dvátsatʲ] |
| einundzwanzig | двадцать один | [dvátsatʲ ɔdín] |
| zweiundzwanzig | двадцать два | [dvátsatʲ dvá] |
| dreiundzwanzig | двадцать три | [dvátsatʲ trí] |

| dreißig | тридцать | [trítsatʲ] |
| einunddreißig | тридцать один | [trítsatʲ ɔdín] |
| zweiunddreißig | тридцать два | [trítsatʲ dvá] |
| dreiunddreißig | тридцать три | [trítsatʲ trí] |

| vierzig | сорок | [sórɔk] |
| einundvierzig | сорок один | [sórɔk ɔdín] |
| zweiundvierzig | сорок два | [sórɔk dvá] |
| dreiundvierzig | сорок три | [sórɔk trí] |

| fünfzig | пятьдесят | [pɪtʲdesʲát] |
| einundfünfzig | пятьдесят один | [pɪtʲdesʲát ɔdín] |
| zweiundfünfzig | пятьдесят два | [pɪtʲdesʲát dvá] |
| dreiundfünfzig | пятьдесят три | [pɪtʲdesʲát trí] |
| sechzig | шестьдесят | [ʃɛstʲdesʲát] |

| einundsechzig | шестьдесят один | [ʃɛstʲdesʲát ɔdín] |
| zweiundsechzig | шестьдесят два | [ʃɛstʲdesʲát dvá] |
| dreiundsechzig | шестьдесят три | [ʃɛstʲdesʲát trí] |

| siebzig | семьдесят | [sémʲdesɪt] |
| einundsiebzig | семьдесят один | [sémʲdesɪt ɔdín] |
| zweiundsiebzig | семьдесят два | [sémʲdesɪt dvá] |
| dreiundsiebzig | семьдесят три | [sémʲdesɪt trí] |

| achtzig | восемьдесят | [vósemʲdesɪt] |
| einundachtzig | восемьдесят один | [vósemʲdesɪt ɔdín] |
| zweiundachtzig | восемьдесят два | [vósemʲdesɪt dvá] |
| dreiundachtzig | восемьдесят три | [vósemʲdesɪt trí] |

| neunzig | девяносто | [devɪnóstɔ] |
| einundneunzig | девяносто один | [devɪnóstɔ ɔdín] |
| zweiundneunzig | девяносто два | [devɪnóstɔ dvá] |
| dreiundneunzig | девяносто три | [devɪnóstɔ trí] |

## 8. Grundzahlen. Teil 2

| einhundert | сто | [stó] |
| zweihundert | двести | [dvésti] |
| dreihundert | триста | [trísta] |
| vierhundert | четыреста | [ʧetɨ́resta] |
| fünfhundert | пятьсот | [pɪtʲsót] |

| sechshundert | шестьсот | [ʃɛstʲsót] |
| siebenhundert | семьсот | [semʲsót] |
| achthundert | восемьсот | [vɔsemʲsót] |
| neunhundert | девятьсот | [devɪtʲsót] |

| eintausend | тысяча | [tɨ́sɪʧa] |
| zweitausend | две тысячи | [dve tɨ́sɪʧi] |
| dreitausend | три тысячи | [trí tɨ́sɪʧi] |
| zehntausend | десять тысяч | [désɪtʲ tɨ́sʲatʃ] |
| hunderttausend | сто тысяч | [stó tɨ́sɪʧ] |
| Million (f) | миллион (м) | [milión] |
| Milliarde (f) | миллиард (м) | [miliárd] |

## 9. Ordnungszahlen

| der erste | первый | [pérvij] |
| der zweite | второй | [ftɔrój] |
| der dritte | третий | [trétij] |
| der vierte | четвёртый | [ʧetvɵ́rtij] |
| der fünfte | пятый | [pʲátij] |
| der sechste | шестой | [ʃɛstój] |

| der siebte | **седьмой** | [sed<sup>j</sup>mój] |
| der achte | **восьмой** | [vɔsʲmój] |
| der neunte | **девятый** | [devʲátij] |
| der zehnte | **десятый** | [desʲátij] |

# FARBEN. MASSEINHEITEN

T&P Books Publishing

## 10. Farben

| | | |
|---|---|---|
| Farbe (f) | цвет (м) | [tsvét] |
| Schattierung (f) | оттенок (м) | [otténɔk] |
| Farbton (m) | тон (м) | [tón] |
| Regenbogen (m) | радуга (ж) | [ráduga] |
| | | |
| weiß | белый | [bélij] |
| schwarz | чёрный | [tʃórnij] |
| grau | серый | [sérij] |
| | | |
| grün | зелёный | [zelǿnij] |
| gelb | жёлтый | [ʒóltij] |
| rot | красный | [krásnij] |
| blau | синий | [sínij] |
| hellblau | голубой | [gɔlubój] |
| rosa | розовый | [rózɔvij] |
| orange | оранжевый | [ɔránʒevij] |
| violett | фиолетовый | [fiɔlétɔvij] |
| braun | коричневый | [kɔrítʃnevij] |
| | | |
| golden | золотой | [zɔlɔtój] |
| silbrig | серебристый | [serebrístij] |
| beige | бежевый | [béʒevij] |
| cremefarben | кремовый | [krémɔvij] |
| türkis | бирюзовый | [birʲuzóvij] |
| kirschrot | вишнёвый | [viʃnǿvij] |
| lila | лиловый | [lilóvij] |
| himbeerrot | малиновый | [malínɔvij] |
| | | |
| hell | светлый | [svétlij] |
| dunkel | тёмный | [tǿmnij] |
| grell | яркий | [járkij] |
| | | |
| Farb- (z.B. -stifte) | цветной | [tsvetnój] |
| Farb- (z.B. -film) | цветной | [tsvetnój] |
| schwarz-weiß | чёрно-белый | [tʃórnɔ-bélij] |
| einfarbig | одноцветный | [ɔdnɔtsvétnij] |
| bunt | разноцветный | [raznɔtsvétnij] |

## 11. Maßeinheiten

| | | |
|---|---|---|
| Gewicht (n) | вес (м) | [vés] |
| Länge (f) | длина (ж) | [dliná] |

| Breite (f) | ширина (ж) | [ʃiriná] |
| Höhe (f) | высота (ж) | [visɔtá] |
| Tiefe (f) | глубина (ж) | [glubiná] |
| Volumen (n) | объём (м) | [ɔbjóm] |
| Fläche (f) | площадь (ж) | [plóʃatʲ] |

| Gramm (n) | грамм (м) | [grám] |
| Milligramm (n) | миллиграмм (м) | [miligrám] |
| Kilo (n) | килограмм (м) | [kilɔgrám] |
| Tonne (f) | тонна (ж) | [tónna] |
| Pfund (n) | фунт (м) | [fúnt] |
| Unze (f) | унция (ж) | [úntsija] |

| Meter (m) | метр (м) | [métr] |
| Millimeter (m) | миллиметр (м) | [milimétr] |
| Zentimeter (m) | сантиметр (м) | [santimétr] |
| Kilometer (m) | километр (м) | [kilɔmétr] |
| Meile (f) | миля (ж) | [mílʲa] |

| Zoll (m) | дюйм (м) | [dʲújm] |
| Fuß (m) | фут (м) | [fút] |
| Yard (n) | ярд (м) | [járd] |

| Quadratmeter (m) | квадратный метр (м) | [kvadrátnij métr] |
| Hektar (n) | гектар (м) | [gektár] |
| Liter (m) | литр (м) | [lítr] |
| Grad (m) | градус (м) | [grádus] |
| Volt (n) | вольт (м) | [vólʲt] |
| Ampere (n) | ампер (м) | [ampér] |
| Pferdestärke (f) | лошадиная сила (ж) | [lɔʃidínaja síla] |

| Anzahl (f) | количество (с) | [kɔlítʃestvɔ] |
| etwas ... | немного ... | [nemnógɔ ...] |
| Hälfte (f) | половина (ж) | [pɔlɔvína] |
| Dutzend (n) | дюжина (ж) | [dʲúʒina] |
| Stück (n) | штука (ж) | [ʃtúka] |

| Größe (f) | размер (м) | [razmér] |
| Maßstab (m) | масштаб (м) | [maʃtáb] |

| minimal (Adj) | минимальный | [minimálʲnij] |
| der kleinste | наименьший | [naiménʲʃij] |
| mittler, mittel- | средний | [srédnij] |
| maximal (Adj) | максимальный | [maksimálʲnij] |
| der größte | наибольший | [naibólʲʃij] |

## 12. Behälter

| Glas (Einmachglas) | банка (ж) | [bánka] |
| Dose (z.B. Bierdose) | банка (ж) | [bánka] |

| Eimer (m) | ведро (c) | [vedró] |
| Fass (n), Tonne (f) | бочка (ж) | [bóʧka] |

| Waschschüssel (n) | таз (м) | [tás] |
| Tank (m) | бак (м) | [bák] |
| Flachmann (m) | фляжка (ж) | [flʲáʃka] |
| Kanister (m) | канистра (ж) | [kanístra] |
| Zisterne (f) | цистерна (ж) | [ʦistǽrna] |

| Kaffeebecher (m) | кружка (ж) | [krúʃka] |
| Tasse (f) | чашка (ж) | [ʧáʃka] |
| Untertasse (f) | блюдце (c) | [blʲúʦe] |
| Wasserglas (n) | стакан (м) | [stakán] |
| Weinglas (n) | бокал (м) | [bɔkál] |
| Kochtopf (m) | кастрюля (ж) | [kastrʲúlʲa] |

| Flasche (f) | бутылка (ж) | [butĩlka] |
| Flaschenhals (m) | горлышко (c) | [górlɨʃkɔ] |

| Karaffe (f) | графин (м) | [grafín] |
| Tonkrug (m) | кувшин (м) | [kuʃʃín] |
| Gefäß (n) | сосуд (м) | [sɔsúd] |
| Tontopf (m) | горшок (м) | [gɔrʃók] |
| Vase (f) | ваза (ж) | [váza] |

| Flakon (n) | флакон (м) | [flakón] |
| Fläschchen (n) | пузырёк (м) | [puzirǿk] |
| Tube (z.B. Zahnpasta) | тюбик (м) | [tʲúbik] |

| Sack (~ Kartoffeln) | мешок (м) | [meʃók] |
| Tüte (z.B. Plastiktüte) | пакет (м) | [pakét] |
| Schachtel (z.B. Zigaretten~) | пачка (ж) | [páʧka] |

| Karton (z.B. Schuhkarton) | коробка (ж) | [kɔrópka] |
| Kiste (z.B. Bananenkiste) | ящик (м) | [jáʃʲik] |
| Korb (m) | корзина (ж) | [kɔrzína] |

# DIE WICHTIGSTEN VERBEN

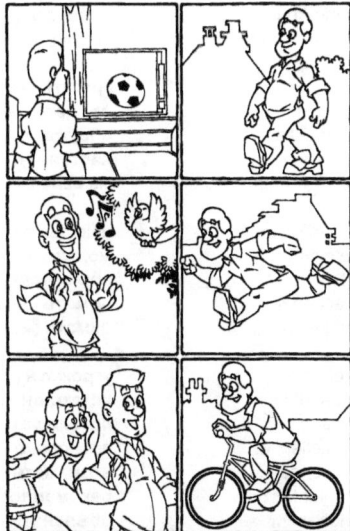

**T&P Books Publishing**

| | | |
|---|---|---|
| abbiegen (nach links ~) | поворачивать (нсв, нпх) | [pɔvɔrátʃivatʲ] |
| abschicken (vt) | отправлять (нсв, пх) | [ɔtpravlʲátʲ] |
| ändern (vt) | изменить (св, пх) | [izmenítʲ] |
| andeuten (vt) | подсказать (св, пх) | [pɔtskazátʲ] |
| Angst haben | бояться (нсв, возв) | [bɔjátsa] |
| | | |
| ankommen (vi) | приезжать (нсв, нпх) | [prieʒʒátʲ] |
| antworten (vi) | отвечать (нсв, пх) | [ɔtvetʃátʲ] |
| arbeiten (vi) | работать (нсв, нпх) | [rabótatʲ] |
| auf ... zählen | рассчитывать на ... (нсв) | [raʃʃítivatʲ na ...] |
| aufbewahren (vt) | сохранять (нсв, пх) | [sɔhranʲátʲ] |
| | | |
| aufschreiben (vt) | записывать (нсв, пх) | [zapísivatʲ] |
| ausgehen (vi) | выходить (нсв, нпх) | [vihɔdítʲ] |
| aussprechen (vt) | произносить (нсв, пх) | [prɔiznɔsítʲ] |
| bedauern (vt) | сожалеть (нсв, нпх) | [sɔʒilétʲ] |
| bedeuten (vt) | означать (нсв, пх) | [ɔznatʃátʲ] |
| beenden (vt) | заканчивать (нсв, пх) | [zakántʃivatʲ] |
| | | |
| befehlen (Milit.) | приказывать (нсв, пх) | [prikázivatʲ] |
| befreien (Stadt usw.) | освобождать (нсв, пх) | [ɔsvɔbɔʒdátʲ] |
| beginnen (vt) | начинать (нсв, пх) | [natʃinátʲ] |
| bemerken (vt) | замечать (нсв, пх) | [zametʃátʲ] |
| beobachten (vt) | наблюдать (нсв, н/пх) | [nablʲudátʲ] |
| | | |
| berühren (vt) | трогать (нсв, пх) | [trógatʲ] |
| besitzen (vt) | владеть (нсв, пх) | [vladétʲ] |
| besprechen (vt) | обсуждать (нсв, пх) | [ɔpsuʒdátʲ] |
| bestehen auf | настаивать (нсв, нпх) | [nastáivatʲ] |
| bestellen (im Restaurant) | заказывать (нсв, пх) | [zakázivatʲ] |
| | | |
| bestrafen (vt) | наказывать (нсв, пх) | [nakázivatʲ] |
| beten (vi) | молиться (нсв, возв) | [mɔlítsa] |
| bitten (vt) | просить (нсв, пх) | [prɔsítʲ] |
| brechen (vt) | ломать (нсв, пх) | [lɔmátʲ] |
| denken (vi, vt) | думать (нсв, н/пх) | [dúmatʲ] |
| | | |
| drohen (vi) | угрожать (нсв, пх) | [ugrɔʒátʲ] |
| Durst haben | хотеть пить | [hɔtétʲ pítʲ] |
| einladen (vt) | приглашать (нсв, пх) | [priglaʃátʲ] |
| einstellen (vt) | прекращать (нсв, пх) | [prekraʃátʲ] |
| einwenden (vt) | возражать (нсв, н/пх) | [vɔzraʒátʲ] |
| empfehlen (vt) | рекомендовать (нсв, пх) | [rekɔmendɔvátʲ] |
| erklären (vt) | объяснять (нсв, пх) | [ɔbjisnʲátʲ] |

| erlauben (vt) | разрешать (нсв, пх) | [razreʃátʲ] |
| ermorden (vt) | убивать (нсв, пх) | [ubivátʲ] |
| erwähnen (vt) | упоминать (нсв, пх) | [upɔminátʲ] |
| existieren (vi) | существовать (нсв, нпх) | [suʃestvɔvátʲ] |

## 14. Die wichtigsten Verben. Teil 2

| fallen (vi) | падать (нсв, нпх) | [pádatʲ] |
| fallen lassen | ронять (нсв, пх) | [rɔnʲátʲ] |
| fangen (vt) | ловить (нсв, пх) | [lɔvítʲ] |
| finden (vt) | находить (нсв, пх) | [nahɔdítʲ] |
| fliegen (vi) | лететь (нсв, нпх) | [letétʲ] |

| folgen (Folge mir!) | следовать за ... (нсв) | [slédɔvatʲ za ...] |
| fortsetzen (vt) | продолжать (нсв, пх) | [prɔdɔlʒátʲ] |
| fragen (vt) | спрашивать (нсв, пх) | [spráʃivatʲ] |
| frühstücken (vi) | завтракать (нсв, нпх) | [záftrakatʲ] |
| geben (vt) | давать (нсв, пх) | [davátʲ] |

| gefallen (vi) | нравиться (нсв, возв) | [nrávitsa] |
| gehen (zu Fuß gehen) | идти (нсв, нпх) | [itʲtí] |
| gehören (vi) | принадлежать ... (нсв, нпх) | [prinadleʒátʲ ...] |
| graben (vt) | рыть (нсв, пх) | [rītʲ] |

| haben (vt) | иметь (нсв, пх) | [imétʲ] |
| helfen (vi) | помогать (нсв, пх) | [pɔmɔgátʲ] |
| herabsteigen (vi) | спускаться (нсв, возв) | [spuskátsa] |
| hereinkommen (vi) | входить (нсв, нпх) | [fhɔdítʲ] |

| hoffen (vi) | надеяться (нсв, возв) | [nadéɪtsa] |
| hören (vt) | слышать (нсв, пх) | [slīʃatʲ] |
| hungrig sein | хотеть есть (нсв) | [hɔtétʲ éstʲ] |
| informieren (vt) | информировать (н/св, пх) | [infɔrmírɔvatʲ] |
| jagen (vi) | охотиться (нсв, возв) | [ɔhótitsa] |

| kennen (vt) | знать (нсв, пх) | [znátʲ] |
| klagen (vi) | жаловаться (нсв, возв) | [ʒálɔvatsa] |
| können (v mod) | мочь (нсв, нпх) | [mótʲ] |
| kontrollieren (vt) | контролировать (нсв, пх) | [kɔntrɔlírɔvatʲ] |
| kosten (vt) | стоить (нсв, пх) | [stóitʲ] |

| kränken (vt) | оскорблять (нсв, пх) | [ɔskɔrblʲátʲ] |
| lächeln (vi) | улыбаться (нсв, возв) | [ulɨbátsa] |
| lachen (vi) | смеяться (нсв, возв) | [smejátsa] |
| laufen (vi) | бежать (н/св, нпх) | [beʒátʲ] |
| leiten (Betrieb usw.) | руководить (нсв, пх) | [rukɔvɔdítʲ] |

| lernen (vt) | изучать (нсв, пх) | [izutʃátʲ] |
| lesen (vi, vt) | читать (нсв, н/пх) | [tʃitátʲ] |
| lieben (vt) | любить (нсв, пх) | [lʲubítʲ] |

| machen (vt) | делать (нсв, пх) | [délat<sup>j</sup>] |
| mieten (Haus usw.) | снимать (нсв, пх) | [snimát<sup>j</sup>] |
| nehmen (vt) | брать (нсв), взять (св) | [brát<sup>j</sup>], [vz<sup>j</sup>át<sup>j</sup>] |
| noch einmal sagen | повторять (нсв, пх) | [pɔftor<sup>j</sup>át<sup>j</sup>] |
| nötig sein | требоваться (нсв, возв) | [trébɔvatsa] |
| öffnen (vt) | открывать (нсв, пх) | [ɔtkrivát<sup>j</sup>] |

## 15. Die wichtigsten Verben. Teil 3

| planen (vt) | планировать (нсв, пх) | [planírɔvat<sup>j</sup>] |
| prahlen (vi) | хвастаться (нсв, возв) | [hvástatsa] |
| raten (vt) | советовать (нсв, пх) | [sɔvétɔvat<sup>j</sup>] |
| rechnen (vt) | считать (нсв, пх) | [ʃitát<sup>j</sup>] |
| reservieren (vt) | резервировать (н/св, пх) | [rezervírɔvat<sup>j</sup>] |

| retten (vt) | спасать (нсв, пх) | [spasát<sup>j</sup>] |
| richtig raten (vt) | отгадать (св, пх) | [ɔdgadát<sup>j</sup>] |
| rufen (um Hilfe ~) | звать (нсв, пх) | [zvát<sup>j</sup>] |
| sagen (vt) | сказать (нсв, пх) | [skazát<sup>j</sup>] |
| schaffen (Etwas Neues zu ~) | создать (св, пх) | [sɔzdát<sup>j</sup>] |

| schelten (vt) | ругать (нсв, пх) | [rugát<sup>j</sup>] |
| schießen (vi) | стрелять (нсв, нпх) | [strel<sup>j</sup>át<sup>j</sup>] |
| schmücken (vt) | украшать (нсв, пх) | [ukraʃát<sup>j</sup>] |
| schreiben (vi, vt) | писать (нсв, пх) | [pisát<sup>j</sup>] |
| schreien (vi) | кричать (нсв, нпх) | [kritʃát<sup>j</sup>] |

| schweigen (vi) | молчать (нсв, нпх) | [mɔltʃát<sup>j</sup>] |
| schwimmen (vi) | плавать (нсв, нпх) | [plávat<sup>j</sup>] |
| schwimmen gehen | купаться (нсв, возв) | [kupátsa] |
| sehen (vi, vt) | видеть (нсв, пх) | [vídet<sup>j</sup>] |

| sein (vi) | быть (нсв, нпх) | [bĩt<sup>j</sup>] |
| sich beeilen | торопиться (нсв, возв) | [tɔrɔpítsa] |
| sich entschuldigen | извиняться (нсв, возв) | [izvin<sup>j</sup>átsa] |

| sich interessieren | интересоваться (нсв, возв) | [interesɔvátsa] |
| sich irren | ошибаться (нсв, возв) | [ɔʃibátsa] |
| sich setzen | садиться (нсв, возв) | [sadítsa] |

| sich weigern | отказываться (нсв, возв) | [ɔtkázivatsa] |
| spielen (vi, vt) | играть (нсв, нпх) | [igrát<sup>j</sup>] |

| sprechen (vi) | говорить (нсв, н/пх) | [gɔvɔrít<sup>j</sup>] |
| staunen (vi) | удивляться (нсв, возв) | [udivl<sup>j</sup>átsa] |
| stehlen (vt) | красть (нсв, н/пх) | [krást<sup>j</sup>] |
| stoppen (vt) | останавливаться (нсв, возв) | [ɔstanávlivatsa] |
| suchen (vt) | искать ... (нсв, пх) | [iskát<sup>j</sup> ...] |

## 16. Die wichtigsten Verben. Teil 4

| | | |
|---|---|---|
| täuschen (vt) | обманывать (нсв, пх) | [ɔbmánivatʲ] |
| teilnehmen (vi) | участвовать (нсв, нпх) | [utʃástvɔvatʲ] |
| übersetzen (Buch usw.) | переводить (нсв, пх) | [perevɔdítʲ] |
| unterschätzen (vt) | недооценивать (нсв, пх) | [nedɔɔtsǽnivatʲ] |
| unterschreiben (vt) | подписывать (нсв, пх) | [pɔtpísivatʲ] |
| | | |
| vereinigen (vt) | объединять (нсв, пх) | [ɔbjedinʲátʲ] |
| vergessen (vt) | забывать (нсв, пх) | [zabivátʲ] |
| vergleichen (vt) | сравнивать (нсв, пх) | [srávnivatʲ] |
| verkaufen (vt) | продавать (нсв, пх) | [prɔdavátʲ] |
| verlangen (vt) | требовать (нсв, пх) | [trébɔvatʲ] |
| | | |
| versäumen (vt) | пропускать (нсв, пх) | [prɔpuskátʲ] |
| versprechen (vt) | обещать (н/св, пх) | [ɔbeʃátʲ] |
| verstecken (vt) | прятать (нсв, пх) | [prʲátatʲ] |
| verstehen (vt) | понимать (нсв, пх) | [pɔnimátʲ] |
| versuchen (vt) | пробовать (нсв, пх) | [próbɔvatʲ] |
| | | |
| verteidigen (vt) | защищать (нсв, пх) | [zaʃiʃátʲ] |
| vertrauen (vi) | доверять (нсв, пх) | [dɔverʲátʲ] |
| verwechseln (vt) | путать (нсв, пх) | [pútatʲ] |
| verzeihen (vi, vt) | извинять (нсв, пх) | [izvinʲátʲ] |
| verzeihen (vt) | прощать (нсв, пх) | [prɔʃátʲ] |
| voraussehen (vt) | предвидеть (нсв, пх) | [predvídetʲ] |
| | | |
| vorschlagen (vt) | предлагать (нсв, пх) | [predlagátʲ] |
| vorziehen (vt) | предпочитать (нсв, пх) | [pretpɔtʃitátʲ] |
| wählen (vt) | выбирать (нсв, пх) | [vibirátʲ] |
| warnen (vt) | предупреждать (нсв, пх) | [predupreʒdátʲ] |
| warten (vi) | ждать (нсв, пх) | [ʒdátʲ] |
| weinen (vi) | плакать (нсв, нпх) | [plákatʲ] |
| | | |
| Witz machen | шутить (нсв, нпх) | [ʃutítʲ] |
| wollen (vt) | хотеть (нсв, пх) | [hɔtétʲ] |
| zahlen (vt) | платить (нсв, н/пх) | [platítʲ] |
| zeigen (jemandem etwas) | показывать (нсв, пх) | [pɔkázivatʲ] |
| | | |
| zu Abend essen | ужинать (нсв, нпх) | [úʒinatʲ] |
| zu Mittag essen | обедать (нсв, нпх) | [ɔbédatʲ] |
| zubereiten (vt) | готовить (нсв, пх) | [gɔtóvitʲ] |
| zustimmen (vi) | соглашаться (нсв, возв) | [sɔglaʃátsa] |
| zweifeln (vi) | сомневаться (нсв, возв) | [sɔmnevátsa] |

# ZEIT. KALENDER

T&P Books Publishing

## 17. Wochentage

| | | |
|---|---|---|
| Montag (m) | понедельник (м) | [pɔnedélʲnik] |
| Dienstag (m) | вторник (м) | [ftórnik] |
| Mittwoch (m) | среда (ж) | [sredá] |
| Donnerstag (m) | четверг (м) | [ʧetvérg] |
| Freitag (m) | пятница (ж) | [pʲátnitsa] |
| Samstag (m) | суббота (ж) | [subóta] |
| Sonntag (m) | воскресенье (с) | [vɔskresénje] |
| | | |
| heute | сегодня | [sevódnʲa] |
| morgen | завтра | [záftra] |
| übermorgen | послезавтра | [pɔslezáftra] |
| gestern | вчера | [fʧerá] |
| vorgestern | позавчера | [pɔzafʧerá] |
| | | |
| Tag (m) | день (м) | [dénʲ] |
| Arbeitstag (m) | рабочий день (м) | [rabóʧij dénʲ] |
| Feiertag (m) | празник (м) | [práznik] |
| freier Tag (m) | выходной день (м) | [vihɔdnój dénʲ] |
| Wochenende (n) | выходные (мн) | [vihɔdnῑje] |
| | | |
| den ganzen Tag | весь день | [vesʲ dénʲ] |
| am nächsten Tag | на следующий день | [na sléduʃij dénʲ] |
| zwei Tage vorher | 2 дня назад | [dvá dnʲá nazád] |
| am Vortag | накануне | [nakanúne] |
| täglich (Adj) | ежедневный | [eʒednévnij] |
| täglich (Adv) | ежедневно | [eʒednévnɔ] |
| | | |
| Woche (f) | неделя (ж) | [nedélʲa] |
| letzte Woche | на прошлой неделе | [na próʃlɔj nedéle] |
| nächste Woche | на следующей неделе | [na sléduʃej nedéle] |
| wöchentlich (Adj) | еженедельный | [eʒenedélʲnij] |
| wöchentlich (Adv) | еженедельно | [eʒenedélʲnɔ] |
| zweimal pro Woche | 2 раза в неделю | [dvá ráza v nedélʲu] |
| jeden Dienstag | каждый вторник | [káʒdij ftórnik] |

## 18. Stunden. Tag und Nacht

| | | |
|---|---|---|
| Morgen (m) | утро (с) | [útrɔ] |
| morgens | утром | [útrɔm] |
| Mittag (m) | полдень (м) | [póldenʲ] |
| nachmittags | после обеда | [pósle ɔbéda] |
| Abend (m) | вечер (м) | [véʧer] |

| abends | вечером | [vétʃerɔm] |
| Nacht (f) | ночь (ж) | [nótʲ] |
| nachts | ночью | [nótʲju] |
| Mitternacht (f) | полночь (ж) | [pólnɔtʃʲ] |

| Sekunde (f) | секунда (ж) | [sekúnda] |
| Minute (f) | минута (ж) | [minúta] |
| Stunde (f) | час (м) | [tʃás] |
| eine halbe Stunde | полчаса (мн) | [pɔltʃasá] |
| Viertelstunde (f) | четверть (ж) часа | [tʃétvertʲ tʃása] |
| fünfzehn Minuten | 15 минут | [pitnátsatʲ minút] |
| Tag und Nacht | сутки (мн) | [sútki] |

| Sonnenaufgang (m) | восход (м) солнца | [vɔsxód sóntsa] |
| Morgendämmerung (f) | рассвет (м) | [rasvét] |
| früher Morgen (m) | раннее утро (с) | [ránnee útrɔ] |
| Sonnenuntergang (m) | закат (м) | [zakát] |

| früh am Morgen | рано утром | [ránɔ útrɔm] |
| heute Morgen | сегодня утром | [sevódnʲa útrɔm] |
| morgen früh | завтра утром | [záftra útrɔm] |

| heute Mittag | сегодня днём | [sevódnʲa dnǿm] |
| nachmittags | после обеда | [pósle ɔbéda] |
| morgen Nachmittag | завтра после обеда | [záftra pósle ɔbéda] |

| heute Abend | сегодня вечером | [sevódnʲa vétʃerɔm] |
| morgen Abend | завтра вечером | [záftra vetʃerɔm] |

| Punkt drei Uhr | ровно в 3 часа | [róvnɔ f trí tʃasá] |
| gegen vier Uhr | около 4-х часов | [ókɔlɔ tʃetīrǿh tʃasóf] |
| um zwölf Uhr | к 12-ти часам | [k dvenátsatí tʃasám] |

| in zwanzig Minuten | через 20 минут | [tʃéres dvátsatʲ minút] |
| in einer Stunde | через час | [tʃéres tʃás] |
| rechtzeitig (Adv) | вовремя | [vóvremʲa] |

| Viertel vor … | без четверти … | [bes tʃétverti …] |
| innerhalb einer Stunde | в течение часа | [f tetʃénie tʃása] |
| alle fünfzehn Minuten | каждые 15 минут | [káʒdie pitnátsatʲ minút] |
| Tag und Nacht | круглые сутки | [krúglie sútki] |

## 19. Monate. Jahreszeiten

| Januar (m) | январь (м) | [jɪnvárʲ] |
| Februar (m) | февраль (м) | [fevrálʲ] |
| März (m) | март (м) | [márt] |
| April (m) | апрель (м) | [aprélʲ] |
| Mai (m) | май (м) | [máj] |
| Juni (m) | июнь (м) | [ijúnʲ] |

| Juli (m) | июль (м) | [ijúlʲ] |
| August (m) | август (м) | [ávgust] |
| September (m) | сентябрь (м) | [sentʲábrʲ] |
| Oktober (m) | октябрь (м) | [ɔktʲábrʲ] |
| November (m) | ноябрь (м) | [nɔjábrʲ] |
| Dezember (m) | декабрь (м) | [dekábrʲ] |

| Frühling (m) | весна (ж) | [vesná] |
| im Frühling | весной | [vesnój] |
| Frühlings- | весенний | [vesénnij] |

| Sommer (m) | лето (с) | [létɔ] |
| im Sommer | летом | [létɔm] |
| Sommer- | летний | [létnij] |

| Herbst (m) | осень (ж) | [ósenʲ] |
| im Herbst | осенью | [ósenju] |
| Herbst- | осенний | [ɔsénnij] |

| Winter (m) | зима (ж) | [zimá] |
| im Winter | зимой | [zimój] |
| Winter- | зимний | [zímnij] |

| Monat (m) | месяц (м) | [mésɪts] |
| in diesem Monat | в этом месяце | [v ǽtɔm mésɪtse] |
| nächsten Monat | в следующем месяце | [f sléduʃem mésɪtse] |
| letzten Monat | в прошлом месяце | [f próʃlɔm mésɪtse] |

| vor einem Monat | месяц назад | [mésɪts nazád] |
| über eine Monat | через месяц | [tʃéres mésɪts] |
| in zwei Monaten | через 2 месяца | [tʃéres dvá mésitsa] |
| den ganzen Monat | целый месяц | [tsǽlij mésɪts] |

| monatlich (Adj) | ежемесячный | [eʒemésɪtʃnij] |
| monatlich (Adv) | ежемесячно | [eʒemésɪtʃnɔ] |
| jeden Monat | каждый месяц | [káʒdij mésɪts] |
| zweimal pro Monat | 2 раза в месяц | [dvá ráza v mésɪts] |

| Jahr (n) | год (м) | [gód] |
| dieses Jahr | в этом году | [v ǽtɔm gɔdú] |
| nächstes Jahr | в следующем году | [f sléduʃem gɔdú] |
| voriges Jahr | в прошлом году | [f próʃlɔm gɔdú] |

| vor einem Jahr | год назад | [gót nazád] |
| in einem Jahr | через год | [tʃéres gód] |
| in zwei Jahren | через 2 года | [tʃéres dvá góda] |
| das ganze Jahr | целый год | [tsǽlij gód] |

| jedes Jahr | каждый год | [káʒdij gód] |
| jährlich (Adj) | ежегодный | [eʒegódnij] |
| jährlich (Adv) | ежегодно | [eʒegódnɔ] |
| viermal pro Jahr | 4 раза в год | [tʃetĩre ráza v gód] |

| | | |
|---|---|---|
| Datum (heutige ~) | число (c) | [ʧisló] |
| Datum (Geburts-) | дата (ж) | [dáta] |
| Kalender (m) | календарь (м) | [kalendárʲ] |
| | | |
| ein halbes Jahr | полгода | [pɔlgóda] |
| Halbjahr (n) | полугодие (c) | [pɔlugódie] |
| Saison (f) | сезон (м) | [sezón] |
| Jahrhundert (n) | век (м) | [vék] |

# REISEN. HOTEL

USD CAD
EUR CHF
JPY HKD
GBP CNY

RECEPTION

**T&P Books Publishing**

| | | |
|---|---|---|
| Tourismus (m) | туризм (м) | [turízm] |
| Tourist (m) | турист (м) | [turíst] |
| Reise (f) | путешествие (c) | [puteʃǽstvie] |
| Abenteuer (n) | приключение (c) | [priklʲutʃénie] |
| Fahrt (f) | поездка (ж) | [pɔéstka] |
| | | |
| Urlaub (m) | отпуск (м) | [ótpusk] |
| auf Urlaub sein | быть в отпуске | [bɨtʲ v ótpuske] |
| Erholung (f) | отдых (м) | [ótdɨh] |
| | | |
| Zug (m) | поезд (м) | [pɔezd] |
| mit dem Zug | поездом | [pɔezdɔm] |
| Flugzeug (n) | самолёт (м) | [samɔlɵt] |
| mit dem Flugzeug | самолётом | [samɔlɵtom] |
| mit dem Auto | на автомобиле | [na aftɔmɔbíle] |
| mit dem Schiff | на корабле | [na kɔrablé] |
| | | |
| Gepäck (n) | багаж (м) | [bagáʃ] |
| Koffer (m) | чемодан (м) | [tʃemɔdán] |
| Gepäckwagen (m) | тележка (ж) для багажа | [teléʃka dlʲa bagaʒá] |
| Pass (m) | паспорт (м) | [páspɔrt] |
| Visum (n) | виза (ж) | [víza] |
| Fahrkarte (f) | билет (м) | [bilét] |
| Flugticket (n) | авиабилет (м) | [aviabilét] |
| | | |
| Reiseführer (m) | путеводитель (м) | [putevɔdítelʲ] |
| Landkarte (f) | карта (ж) | [kárta] |
| Gegend (f) | местность (ж) | [mésnɔstʲ] |
| Ort (wunderbarer ~) | место (c) | [méstɔ] |
| | | |
| Exotika (pl) | экзотика (ж) | [ɛkzótika] |
| exotisch | экзотический | [ɛkzɔtítʃeskij] |
| erstaunlich (Adj) | удивительный | [udivítelʲnɨj] |
| | | |
| Gruppe (f) | группа (ж) | [grúpa] |
| Ausflug (m) | экскурсия (ж) | [ɛkskúrsija] |
| Reiseleiter (m) | экскурсовод (м) | [ɛkskursɔvód] |

| | | |
|---|---|---|
| Hotel (n) | гостиница (ж) | [gɔstínitsa] |
| Motel (n) | мотель (м) | [mɔtǽlʲ] |

| drei Sterne | 3 звезды | [trí zvezdï] |
| fünf Sterne | 5 звёзд | [pʲátʲ zvǿzd] |
| absteigen (vi) | остановиться (св, возв) | [ɔstanɔvʲítsa] |

| Hotelzimmer (n) | номер (м) | [nómer] |
| Einzelzimmer (n) | одноместный номер (м) | [ɔdnɔ·mésnij nómer] |
| Zweibettzimmer (n) | двухместный номер (м) | [dvuh·mésnij nómer] |
| reservieren (vt) | бронировать номер | [brɔnírɔvatʲ nómer] |

| Halbpension (f) | полупансион (м) | [pɔlu·pansión] |
| Vollpension (f) | полный пансион (м) | [pólnij pansión] |

| mit Bad | с ванной | [s vánnɔj] |
| mit Dusche | с душем | [s dúʃɛm] |
| Satellitenfernsehen (n) | спутниковое телевидение (c) | [spútnikɔvɔe televídenie] |
| Klimaanlage (f) | кондиционер (м) | [kɔnditsiɔnér] |
| Handtuch (n) | полотенце (c) | [pɔlɔténtse] |
| Schlüssel (m) | ключ (м) | [klʲútʃ] |

| Verwalter (m) | администратор (м) | [administrátɔr] |
| Zimmermädchen (n) | горничная (ж) | [górnitʃnaja] |
| Träger (m) | носильщик (м) | [nɔsílʲʃik] |
| Portier (m) | портье (c) | [pɔrtjé] |

| Restaurant (n) | ресторан (м) | [restɔrán] |
| Bar (f) | бар (м) | [bár] |
| Frühstück (n) | завтрак (м) | [záftrak] |
| Abendessen (n) | ужин (м) | [úʒin] |
| Buffet (n) | шведский стол (м) | [ʃvétskij stól] |

| Foyer (n) | вестибюль (м) | [vestibʲúlʲ] |
| Aufzug (m), Fahrstuhl (m) | лифт (м) | [lïft] |

| BITTE NICHT STÖREN! | НЕ БЕСПОКОИТЬ | [ne bespɔkóitʲ] |
| RAUCHEN VERBOTEN! | НЕ КУРИТЬ! | [ne kurítʲ] |

## 22. Sehenswürdigkeiten

| Denkmal (n) | памятник (м) | [pámıtnik] |
| Festung (f) | крепость (ж) | [krépɔstʲ] |
| Palast (m) | дворец (м) | [dvɔréts] |
| Schloss (n) | замок (м) | [zámɔk] |
| Turm (m) | башня (ж) | [báʃnʲa] |
| Mausoleum (n) | мавзолей (м) | [mavzɔléj] |

| Architektur (f) | архитектура (ж) | [arhitektúra] |
| mittelalterlich | средневековый | [srednevekóvij] |
| alt (antik) | старинный | [starínnij] |
| national | национальный | [natsiɔnálʲnij] |

| berühmt | известный | [izvésnij] |
| Tourist (m) | турист (м) | [turíst] |
| Fremdenführer (m) | гид (м) | [gíd] |
| Ausflug (m) | экскурсия (ж) | [ɛkskúrsija] |
| zeigen (vt) | показывать (нсв, пх) | [pɔkázivatʲ] |
| erzählen (vt) | рассказывать (нсв, пх) | [raskázivatʲ] |
| | | |
| finden (vt) | найти (св, пх) | [najtí] |
| sich verlieren | потеряться (св, возв) | [poterʲátsa] |
| Karte (U-Bahn ~) | схема (ж) | [sxéma] |
| Karte (Stadt-) | план (м) | [plán] |
| | | |
| Souvenir (n) | сувенир (м) | [suvenír] |
| Souvenirladen (m) | магазин (м) сувениров | [magazín suvenírɔf] |
| fotografieren (vt) | фотографировать (нсв, пх) | [fɔtɔgrafírɔvatʲ] |
| | | |
| sich fotografieren | фотографироваться (нсв, возв) | [fɔtɔgrafírɔvatsa] |

# TRANSPORT

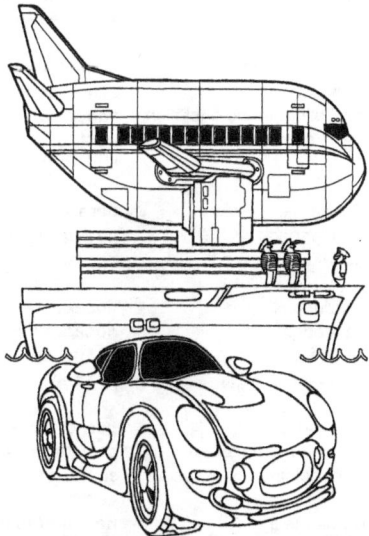

T&P Books Publishing

| | | |
|---|---|---|
| Flughafen (m) | аэропорт (м) | [aɛrɔpórt] |
| Flugzeug (n) | самолёт (м) | [samɔlǿt] |
| Fluggesellschaft (f) | авиакомпания (ж) | [avia·kɔmpánija] |
| Fluglotse (m) | авиадиспетчер (м) | [avia·dispétʃer] |

| | | |
|---|---|---|
| Abflug (m) | вылет (м) | [vīlet] |
| Ankunft (f) | прилёт (м) | [prilǿt] |
| anfliegen (vi) | прилететь (св, нпх) | [priletétʲ] |

| | | |
|---|---|---|
| Abflugzeit (f) | время (с) вылета | [vrémʲa vīleta] |
| Ankunftszeit (f) | время (с) прилёта | [vrémʲa prilǿta] |

| | | |
|---|---|---|
| sich verspäten | задерживаться (нсв, возв) | [zadérʒivatsa] |
| Abflugverspätung (f) | задержка (ж) вылета | [zadérʃka vīleta] |

| | | |
|---|---|---|
| Anzeigetafel (f) | информационное табло (с) | [infɔrmatsiónnɔe tabló] |
| Information (f) | информация (ж) | [infɔrmátsija] |
| ankündigen (vt) | объявлять (нсв, пх) | [ɔbjɪvlʲátʲ] |
| Flug (m) | рейс (м) | [réjs] |

| | | |
|---|---|---|
| Zollamt (n) | таможня (ж) | [tamóʒnʲa] |
| Zollbeamter (m) | таможенник (м) | [tamóʒenik] |

| | | |
|---|---|---|
| Zolldeklaration (f) | декларация (ж) | [deklarátsija] |
| ausfüllen (vt) | заполнить (св, пх) | [zapólnitʲ] |
| die Zollerklärung ausfüllen | заполнить декларацию | [zapólnitʲ deklarátsiju] |
| Passkontrolle (f) | паспортный контроль (м) | [páspɔrtnij kɔntrólʲ] |

| | | |
|---|---|---|
| Gepäck (n) | багаж (м) | [bagáʃ] |
| Handgepäck (n) | ручная кладь (ж) | [rutʃnája klátʲ] |
| Kofferkuli (m) | тележка (ж) для багажа | [teléʃka dlʲa bagaʒá] |

| | | |
|---|---|---|
| Landung (f) | посадка (ж) | [pɔsátka] |
| Landebahn (f) | посадочная полоса (ж) | [pɔsádɔtʃnaja pɔlɔsá] |
| landen (vi) | садиться (нсв, возв) | [sadítsa] |
| Fluggasttreppe (f) | трап (м) | [tráp] |

| | | |
|---|---|---|
| Check-in (n) | регистрация (ж) | [registrátsija] |
| Check-in-Schalter (m) | стойка (ж) регистрации | [stójka registrátsii] |
| sich registrieren lassen | зарегистрироваться (св, возв) | [zaregistrírɔvatsa] |

| | | |
|---|---|---|
| Bordkarte (f) | посадочный талон (м) | [pɔsádɔtʃnij talón] |

| | | |
|---|---|---|
| Abfluggate (n) | выход (м) | [vīhɔd] |
| Transit (m) | транзит (м) | [tranzít] |
| warten (vi) | ждать (нсв, пх) | [ʒdátʲ] |
| Wartesaal (m) | зал (м) ожидания | [zál ɔʒɨdánija] |
| begleiten (vt) | провожать (нсв, пх) | [prɔvɔʒátʲ] |
| sich verabschieden | прощаться (нсв, возв) | [prɔʃʲátsa] |

## 24. Flugzeug

| | | |
|---|---|---|
| Flugzeug (n) | самолёт (м) | [samɔlǿt] |
| Flugticket (n) | авиабилет (м) | [aviabilét] |
| Fluggesellschaft (f) | авиакомпания (ж) | [avia·kɔmpánija] |
| Flughafen (m) | аэропорт (м) | [aɛrɔpórt] |
| Überschall- | сверхзвуковой | [sverh·zvukɔvój] |

| | | |
|---|---|---|
| Flugkapitän (m) | командир (м) корабля | [kɔmandír kɔrablʲá] |
| Besatzung (f) | экипаж (м) | [ɛkipáʃ] |
| Pilot (m) | пилот (м) | [pilót] |
| Flugbegleiterin (f) | стюардесса (ж) | [stʲuardǽsa] |
| Steuermann (m) | штурман (м) | [ʃtúrman] |

| | | |
|---|---|---|
| Flügel (pl) | крылья (с мн) | [krīlja] |
| Schwanz (m) | хвост (м) | [hvóst] |
| Kabine (f) | кабина (ж) | [kabína] |
| Motor (m) | двигатель (м) | [dvígatelʲ] |
| Fahrgestell (n) | шасси (с) | [ʃassí] |
| Turbine (f) | турбина (ж) | [turbína] |

| | | |
|---|---|---|
| Propeller (m) | пропеллер (м) | [prɔpéller] |
| Flugschreiber (m) | чёрный ящик (м) | [tʃórnij jáʃʲik] |
| Steuerrad (n) | штурвал (м) | [ʃturvál] |
| Treibstoff (m) | горючее (с) | [gɔrʲútʃee] |

| | | |
|---|---|---|
| Sicherheitskarte (f) | инструкция по безопасности | [instrúktsija pɔ bezɔpásnɔsti] |
| Sauerstoffmaske (f) | кислородная маска (ж) | [kislɔródnaja máska] |
| Uniform (f) | униформа (ж) | [unifórma] |
| Rettungsweste (f) | спасательный жилет (м) | [spasátelʲnij ʒɨlét] |
| Fallschirm (m) | парашют (м) | [paraʃút] |

| | | |
|---|---|---|
| Abflug, Start (m) | взлёт (м) | [vzlǿt] |
| starten (vi) | взлетать (нсв, нпх) | [vzletátʲ] |
| Startbahn (f) | взлётная полоса (ж) | [vzlǿtnaja pɔlasá] |

| | | |
|---|---|---|
| Sicht (f) | видимость (ж) | [vídimɔstʲ] |
| Flug (m) | полёт (м) | [pɔlǿt] |
| Höhe (f) | высота (ж) | [visɔtá] |
| Luftloch (n) | воздушная яма (ж) | [vɔzdúʃnaja jáma] |
| Platz (m) | место (с) | [méstɔ] |
| Kopfhörer (m) | наушники (м мн) | [naúʃniki] |

| Klapptisch (m) | откидной столик (м) | [otkidnój stólik] |
| Bullauge (n) | иллюминатор (м) | [iƖ'uminátor] |
| Durchgang (m) | проход (м) | [prohód] |

## 25. Zug

| Zug (m) | поезд (м) | [póezd] |
| elektrischer Zug (m) | электричка (ж) | [ɛlektríʧka] |
| Schnellzug (m) | скорый поезд (м) | [skórij póezd] |
| Diesellok (f) | тепловоз (м) | [teplovós] |
| Dampflok (f) | паровоз (м) | [parovós] |

| Personenwagen (m) | вагон (м) | [vagón] |
| Speisewagen (m) | вагон-ресторан (м) | [vagón-restorán] |

| Schienen (pl) | рельсы (мн) | [réƖ'si] |
| Eisenbahn (f) | железная дорога (ж) | [ʒeléznaja doróga] |
| Bahnschwelle (f) | шпала (ж) | [ʃpála] |

| Bahnsteig (m) | платформа (ж) | [platfórma] |
| Gleis (n) | путь (м) | [pút'] |
| Eisenbahnsignal (n) | семафор (м) | [semafór] |
| Station (f) | станция (ж) | [stántsija] |

| Lokomotivführer (m) | машинист (м) | [maʃiníst] |
| Träger (m) | носильщик (м) | [nosíƖ'ʃik] |
| Schaffner (m) | проводник (м) | [provodník] |
| Fahrgast (m) | пассажир (м) | [pasaʒìr] |
| Fahrkartenkontrolleur (m) | контролёр (м) | [kontrolǿr] |

| Flur (m) | коридор (м) | [koridór] |
| Notbremse (f) | стоп-кран (м) | [stop-krán] |

| Abteil (n) | купе (с) | [kupǽ] |
| Liegeplatz (m), Schlafkoje (f) | полка (ж) | [pólka] |
| oberer Liegeplatz (m) | верхняя полка (ж) | [vérhn'aja pólka] |
| unterer Liegeplatz (m) | нижняя полка (ж) | [níʒn'aja pólka] |
| Bettwäsche (f) | постельное бельё (с) | [postéƖ'noe beljǿ] |

| Fahrkarte (f) | билет (м) | [bilét] |
| Fahrplan (m) | расписание (с) | [raspisánie] |
| Anzeigetafel (f) | табло (с) | [tabló] |

| abfahren (der Zug) | отходить (нсв, нпх) | [otxodít'] |
| Abfahrt (f) | отправление (с) | [otpravlénie] |
| ankommen (der Zug) | прибывать (нсв, нпх) | [pribivát'] |
| Ankunft (f) | прибытие (с) | [pribītie] |

| mit dem Zug kommen | приехать поездом | [priéhat' póezdom] |
| in den Zug einsteigen | сесть на поезд | [sést' na póezd] |

| aus dem Zug aussteigen | сойти с поезда | [sɔjtí s póezda] |
| Zugunglück (n) | крушение (c) | [kruʃǽnie] |
| entgleisen (vi) | сойти с рельс | [sɔjtí s rélʲs] |

| Dampflok (f) | паровоз (м) | [parɔvós] |
| Heizer (m) | кочегар (м) | [kotʃegár] |
| Feuerbüchse (f) | топка (ж) | [tópka] |
| Kohle (f) | уголь (м) | [úgɔlʲ] |

## 26. Schiff

| Schiff (n) | корабль (м) | [kɔráblʲ] |
| Fahrzeug (n) | судно (c) | [súdnɔ] |

| Dampfer (m) | пароход (м) | [parɔhód] |
| Motorschiff (n) | теплоход (м) | [teplɔhód] |
| Kreuzfahrtschiff (n) | лайнер (м) | [lájner] |
| Kreuzer (m) | крейсер (м) | [kréjser] |

| Jacht (f) | яхта (ж) | [jáhta] |
| Schlepper (m) | буксир (м) | [buksír] |
| Lastkahn (m) | баржа (ж) | [barʒá] |
| Fähre (f) | паром (м) | [paróm] |

| Segelschiff (n) | парусник (м) | [párusnik] |
| Brigantine (f) | бригантина (ж) | [brigantína] |

| Eisbrecher (m) | ледокол (м) | [ledɔkól] |
| U-Boot (n) | подводная лодка (ж) | [pɔdvódnaja lótka] |

| Boot (n) | лодка (ж) | [lótka] |
| Dingi (n), Beiboot (n) | шлюпка (ж) | [ʃlʲúpka] |
| Rettungsboot (n) | спасательная шлюпка (ж) | [spasátelʲnaja ʃlʲúpka] |
| Motorboot (n) | катер (м) | [káter] |

| Kapitän (m) | капитан (м) | [kapitán] |
| Matrose (m) | матрос (м) | [matrós] |
| Seemann (m) | моряк (м) | [mɔrʲák] |
| Besatzung (f) | экипаж (м) | [ɛkipáʃ] |

| Bootsmann (m) | боцман (м) | [bótsman] |
| Schiffsjunge (m) | юнга (м) | [júnga] |
| Schiffskoch (m) | кок (м) | [kók] |
| Schiffsarzt (m) | судовой врач (м) | [sudɔvój vrátʃ] |

| Deck (n) | палуба (ж) | [páluba] |
| Mast (m) | мачта (ж) | [mátʃta] |
| Segel (n) | парус (м) | [párus] |
| Schiffsraum (m) | трюм (м) | [trʲúm] |

| | | |
|---|---|---|
| Bug (m) | нос (м) | [nós] |
| Heck (n) | корма (ж) | [kɔrmá] |
| Ruder (n) | весло (с) | [vesló] |
| Schraube (f) | винт (м) | [vínt] |
| | | |
| Kajüte (f) | каюта (ж) | [kajúta] |
| Messe (f) | кают-компания (ж) | [kajút-kɔmpánija] |
| Maschinenraum (m) | машинное отделение (с) | [maʃínnɔe ɔtdelénie] |
| Kommandobrücke (f) | капитанский мостик (м) | [kapitánskij móstik] |
| Funkraum (m) | радиорубка (ж) | [radiɔ·rúpka] |
| Radiowelle (f) | волна (ж) | [vɔlná] |
| Schiffstagebuch (n) | судовой журнал (м) | [sudɔvój ʒurnál] |
| | | |
| Fernrohr (n) | подзорная труба (ж) | [pɔdzórnaja trubá] |
| Glocke (f) | колокол (м) | [kólɔkɔl] |
| Fahne (f) | флаг (м) | [flág] |
| | | |
| Seil (n) | канат (м) | [kanát] |
| Knoten (m) | узел (м) | [úzel] |
| | | |
| Geländer (n) | поручень (м) | [pórutʃenʲ] |
| Treppe (f) | трап (м) | [tráp] |
| | | |
| Anker (m) | якорь (м) | [jákɔrʲ] |
| den Anker lichten | поднять якорь | [pɔdnʲátʲ jákɔrʲ] |
| Anker werfen | бросить якорь | [brósitʲ jákɔrʲ] |
| Ankerkette (f) | якорная цепь (ж) | [jákɔrnaja tsǽpʲ] |
| | | |
| Hafen (m) | порт (м) | [pórt] |
| Anlegestelle (f) | причал (м) | [pritʃál] |
| anlegen (vi) | причаливать (нсв, нпх) | [pritʃálivatʲ] |
| abstoßen (vt) | отчаливать (нсв, нпх) | [ɔtʃálivatʲ] |
| | | |
| Reise (f) | путешествие (с) | [puteʃǽstvie] |
| Kreuzfahrt (f) | круиз (м) | [kruís] |
| Kurs (m), Richtung (f) | курс (м) | [kúrs] |
| Reiseroute (f) | маршрут (м) | [marʃrút] |
| | | |
| Fahrwasser (n) | фарватер (м) | [farvátɛr] |
| Untiefe (f) | мель (ж) | [mélʲ] |
| stranden (vi) | сесть на мель | [séstʲ na mélʲ] |
| | | |
| Sturm (m) | буря (ж) | [búrʲa] |
| Signal (n) | сигнал (м) | [signál] |
| untergehen (vi) | тонуть (нсв, нпх) | [tɔnútʲ] |
| Mann über Bord! | Человек за бортом! | [tʃelɔvék za bórtɔm] |
| SOS | SOS (м) | [sós] |
| Rettungsring (m) | спасательный круг (м) | [spasátelʲnij krúg] |

T&P BOOKS

# STADT

T&P Books Publishing

| | | |
|---|---|---|
| Bus (m) | автобус (м) | [aftóbus] |
| Straßenbahn (f) | трамвай (м) | [tramváj] |
| Obus (m) | троллейбус (м) | [troléjbus] |
| Linie (f) | маршрут (м) | [marʃrút] |
| Nummer (f) | номер (м) | [nómer] |
| | | |
| mit ... fahren | ехать на ... (нсв) | [éhatʲ na ...] |
| einsteigen (vi) | сесть на ... (св) | [séstʲ na ...] |
| aussteigen (aus dem Bus) | сойти с ... (св) | [sojtí s ...] |
| | | |
| Haltestelle (f) | остановка (ж) | [ostanófka] |
| nächste Haltestelle (f) | следующая остановка (ж) | [sléduʃaja ostanófka] |
| Endhaltestelle (f) | конечная остановка (ж) | [konétʃnaja ostanófka] |
| Fahrplan (m) | расписание (с) | [raspisánie] |
| warten (vi, vt) | ждать (нсв, пх) | [ʒdátʲ] |
| | | |
| Fahrkarte (f) | билет (м) | [bilét] |
| Fahrpreis (m) | стоимость (ж) билета | [stóimostʲ biléta] |
| | | |
| Kassierer (m) | кассир (м) | [kassír] |
| Fahrkartenkontrolle (f) | контроль (м) | [kontrólʲ] |
| Fahrkartenkontrolleur (m) | контролёр (м) | [kontrolǿr] |
| | | |
| sich verspäten | опаздывать на ... (нсв, нпх) | [opázdivatʲ na ...] |
| versäumen (Zug usw.) | опоздать на ... (св, нпх) | [opozdátʲ na ...] |
| sich beeilen | спешить (нсв, нпх) | [speʃítʲ] |
| | | |
| Taxi (n) | такси (с) | [taksí] |
| Taxifahrer (m) | таксист (м) | [taksíst] |
| mit dem Taxi | на такси | [na taksí] |
| Taxistand (m) | стоянка (ж) такси | [stojánka taksí] |
| ein Taxi rufen | вызвать такси | [vízvatʲ taksí] |
| ein Taxi nehmen | взять такси | [vzʲátʲ taksí] |
| | | |
| Straßenverkehr (m) | уличное движение (с) | [úlitʃnoe dviʒǽnie] |
| Stau (m) | пробка (ж) | [própka] |
| Hauptverkehrszeit (f) | часы пик (м) | [tʃasý pík] |
| parken (vi) | парковаться (нсв, возв) | [parkovátsa] |
| parken (vt) | парковать (нсв, пх) | [parkovátʲ] |
| Parkplatz (m) | стоянка (ж) | [stojánka] |
| U-Bahn (f) | метро (с) | [metró] |
| Station (f) | станция (ж) | [stántsija] |

| mit der U-Bahn fahren | ехать на метро | [éhatʲ na metró] |
|---|---|---|
| Zug (m) | поезд (м) | [póezd] |
| Bahnhof (m) | вокзал (м) | [vɔkzál] |

## 28. Stadt. Leben in der Stadt

| Stadt (f) | город (м) | [górɔd] |
|---|---|---|
| Hauptstadt (f) | столица (ж) | [stɔlítsa] |
| Dorf (n) | деревня (ж) | [derévnʲa] |

| Stadtplan (m) | план (м) города | [plán górɔda] |
|---|---|---|
| Stadtzentrum (n) | центр (м) города | [tsǽntr górɔda] |
| Vorort (m) | пригород (м) | [prígɔrɔd] |
| Vorort- | пригородный | [prígɔrɔdnij] |

| Stadtrand (m) | окраина (ж) | [ɔkráina] |
|---|---|---|
| Umgebung (f) | окрестности (ж мн) | [ɔkrésnɔsti] |
| Stadtviertel (n) | квартал (м) | [kvartál] |
| Wohnblock (m) | жилой квартал (м) | [ʒilój kvartál] |

| Straßenverkehr (m) | движение (с) | [dviʒǽnie] |
|---|---|---|
| Ampel (f) | светофор (м) | [svetɔfór] |
| Stadtverkehr (m) | городской транспорт (м) | [gɔrɔtskój tránspɔrt] |
| Straßenkreuzung (f) | перекрёсток (м) | [perekrǿstɔk] |

| Übergang (m) | переход (м) | [perehód] |
|---|---|---|
| Fußgängerunterführung (f) | подземный переход (м) | [pɔdzémnij perehód] |
| überqueren (vt) | переходить (нсв, н/пх) | [perehɔdítʲ] |
| Fußgänger (m) | пешеход (м) | [peʃehód] |
| Gehweg (m) | тротуар (м) | [trɔtuár] |

| Brücke (f) | мост (м) | [móst] |
|---|---|---|
| Kai (m) | набережная (ж) | [nábereʒnaja] |
| Springbrunnen (m) | фонтан (м) | [fɔntán] |

| Allee (f) | аллея (ж) | [aléja] |
|---|---|---|
| Park (m) | парк (м) | [párk] |
| Boulevard (m) | бульвар (м) | [bulʲvár] |
| Platz (m) | площадь (ж) | [plóʃatʲ] |
| Avenue (f) | проспект (м) | [prɔspékt] |
| Straße (f) | улица (ж) | [úlitsa] |
| Gasse (f) | переулок (м) | [pereúlɔk] |
| Sackgasse (f) | тупик (м) | [tupík] |

| Haus (n) | дом (м) | [dóm] |
|---|---|---|
| Gebäude (n) | здание (с) | [zdánie] |
| Wolkenkratzer (m) | небоскрёб (м) | [nebɔskrǿb] |

| Fassade (f) | фасад (м) | [fasád] |
|---|---|---|
| Dach (n) | крыша (ж) | [krɯ̃ʃa] |

| Fenster (n) | окно (c) | [ɔknó] |
| Bogen (m) | арка (ж) | [árka] |
| Säule (f) | колонна (ж) | [kɔlóna] |
| Ecke (f) | угол (м) | [úgɔl] |

| Schaufenster (n) | витрина (ж) | [vitrína] |
| Firmenschild (n) | вывеска (ж) | [vīveska] |
| Anschlag (m) | афиша (ж) | [afíʃa] |
| Werbeposter (m) | рекламный плакат (м) | [reklámnɨj plakát] |
| Werbeschild (n) | рекламный щит (м) | [reklámnɨj ʃít] |

| Müll (m) | мусор (м) | [músɔr] |
| Mülleimer (m) | урна (ж) | [úrna] |
| Abfall wegwerfen | сорить (нсв, нпх) | [sɔrítʲ] |
| Mülldeponie (f) | свалка (ж) | [sválka] |

| Telefonzelle (f) | телефонная будка (ж) | [telefónnaja bútka] |
| Straßenlaterne (f) | фонарный столб (м) | [fɔnárnɨj stólb] |
| Bank (Park-) | скамейка (ж) | [skaméjka] |

| Polizist (m) | полицейский (м) | [pɔlitsǽjskij] |
| Polizei (f) | полиция (ж) | [pɔlítsija] |
| Bettler (m) | нищий (м) | [níʃij] |
| Obdachlose (m) | бездомный (м) | [bezdómnɨj] |

## 29. Innerstädtische Einrichtungen

| Laden (m) | магазин (м) | [magazín] |
| Apotheke (f) | аптека (ж) | [aptéka] |
| Optik (f) | оптика (ж) | [óptika] |
| Einkaufszentrum (n) | торговый центр (м) | [tɔrgóvɨj tsǽntr] |
| Supermarkt (m) | супермаркет (м) | [supermárket] |

| Bäckerei (f) | булочная (ж) | [búlɔtʃnaja] |
| Bäcker (m) | пекарь (м) | [pékarʲ] |
| Konditorei (f) | кондитерская (ж) | [kɔndíterskaja] |
| Lebensmittelladen (m) | продуктовый магазин (м) | [prɔduktóvɨj magazín] |
| Metzgerei (f) | мясная лавка (ж) | [mɨsnája láfka] |

| Gemüseladen (m) | овощная лавка (ж) | [ɔvɔʃnája láfka] |
| Markt (m) | рынок (м) | [rīnɔk] |

| Kaffeehaus (n) | кафе (c) | [kafǽ] |
| Restaurant (n) | ресторан (м) | [restorán] |
| Bierstube (f) | пивная (ж) | [pivnája] |
| Pizzeria (f) | пиццерия (ж) | [pitsǽrija], [pitsɛríja] |

| Friseursalon (m) | парикмахерская (ж) | [parihmáherskaja] |
| Post (f) | почта (ж) | [pótʃta] |

| chemische Reinigung (f) | химчистка (ж) | [himtʃístka] |
| Fotostudio (n) | фотоателье (c) | [fɔtɔ·atɛljé] |
| Schuhgeschäft (n) | обувной магазин (м) | [ɔbuvnój magazín] |
| Buchhandlung (f) | книжный магазин (м) | [kníʒnij magazín] |
| Sportgeschäft (n) | спортивный магазин (м) | [spɔrtívnij magazín] |

| Kleiderreparatur (f) | ремонт (м) одежды | [remónt ɔdéʒdi] |
| Bekleidungsverleih (m) | прокат (м) одежды | [prɔkát ɔdéʒdi] |
| Videothek (f) | прокат (м) фильмов | [prɔkát fílʲmɔf] |

| Zirkus (m) | цирк (м) | [tsĩrk] |
| Zoo (m) | зоопарк (м) | [zɔɔpárk] |
| Kino (n) | кинотеатр (м) | [kinɔteátr] |
| Museum (n) | музей (м) | [muzéj] |
| Bibliothek (f) | библиотека (ж) | [bibliɔtéka] |

| Theater (n) | театр (м) | [teátr] |
| Opernhaus (n) | опера (ж) | [ópera] |
| Nachtklub (m) | ночной клуб (м) | [nɔtʃnój klúb] |
| Kasino (n) | казино (c) | [kazinó] |
| Moschee (f) | мечеть (ж) | [metʃétʲ] |
| Synagoge (f) | синагога (ж) | [sinagóga] |
| Kathedrale (f) | собор (м) | [sɔbór] |
| Tempel (m) | храм (м) | [hrám] |
| Kirche (f) | церковь (ж) | [tsǽrkɔfʲ] |

| Institut (n) | институт (м) | [institút] |
| Universität (f) | университет (м) | [universitét] |
| Schule (f) | школа (ж) | [ʃkóla] |

| Präfektur (f) | префектура (ж) | [prefektúra] |
| Rathaus (n) | мэрия (ж) | [mǽrija] |
| Hotel (n) | гостиница (ж) | [gɔstínitsa] |
| Bank (f) | банк (м) | [bánk] |

| Botschaft (f) | посольство (c) | [pɔsólʲstvɔ] |
| Reisebüro (n) | турагентство (c) | [tur·agénstvɔ] |
| Informationsbüro (n) | справочное бюро (c) | [správɔtʃnɔe bʲuró] |
| Wechselstube (f) | обменный пункт (м) | [ɔbménnij púnkt] |

| U-Bahn (f) | метро (c) | [metró] |
| Krankenhaus (n) | больница (ж) | [bɔlʲnítsa] |

| Tankstelle (f) | автозаправка (ж) | [aftɔ·zapráfka] |
| Parkplatz (m) | стоянка (ж) | [stɔjánka] |

## 30. Schilder

| Firmenschild (n) | вывеска (ж) | [vĩveska] |
| Aufschrift (f) | надпись (ж) | [nátpisʲ] |

| Plakat (n) | плакат, постер (м) | [plakát], [póstɛr] |
| Wegweiser (m) | указатель (м) | [ukazátelʲ] |
| Pfeil (m) | стрелка (ж) | [strélka] |

| Vorsicht (f) | предостережение (c) | [predɔsterɛʒǽnie] |
| Warnung (f) | предупреждение (c) | [predupreʒdénie] |
| warnen (vt) | предупредить (св, пх) | [predupredítʲ] |

| freier Tag (m) | выходной день (м) | [vihɔdnój dénʲ] |
| Fahrplan (m) | расписание (c) | [raspisánie] |
| Öffnungszeiten (pl) | часы (мн) работы | [tʲasɨ̄ rabóti] |

| HERZLICH WILLKOMMEN! | ДОБРО ПОЖАЛОВАТЬ! | [dɔbró pɔʒálɔvatʲ] |

| EINGANG | ВХОД | [fhód] |
| AUSGANG | ВЫХОД | [vɨ̄hɔd] |

| DRÜCKEN | ОТ СЕБЯ | [ɔt sebʲá] |
| ZIEHEN | НА СЕБЯ | [na sebʲá] |
| GEÖFFNET | ОТКРЫТО | [ɔtkrɨ̄tɔ] |
| GESCHLOSSEN | ЗАКРЫТО | [zakrɨ̄tɔ] |

| DAMEN, FRAUEN | ДЛЯ ЖЕНЩИН | [dlʲa ʒǽnʃin] |
| HERREN, MÄNNER | ДЛЯ МУЖЧИН | [dlʲa muʃín] |

| AUSVERKAUF | СКИДКИ | [skítki] |
| REDUZIERT | РАСПРОДАЖА | [rasprɔdáʒa] |
| NEU! | НОВИНКА! | [nɔvínka] |
| GRATIS | БЕСПЛАТНО | [besplátnɔ] |

| ACHTUNG! | ВНИМАНИЕ! | [vnimánie] |
| ZIMMER BELEGT | МЕСТ НЕТ | [mést nét] |
| RESERVIERT | ЗАРЕЗЕРВИРОВАНО | [zarezervírɔvanɔ] |

| VERWALTUNG | АДМИНИСТРАЦИЯ | [administrátsija] |
| NUR FÜR PERSONAL | ТОЛЬКО ДЛЯ ПЕРСОНАЛА | [tólʲkɔ dlʲa persɔnála] |

| VORSICHT BISSIGER HUND | ЗЛАЯ СОБАКА | [zlája sɔbáka] |

| RAUCHEN VERBOTEN! | НЕ КУРИТЬ! | [ne kurítʲ] |
| BITTE NICHT BERÜHREN | РУКАМИ НЕ ТРОГАТЬ! | [rukámi ne trógatʲ] |

| GEFÄHRLICH | ОПАСНО | [ɔpásnɔ] |
| VORSICHT! | ОПАСНОСТЬ | [ɔpásnɔstʲ] |
| HOCHSPANNUNG | ВЫСОКОЕ НАПРЯЖЕНИЕ | [visókɔe naprɨʒǽnie] |
| BADEN VERBOTEN | КУПАТЬСЯ ЗАПРЕЩЕНО | [kupátsa zapreʃʲenó] |
| AUßER BETRIEB | НЕ РАБОТАЕТ | [ne rabótaet] |
| LEICHTENTZÜNDLICH | ОГНЕОПАСНО | [ɔgneɔpásnɔ] |

| VERBOTEN | ЗАПРЕЩЕНО | [zapreʃenó] |
|---|---|---|
| DURCHGANG VERBOTEN | ПРОХОД ЗАПРЕЩЁН | [prɔhót zapreʃǿn] |
| FRISCH GESTRICHEN | ОКРАШЕНО | [ɔkráʃɛnɔ] |

## 31. Shopping

| kaufen (vt) | покупать (нсв, пх) | [pɔkupátʲ] |
|---|---|---|
| Einkauf (m) | покупка (ж) | [pɔkúpka] |
| einkaufen gehen | делать покупки | [délatʲ pɔkúpki] |
| Einkaufen (n) | шоппинг (м) | [ʃóping] |

| offen sein (Laden) | работать (нсв, нпх) | [rabótatʲ] |
|---|---|---|
| zu sein | закрыться (св, возв) | [zakrĩtsa] |

| Schuhe (pl) | обувь (ж) | [óbufʲ] |
|---|---|---|
| Kleidung (f) | одежда (ж) | [ɔdéʒda] |
| Kosmetik (f) | косметика (ж) | [kɔsmétika] |
| Lebensmittel (pl) | продукты (мн) | [prɔdúkti] |
| Geschenk (n) | подарок (м) | [pɔdárɔk] |

| Verkäufer (m) | продавец (м) | [prɔdavéts] |
|---|---|---|
| Verkäuferin (f) | продавщица (ж) | [prɔdafʃʲítsa] |

| Kasse (f) | касса (ж) | [kássa] |
|---|---|---|
| Spiegel (m) | зеркало (с) | [zérkalɔ] |
| Ladentisch (m) | прилавок (м) | [prilávɔk] |
| Umkleidekabine (f) | примерочная (ж) | [primérɔtʃnaja] |

| anprobieren (vt) | примерить (св, пх) | [priméritʲ] |
|---|---|---|
| passen (Schuhe, Kleid) | подходить (нсв, нпх) | [pɔtxɔdítʲ] |
| gefallen (vi) | нравиться (нсв, возв) | [nrávitsa] |

| Preis (m) | цена (ж) | [tsɛná] |
|---|---|---|
| Preisschild (n) | ценник (м) | [tsǽnnik] |
| kosten (vt) | стоить (нсв, пх) | [stóitʲ] |
| Wie viel? | Сколько? | [skólʲkɔ?] |
| Rabatt (m) | скидка (ж) | [skítka] |

| preiswert | недорогой | [nedɔrɔgój] |
|---|---|---|
| billig | дешёвый | [deʃóvij] |

| teuer | дорогой | [dɔrɔgój] |
|---|---|---|
| Das ist teuer | Это дорого. | [ǽtɔ dórɔgɔ] |

| Verleih (m) | прокат (м) | [prɔkát] |
|---|---|---|
| leihen, mieten (ein Auto usw.) | взять напрокат | [vzʲátʲ naprɔkát] |
| Kredit (m), Darlehen (n) | кредит (м) | [kredít] |
| auf Kredit | в кредит | [f kredít] |

# T&P BOOKS

# KLEIDUNG & ACCESSOIRES

**T&P Books Publishing**

| Kleidung (f) | одежда (ж) | [ɔdéʒda] |
| Oberkleidung (f) | верхняя одежда (ж) | [vérhnʲaja ɔdéʒda] |
| Winterkleidung (f) | зимняя одежда (ж) | [zímnʲaja ɔdéʒda] |

| Mantel (m) | пальто (c) | [palʲtó] |
| Pelzmantel (m) | шуба (ж) | [ʃúba] |
| Pelzjacke (f) | полушубок (м) | [pɔluʃúbɔk] |
| Daunenjacke (f) | пуховик (м) | [puhɔvík] |

| Jacke (z.B. Lederjacke) | куртка (ж) | [kúrtka] |
| Regenmantel (m) | плащ (м) | [pláʃʲ] |
| wasserdicht | непромокаемый | [neprɔmɔkáemij] |

| Hemd (n) | рубашка (ж) | [rubáʃka] |
| Hose (f) | брюки (мн) | [brʲúki] |
| Jeans (pl) | джинсы (мн) | [dʒĩnsi] |
| Jackett (n) | пиджак (м) | [pidʒák] |
| Anzug (m) | костюм (м) | [kɔstʲúm] |

| Damenkleid (n) | платье (c) | [plátje] |
| Rock (m) | юбка (ж) | [júpka] |
| Bluse (f) | блузка (ж) | [blúska] |
| Strickjacke (f) | кофта (ж) | [kófta] |
| Jacke (Damen Kostüm) | жакет (м) | [ʒakét] |

| T-Shirt (n) | футболка (ж) | [futbólka] |
| Shorts (pl) | шорты (мн) | [ʃórti] |
| Sportanzug (m) | спортивный костюм (м) | [spɔrtívnij kɔstʲúm] |
| Bademantel (m) | халат (м) | [halát] |
| Schlafanzug (m) | пижама (ж) | [piʒáma] |

| Sweater (m) | свитер (м) | [svítɛr] |
| Pullover (m) | пуловер (м) | [pulóver] |

| Weste (f) | жилет (м) | [ʒilét] |
| Frack (m) | фрак (м) | [frák] |
| Smoking (m) | смокинг (м) | [smóking] |

| Uniform (f) | форма (ж) | [fórma] |
| Arbeitskleidung (f) | рабочая одежда (ж) | [rabótʃaja ɔdéʒda] |

| Overall (m) | комбинезон (м) | [kombinezón] |
| Kittel (z.B. Arztkittel) | халат (м) | [halát] |

## 34. Kleidung. Unterwäsche

| Unterwäsche (f) | бельё (с) | [belʲǿ] |
| Herrenslip (m) | трусы (м) | [trusī] |
| Damenslip (m) | бельё (с) | [belʲǿ] |
| Unterhemd (n) | майка (ж) | [májka] |
| Socken (pl) | носки (мн) | [nɔskí] |

| Nachthemd (n) | ночная рубашка (ж) | [nɔtʃnája rubáʃka] |
| Büstenhalter (m) | бюстгальтер (м) | [bʲusgálʲter] |
| Kniestrümpfe (pl) | гольфы (мн) | [gólʲfi] |
| Strumpfhose (f) | колготки (мн) | [kɔlgótki] |
| Strümpfe (pl) | чулки (мн) | [tʃʲulkí] |
| Badeanzug (m) | купальник (м) | [kupálʲnik] |

## 35. Kopfbekleidung

| Mütze (f) | шапка (ж) | [ʃápka] |
| Filzhut (m) | шляпа (ж) | [ʃlʲápa] |
| Baseballkappe (f) | бейсболка (ж) | [bejzbólka] |
| Schiebermütze (f) | кепка (ж) | [képka] |

| Baskenmütze (f) | берет (м) | [berét] |
| Kapuze (f) | капюшон (м) | [kapʲuʃón] |
| Panamahut (m) | панамка (ж) | [panámka] |
| Strickmütze (f) | вязаная шапочка (ж) | [vʲázanaja ʃápɔtʃka] |

| Kopftuch (n) | платок (м) | [platók] |
| Damenhut (m) | шляпка (ж) | [ʃlʲápka] |

| Schutzhelm (m) | каска (ж) | [káska] |
| Feldmütze (f) | пилотка (ж) | [pilótka] |
| Helm (z.B. Motorradhelm) | шлем (м) | [ʃlém] |

| Melone (f) | котелок (м) | [kɔtelók] |
| Zylinder (m) | цилиндр (м) | [tsɨlíndr] |

## 36. Schuhwerk

| Schuhe (pl) | обувь (ж) | [óbufʲ] |
| Stiefeletten (pl) | ботинки (мн) | [botínki] |
| Halbschuhe (pl) | туфли (мн) | [túfli] |

| Stiefel (pl) | сапоги (мн) | [sapɔgí] |
| Hausschuhe (pl) | тапочки (мн) | [tápɔtʃki] |
| Tennisschuhe (pl) | кроссовки (мн) | [krɔsófki] |
| Leinenschuhe (pl) | кеды (мн) | [kédɨ] |
| Sandalen (pl) | сандалии (мн) | [sandálii] |

| Schuster (m) | сапожник (м) | [sapóʒnik] |
| Absatz (m) | каблук (м) | [kablúk] |
| Paar (n) | пара (ж) | [pára] |

| Schnürsenkel (m) | шнурок (м) | [ʃnurók] |
| schnüren (vt) | шнуровать (нсв, пх) | [ʃnurɔvátʲ] |
| Schuhlöffel (m) | рожок (м) | [rɔʒók] |
| Schuhcreme (f) | крем (м) для обуви | [krém dlʲa óbuvi] |

## 37. Persönliche Accessoires

| Handschuhe (pl) | перчатки (ж мн) | [pertʃátki] |
| Fausthandschuhe (pl) | варежки (ж мн) | [váreʃki] |
| Schal (Kaschmir-) | шарф (м) | [ʃárf] |

| Brille (f) | очки (мн) | [ɔtʃkí] |
| Brillengestell (n) | оправа (ж) | [ɔpráva] |
| Regenschirm (m) | зонт (м) | [zónt] |
| Spazierstock (m) | трость (ж) | [tróstʲ] |
| Haarbürste (f) | щётка (ж) для волос | [ʃʲɵtka dlʲa vɔlós] |
| Fächer (m) | веер (м) | [véer] |
| Krawatte (f) | галстук (м) | [gálstuk] |
| Fliege (f) | галстук-бабочка (м) | [gálstuk-bábɔtʃka] |
| Hosenträger (pl) | подтяжки (мн) | [pottʲáʃki] |
| Taschentuch (n) | носовой платок (м) | [nɔsɔvój platók] |

| Kamm (m) | расчёска (ж) | [raʃɵska] |
| Haarspange (f) | заколка (ж) | [zakólka] |
| Haarnadel (f) | шпилька (ж) | [ʃpílʲka] |
| Schnalle (f) | пряжка (ж) | [prʲáʃka] |

| Gürtel (m) | пояс (м) | [pójas] |
| Umhängegurt (m) | ремень (м) | [reménʲ] |

| Tasche (f) | сумка (ж) | [súmka] |
| Handtasche (f) | сумочка (ж) | [súmɔtʃka] |
| Rucksack (m) | рюкзак (м) | [rʲukzák] |

## 38. Kleidung. Verschiedenes

| Mode (f) | мода (ж) | [móda] |
| modisch | модный | [módnij] |

| Modedesigner (m) | модельер (м) | [mɔdɛljér] |
| Kragen (m) | воротник (м) | [vɔrɔtník] |
| Tasche (f) | карман (м) | [karmán] |
| Taschen- | карманный | [karmánnij] |
| Ärmel (m) | рукав (м) | [rukáf] |
| Aufhänger (m) | вешалка (ж) | [véʃəlka] |
| Hosenschlitz (m) | ширинка (ж) | [ʃirínka] |

| Reißverschluss (m) | молния (ж) | [mólnija] |
| Verschluss (m) | застёжка (ж) | [zastǿʃka] |
| Knopf (m) | пуговица (ж) | [púgɔvitsa] |
| Knopfloch (n) | петля (ж) | [petlʲá] |
| abgehen (Knopf usw.) | оторваться (св, возв) | [ɔtɔrvátsa] |

| nähen (vi, vt) | шить (нсв, н/пх) | [ʃitʲ] |
| sticken (vt) | вышивать (нсв, н/пх) | [viʃivátʲ] |
| Stickerei (f) | вышивка (ж) | [vīʃifka] |
| Nadel (f) | иголка (ж) | [igólka] |
| Faden (m) | нитка (ж) | [nítka] |
| Naht (f) | шов (м) | [ʃóf] |

| sich beschmutzen | испачкаться (св, возв) | [ispátʃkatsa] |
| Fleck (m) | пятно (с) | [pɪtnó] |
| sich knittern | помяться (нсв, возв) | [pɔmʲátsa] |
| zerreißen (vt) | порвать (св, пх) | [pɔrvátʲ] |
| Motte (f) | моль (м) | [mólʲ] |

## 39. Kosmetikartikel. Kosmetik

| Zahnpasta (f) | зубная паста (ж) | [zubnája pásta] |
| Zahnbürste (f) | зубная щётка (ж) | [zubnája ʃǿtka] |
| Zähne putzen | чистить зубы | [tʃístitʲ zúbɨ] |

| Rasierer (m) | бритва (ж) | [brítva] |
| Rasiercreme (f) | крем (м) для бритья | [krém dlʲa britjá] |
| sich rasieren | бриться (нсв, возв) | [brítsa] |

| Seife (f) | мыло (с) | [mīlɔ] |
| Shampoo (n) | шампунь (м) | [ʃampúnʲ] |

| Schere (f) | ножницы (мн) | [nóʒnitsɨ] |
| Nagelfeile (f) | пилочка (ж) для ногтей | [pílɔtʃka dlʲa nɔktéj] |
| Nagelzange (f) | щипчики (мн) | [ʃʲíptʃiki] |
| Pinzette (f) | пинцет (м) | [pintsǽt] |

| Kosmetik (f) | косметика (ж) | [kɔsmétika] |
| Gesichtsmaske (f) | маска (ж) | [máska] |
| Maniküre (f) | маникюр (м) | [manikʲúr] |
| Maniküre machen | делать маникюр | [délatʲ manikʲúr] |
| Pediküre (f) | педикюр (м) | [pedikʲúr] |

| | | |
|---|---|---|
| Kosmetiktasche (f) | косметичка (ж) | [kɔsmetítʃka] |
| Puder (m) | пудра (ж) | [púdra] |
| Puderdose (f) | пудреница (ж) | [púdrenitsa] |
| Rouge (n) | румяна (ж) | [rumʲána] |
| | | |
| Parfüm (n) | духи (мн) | [duhí] |
| Duftwasser (n) | туалетная вода (ж) | [tualétnaja vɔdá] |
| Lotion (f) | лосьон (м) | [lɔsjón] |
| Kölnischwasser (n) | одеколон (м) | [ɔdekɔlón] |
| | | |
| Lidschatten (m) | тени (мн) для век | [téni dlʲa vék] |
| Kajalstift (m) | карандаш (м) для глаз | [karandáʃ dlʲa glás] |
| Wimperntusche (f) | тушь (ж) | [túʃ] |
| | | |
| Lippenstift (m) | губная помада (ж) | [gubnája pɔmáda] |
| Nagellack (m) | лак (м) для ногтей | [lák dlʲa nɔktéj] |
| Haarlack (m) | лак (м) для волос | [lák dlʲa vɔlós] |
| Deodorant (n) | дезодорант (м) | [dezɔdɔránt] |
| | | |
| Creme (f) | крем (м) | [krém] |
| Gesichtscreme (f) | крем (м) для лица | [krém dlʲa litsá] |
| Handcreme (f) | крем (м) для рук | [krém dlʲa rúk] |
| Anti-Falten-Creme (f) | крем (м) против морщин | [krém prótif mɔrʃín] |
| Tagescreme (f) | дневной крем (м) | [dnevnój krém] |
| Nachtcreme (f) | ночной крем (м) | [nɔtʃnój krém] |
| Tages- | дневной | [dnevnój] |
| Nacht- | ночной | [nɔtʃnój] |
| | | |
| Tampon (m) | тампон (м) | [tampón] |
| Toilettenpapier (n) | туалетная бумага (ж) | [tualétnaja bumága] |
| Föhn (m) | фен (м) | [fén] |

## 40. Armbanduhren Uhren

| | | |
|---|---|---|
| Armbanduhr (f) | часы (мн) | [tʃasí] |
| Zifferblatt (n) | циферблат (м) | [tsiferblát] |
| Zeiger (m) | стрелка (ж) | [strélka] |
| Metallarmband (n) | браслет (м) | [braslét] |
| Uhrenarmband (n) | ремешок (м) | [remeʃók] |
| | | |
| Batterie (f) | батарейка (ж) | [bataréjka] |
| verbraucht sein | сесть (св, нпх) | [séstʲ] |
| die Batterie wechseln | поменять батарейку | [pɔmenʲátʲ bataréjku] |
| vorgehen (vi) | спешить (нсв, нпх) | [speʃítʲ] |
| nachgehen (vi) | отставать (нсв, нпх) | [ɔtstavátʲ] |
| | | |
| Wanduhr (f) | настенные часы (мн) | [nasténnie tʃasí] |
| Sanduhr (f) | песочные часы (мн) | [pesótʃnie tʃasí] |
| Sonnenuhr (f) | солнечные часы (мн) | [sólnetʃnie tʃasí] |
| Wecker (m) | будильник (м) | [budílʲnik] |

| | | |
|---|---|---|
| Uhrmacher (m) | **часовщик** (м) | [tʃasɔfʃík] |
| reparieren (vt) | **ремонтировать** (нсв, пх) | [remɔntírovatʲ] |

# ALLTAGSERFAHRUNG

T&P Books Publishing

## 41. Geld

| | | |
|---|---|---|
| Geld (n) | деньги (мн) | [dénⁱgi] |
| Austausch (m) | обмен (м) | [ɔbmén] |
| Kurs (m) | курс (м) | [kúrs] |
| Geldautomat (m) | банкомат (м) | [bankɔmát] |
| Münze (f) | монета (ж) | [mɔnéta] |
| | | |
| Dollar (m) | доллар (м) | [dólar] |
| Euro (m) | евро (с) | [évrɔ] |
| | | |
| Lira (f) | лира (ж) | [líra] |
| Mark (f) | марка (ж) | [márka] |
| Franken (m) | франк (м) | [fránk] |
| Pfund Sterling (n) | фунт стерлингов (м) | [fúnt stérlingɔf] |
| Yen (m) | йена (ж) | [jéna] |
| | | |
| Schulden (pl) | долг (м) | [dólg] |
| Schuldner (m) | должник (м) | [dɔlʒník] |
| leihen (vt) | дать в долг | [dátⁱ v dólg] |
| leihen, borgen (Geld usw.) | взять в долг | [vzⁱátⁱ v dólg] |
| | | |
| Bank (f) | банк (м) | [bánk] |
| Konto (n) | счёт (м) | [ʃót] |
| einzahlen (vt) | положить (св, пх) | [pɔlɔʒítⁱ] |
| auf ein Konto einzahlen | положить на счёт | [pɔlɔʒítⁱ na ʃót] |
| abheben (vt) | снять со счёта | [snⁱátⁱ sɔ ʃóta] |
| | | |
| Kreditkarte (f) | кредитная карта (ж) | [kredítnaja kárta] |
| Bargeld (n) | наличные деньги (мн) | [nalítʃnie dénⁱgi] |
| Scheck (m) | чек (м) | [tʃék] |
| einen Scheck schreiben | выписать чек | [vīpisatⁱ tʃék] |
| Scheckbuch (n) | чековая книжка (ж) | [tʃékɔvaja kníʃka] |
| | | |
| Geldtasche (f) | бумажник (м) | [bumáʒnik] |
| Geldbeutel (m) | кошелёк (м) | [kɔʃɛlǿk] |
| Safe (m) | сейф (м) | [séjf] |
| | | |
| Erbe (m) | наследник (м) | [naslédnik] |
| Erbschaft (f) | наследство (с) | [naslétstvɔ] |
| Vermögen (n) | состояние (с) | [sɔstɔjánie] |
| | | |
| Pacht (f) | аренда (ж) | [arénda] |
| Miete (f) | квартирная плата (ж) | [kvartírnaja pláta] |
| mieten (vt) | снимать (нсв, пх) | [snimátⁱ] |
| Preis (m) | цена (ж) | [tsɛná] |

| Kosten (pl) | стоимость (ж) | [stóiməstʲ] |
| Summe (f) | сумма (ж) | [súmma] |

| ausgeben (vt) | тратить (нсв, пх) | [trátitʲ] |
| Ausgaben (pl) | расходы (мн) | [rasxódi] |
| sparen (vt) | экономить (нсв, н/пх) | [ɛkɔnómitʲ] |
| sparsam | экономный | [ɛkɔnómnij] |

| zahlen (vt) | платить (нсв, н/пх) | [platítʲ] |
| Lohn (m) | оплата (ж) | [ɔpláta] |
| Wechselgeld (n) | сдача (ж) | [zdátʃa] |

| Steuer (f) | налог (м) | [nalóg] |
| Geldstrafe (f) | штраф (м) | [ʃtráf] |
| bestrafen (vt) | штрафовать (нсв, пх) | [ʃtrafɔvátʲ] |

## 42. Post. Postdienst

| Post (Postamt) | почта (ж) | [pótʃta] |
| Post (Postsendungen) | почта (ж) | [pótʃta] |
| Briefträger (m) | почтальон (м) | [pɔtʃtaljón] |
| Öffnungszeiten (pl) | часы (мн) работы | [tʃasɨ rabóti] |

| Brief (m) | письмо (с) | [pisʲmó] |
| Einschreibebrief (m) | заказное письмо (с) | [zakaznóe pisʲmó] |
| Postkarte (f) | открытка (ж) | [ɔtkrɨtka] |
| Telegramm (n) | телеграмма (ж) | [telegráma] |
| Postpaket (n) | посылка (ж) | [posɨlka] |
| Geldanweisung (f) | денежный перевод (м) | [déneʒnij perevód] |

| bekommen (vt) | получить (св, пх) | [pɔlutʃítʲ] |
| abschicken (vt) | отправить (св, пх) | [ɔtprávitʲ] |
| Absendung (f) | отправка (ж) | [ɔtpráfka] |
| Postanschrift (f) | адрес (м) | [ádres] |
| Postleitzahl (f) | индекс (м) | [índɛks] |
| Absender (m) | отправитель (м) | [ɔtpravítelʲ] |
| Empfänger (m) | получатель (м) | [pɔlutʃátelʲ] |

| Vorname (m) | имя (с) | [ímʲa] |
| Nachname (m) | фамилия (ж) | [famílija] |

| Tarif (m) | тариф (м) | [taríf] |
| Standard- (Tarif) | обычный | [ɔbɨtʃnij] |
| Spar- (-tarif) | экономичный | [ɛkɔnɔmítʃnij] |

| Gewicht (n) | вес (м) | [vés] |
| abwiegen (vt) | взвешивать (нсв, пх) | [vzvéʃivatʲ] |
| Briefumschlag (m) | конверт (м) | [kɔnvért] |
| Briefmarke (f) | марка (ж) | [márka] |
| Briefmarke aufkleben | наклеивать марку | [nakléivatʲ márku] |

## 43. Bankgeschäft

| Bank (f) | банк (м) | [bánk] |
| Filiale (f) | отделение (c) | [ɔtdelénie] |

| Berater (m) | консультант (м) | [kɔnsulʲtánt] |
| Leiter (m) | управляющий (м) | [upravlʲájuʃʲij] |

| Konto (n) | счёт (м) | [ʃǿt] |
| Kontonummer (f) | номер (м) счёта | [nómer ʃǿta] |
| Kontokorrent (n) | текущий счёт (м) | [tekúʃʲij ʃǿt] |
| Sparkonto (n) | накопительный счёт (м) | [nakɔpítelʲnij ʃǿt] |

| ein Konto eröffnen | открыть счёт | [ɔtkrǐtʲ ʃǿt] |
| das Konto schließen | закрыть счёт | [zakrǐtʲ ʃǿt] |
| einzahlen (vt) | положить на счёт | [pɔlɔʒǐtʲ na ʃǿt] |
| abheben (vt) | снять со счёта | [snʲátʲ sɔ ʃǿta] |

| Einzahlung (f) | вклад (м) | [fklád] |
| eine Einzahlung machen | сделать вклад | [zdélatʲ fklád] |
| Überweisung (f) | перевод (м) | [perevód] |
| überweisen (vt) | сделать перевод | [zdélatʲ perevód] |
| Summe (f) | сумма (ж) | [súmma] |
| Wieviel? | Сколько? | [skólʲkɔ?] |

| Unterschrift (f) | подпись (ж) | [pótpisʲ] |
| unterschreiben (vt) | подписать (св, пх) | [pɔtpisátʲ] |

| Kreditkarte (f) | кредитная карта (ж) | [kredítnaja kárta] |
| Code (m) | код (м) | [kód] |
| Kreditkartennummer (f) | номер (м) кредитной карты | [nómer kredítnɔj kárti] |
| Geldautomat (m) | банкомат (м) | [bankɔmát] |

| Scheck (m) | чек (м) | [ʧék] |
| einen Scheck schreiben | выписать чек | [vǐpisatʲ ʧék] |
| Scheckbuch (n) | чековая книжка (ж) | [ʧékɔvaja kníʃka] |

| Darlehen (m) | кредит (м) | [kredít] |
| ein Darlehen beantragen | обращаться за кредитом | [ɔbraʃʲátsa za kredítɔm] |

| ein Darlehen aufnehmen | брать кредит | [brátʲ kredít] |
| ein Darlehen geben | предоставлять кредит | [predɔstavlʲátʲ kredít] |
| Sicherheit (f) | гарантия (ж) | [garántija] |

## 44. Telefon. Telefongespräche

| Telefon (n) | телефон (м) | [telefón] |
| Mobiltelefon (n) | мобильный телефон (м) | [mɔbílʲnij telefón] |

| Anrufbeantworter (m) | автоответчик (м) | [áftɔ·ɔtvéttʃik] |
| anrufen (vt) | звонить (нсв, н/пх) | [zvɔnítʲ] |
| Anruf (m) | звонок (м) | [zvɔnók] |

| eine Nummer wählen | набрать номер | [nabrátʲ nómer] |
| Hallo! | Алло! | [alǿ] |
| fragen (vt) | спросить (св, пх) | [sprɔsítʲ] |
| antworten (vi) | ответить (св, пх) | [ɔtvétitʲ] |

| hören (vt) | слышать (нсв, пх) | [slíʃatʲ] |
| gut (~ aussehen) | хорошо | [hɔrɔʃó] |
| schlecht (Adv) | плохо | [plóhɔ] |
| Störungen (pl) | помехи (ж мн) | [pɔméhi] |

| Hörer (m) | трубка (ж) | [trúpka] |
| den Hörer abnehmen | снять трубку | [snʲátʲ trúpku] |
| auflegen (den Hörer ~) | положить трубку | [pɔlɔʒítʲ trúpku] |

| besetzt | занятый | [zánɪtij] |
| läuten (vi) | звонить (нсв, нпх) | [zvɔnítʲ] |
| Telefonbuch (n) | телефонная книга (ж) | [telefónnaja kníga] |

| Orts- | местный | [mésnij] |
| Ortsgespräch (n) | местный звонок (м) | [mésnij zvɔnók] |
| Auslands- | международный | [meʒdunaródnij] |
| Auslandsgespräch (n) | международный звонок | [meʒdunaródnij zvɔnók] |
| Fern- | междугородний | [meʒdugɔródnij] |
| Ferngespräch (n) | междугородний звонок (м) | [meʒdugɔródnij zvɔnók] |

## 45. Mobiltelefon

| Mobiltelefon (n) | мобильный телефон (м) | [mɔbílʲnij telefón] |
| Display (n) | дисплей (м) | [displǽj] |
| Knopf (m) | кнопка (ж) | [knópka] |
| SIM-Karte (f) | SIM-карта (ж) | [sim-kárta] |

| Batterie (f) | батарея (ж) | [bataréja] |
| leer sein (Batterie) | разрядиться (св, возв) | [razrɪdítsa] |
| Ladegerät (n) | зарядное устройство (с) | [zarʲádnɔe ustrójstvɔ] |

| Menü (n) | меню (с) | [menʲú] |
| Einstellungen (pl) | настройки (ж мн) | [nastrójki] |
| Melodie (f) | мелодия (ж) | [melódija] |
| auswählen (vt) | выбрать (св, пх) | [víbratʲ] |

| Rechner (m) | калькулятор (м) | [kalʲkulʲátɔr] |
| Anrufbeantworter (m) | голосовая почта (ж) | [gɔlɔsɔvája pótʃta] |
| Wecker (m) | будильник (м) | [budílʲnik] |

133

| Kontakte (pl) | телефонная книга (ж) | [telefónnaja kníga] |
| SMS-Nachricht (f) | SMS-сообщение (c) | [ɛs·ɛm·æs-sɔɔpʃénie] |
| Teilnehmer (m) | абонент (м) | [abɔnént] |

## 46. Bürobedarf

| Kugelschreiber (m) | шариковая ручка (ж) | [ʃárikɔvaja rútʃka] |
| Federhalter (m) | перьевая ручка (ж) | [perjevája rútʃka] |

| Bleistift (m) | карандаш (м) | [karandáʃ] |
| Faserschreiber (m) | маркер (м) | [márker] |
| Filzstift (m) | фломастер (м) | [flɔmáster] |

| Notizblock (m) | блокнот (м) | [blɔknót] |
| Terminkalender (m) | ежедневник (м) | [eʒednévnik] |

| Lineal (n) | линейка (ж) | [linéjka] |
| Rechner (m) | калькулятор (м) | [kalʲkulʲátɔr] |
| Radiergummi (m) | ластик (м) | [lástik] |
| Reißzwecke (f) | кнопка (ж) | [knópka] |
| Heftklammer (f) | скрепка (ж) | [skrépka] |

| Klebstoff (m) | клей (м) | [kléj] |
| Hefter (m) | степлер (м) | [stǽpler] |
| Locher (m) | дырокол (м) | [dirɔkól] |
| Bleistiftspitzer (m) | точилка (ж) | [tɔtʃílka] |

## 47. Fremdsprachen

| Sprache (f) | язык (м) | [jɪzīk] |
| Fremd- | иностранный | [inɔstránnij] |
| Fremdsprache (f) | иностранный язык (м) | [inɔstránnij jɪzīk] |
| studieren (z.B. Jura ~) | изучать (нсв, пх) | [izutʃátʲ] |
| lernen (Englisch ~) | учить (нсв, пх) | [utʃítʲ] |

| lesen (vi, vt) | читать (нсв, н/пх) | [tʃitátʲ] |
| sprechen (vi, vt) | говорить (нсв, н/пх) | [gɔvorítʲ] |
| verstehen (vt) | понимать (нсв, пх) | [pɔnimátʲ] |
| schreiben (vi, vt) | писать (нсв, пх) | [pisátʲ] |

| schnell (Adv) | быстро | [bīstrɔ] |
| langsam (Adv) | медленно | [médlenɔ] |
| fließend (Adv) | свободно | [svɔbódnɔ] |

| Regeln (pl) | правила (с мн) | [právila] |
| Grammatik (f) | грамматика (ж) | [gramátika] |
| Vokabular (n) | лексика (ж) | [léksika] |
| Phonetik (f) | фонетика (ж) | [fɔnǽtika] |

| Lehrbuch (n) | учебник (м) | [utʃébnik] |
| Wörterbuch (n) | словарь (м) | [slovárʲ] |
| Selbstlernbuch (n) | самоучитель (м) | [samoutʃítelʲ] |
| Sprachführer (m) | разговорник (м) | [razgovórnik] |

| Kassette (f) | кассета (ж) | [kaséta] |
| Videokassette (f) | видеокассета (ж) | [vídeo·kaséta] |
| CD (f) | компакт-диск (м) | [kompákt-dísk] |
| DVD (f) | DVD-диск (м) | [di·vi·dí dísk] |

| Alphabet (n) | алфавит (м) | [alfavít] |
| buchstabieren (vt) | говорить по буквам | [govorítʲ po búkvam] |
| Aussprache (f) | произношение (c) | [proiznoʃǽnie] |

| Akzent (m) | акцент (м) | [aktsǽnt] |
| mit Akzent | с акцентом | [s aktsǽntom] |
| ohne Akzent | без акцента | [bez aktsǽnta] |

| Wort (n) | слово (c) | [slóvo] |
| Bedeutung (f) | смысл (м) | [smīsl] |

| Kurse (pl) | курсы (мн) | [kúrsi] |
| sich einschreiben | записаться (св, возв) | [zapisátsa] |
| Lehrer (m) | преподаватель (м) | [prepodavátelʲ] |

| Übertragung (f) | перевод (м) | [perevód] |
| Übersetzung (f) | перевод (м) | [perevód] |
| Übersetzer (m) | переводчик (м) | [perevóttʃik] |
| Dolmetscher (m) | переводчик (м) | [perevóttʃik] |

| Polyglott (m, f) | полиглот (м) | [poliglót] |
| Gedächtnis (n) | память (ж) | [pámitʲ] |

.

# MAHLZEITEN. RESTAURANT

T&P Books Publishing

## 48. Gedeck

| Löffel (m) | ложка (ж) | [lóʃka] |
| Messer (n) | нож (м) | [nóʃ] |
| Gabel (f) | вилка (ж) | [vílka] |

| Tasse (eine ~ Tee) | чашка (ж) | [ʧáʃka] |
| Teller (m) | тарелка (ж) | [tarélka] |
| Untertasse (f) | блюдце (с) | [blʲútse] |
| Serviette (f) | салфетка (ж) | [salfétka] |
| Zahnstocher (m) | зубочистка (ж) | [zubɔʧístka] |

## 49. Restaurant

| Restaurant (n) | ресторан (м) | [restɔrán] |
| Kaffeehaus (n) | кофейня (ж) | [kɔféjnʲa] |
| Bar (f) | бар (м) | [bár] |
| Teesalon (m) | чайный салон (м) | [ʧájnɨj salón] |

| Kellner (m) | официант (м) | [ɔfiʦiánt] |
| Kellnerin (f) | официантка (ж) | [ɔfiʦiántka] |
| Barmixer (m) | бармен (м) | [bármɛn] |
| Speisekarte (f) | меню (с) | [menʲú] |
| Weinkarte (f) | карта (ж) вин | [kárta vín] |
| einen Tisch reservieren | забронировать столик | [zabrɔnírɔvatʲ stólik] |
| Gericht (n) | блюдо (с) | [blʲúdɔ] |
| bestellen (vt) | заказать (св, пх) | [zakazátʲ] |
| eine Bestellung aufgeben | сделать заказ | [zdélatʲ zakás] |

| Aperitif (m) | аперитив (м) | [aperitíf] |
| Vorspeise (f) | закуска (ж) | [zakúska] |
| Nachtisch (m) | десерт (м) | [desért] |

| Rechnung (f) | счёт (м) | [ʃót] |
| Rechnung bezahlen | оплатить счёт | [ɔplatítʲ ʃót] |
| das Wechselgeld geben | дать сдачу | [dátʲ zdáʧu] |
| Trinkgeld (n) | чаевые (мн) | [ʧaevíe] |

## 50. Mahlzeiten

| Essen (n) | еда (ж) | [edá] |
| essen (vi, vt) | есть (нсв, н/пх) | [éstʲ] |

| Frühstück (n) | завтрак (м) | [záftrak] |
| frühstücken (vi) | завтракать (нсв, нпх) | [záftrakat<sup>j</sup>] |
| Mittagessen (n) | обед (м) | [ɔbéd] |
| zu Mittag essen | обедать (нсв, нпх) | [ɔbédat<sup>j</sup>] |
| Abendessen (n) | ужин (м) | [úʒin] |
| zu Abend essen | ужинать (нсв, нпх) | [úʒinat<sup>j</sup>] |

| Appetit (m) | аппетит (м) | [apetít] |
| Guten Appetit! | Приятного аппетита! | [prijátnɔvɔ apetíta] |

| öffnen (vt) | открывать (нсв, пх) | [ɔtkrivát<sup>j</sup>] |
| verschütten (vt) | пролить (св, пх) | [prɔlít<sup>j</sup>] |
| verschüttet werden | пролиться (св, возв) | [prɔlítsa] |

| kochen (vi) | кипеть (нсв, нпх) | [kipét<sup>j</sup>] |
| kochen (Wasser ~) | кипятить (нсв, пх) | [kipɪtít<sup>j</sup>] |
| gekocht (Adj) | кипячёный | [kipɪʧónij] |
| kühlen (vt) | охладить (св, пх) | [ɔhladít<sup>j</sup>] |
| abkühlen (vi) | охлаждаться (нсв, возв) | [ɔhlaʒdátsa] |

| Geschmack (m) | вкус (м) | [fkús] |
| Beigeschmack (m) | привкус (м) | [prífkus] |

| auf Diät sein | худеть (нсв, нпх) | [hudét<sup>j</sup>] |
| Diät (f) | диета (ж) | [diéta] |
| Vitamin (n) | витамин (м) | [vitamín] |
| Kalorie (f) | калория (ж) | [kalórija] |
| Vegetarier (m) | вегетарианец (м) | [vegetariánets] |
| vegetarisch (Adj) | вегетарианский | [vegetariánskij] |

| Fett (n) | жиры (мн) | [ʒirí] |
| Protein (n) | белки (мн) | [belkí] |
| Kohlenhydrat (n) | углеводы (мн) | [uglevódi] |
| Scheibchen (n) | ломтик (м) | [lómtik] |
| Stück (ein ~ Kuchen) | кусок (м) | [kusók] |
| Krümel (m) | крошка (ж) | [króʃka] |

## 51. Gerichte

| Gericht (n) | блюдо (с) | [bl<sup>j</sup>údɔ] |
| Küche (f) | кухня (ж) | [kúhn<sup>j</sup>a] |
| Rezept (n) | рецепт (м) | [retsǽpt] |
| Portion (f) | порция (ж) | [pórtsija] |

| Salat (m) | салат (м) | [salát] |
| Suppe (f) | суп (м) | [súp] |

| Brühe (f), Bouillon (f) | бульон (м) | [buljón] |
| belegtes Brot (n) | бутерброд (м) | [buterbród] |
| Spiegelei (n) | яичница (ж) | [iíʃnitsa] |

| Hamburger (m) | гамбургер (м) | [gámburger] |
| Beefsteak (n) | бифштекс (м) | [bifʃtǽks] |

| Beilage (f) | гарнир (м) | [garnír] |
| Spaghetti (pl) | спагетти (мн) | [spagéti] |
| Kartoffelpüree (n) | картофельное пюре (с) | [kartófelʲnɔe pʲuré] |
| Pizza (f) | пицца (ж) | [pítsa] |
| Brei (m) | каша (ж) | [káʃa] |
| Omelett (n) | омлет (м) | [ɔmlét] |

| gekocht | варёный | [varǿnij] |
| geräuchert | копчёный | [kɔptʃónij] |
| gebraten | жареный | [ʒárenij] |
| getrocknet | сушёный | [suʃónij] |
| tiefgekühlt | замороженный | [zamɔrózenij] |
| mariniert | маринованный | [marinóvanij] |

| süß | сладкий | [slátkij] |
| salzig | солёный | [sɔlǿnij] |
| kalt | холодный | [hɔlódnij] |
| heiß | горячий | [gɔrʲátʃij] |
| bitter | горький | [górʲkij] |
| lecker | вкусный | [fkúsnij] |

| kochen (vt) | варить (нсв, пх) | [varítʲ] |
| zubereiten (vt) | готовить (нсв, пх) | [gotóvitʲ] |
| braten (vt) | жарить (нсв, пх) | [ʒáritʲ] |
| aufwärmen (vt) | разогревать (нсв, пх) | [razɔgrevátʲ] |

| salzen (vt) | солить (нсв, пх) | [sɔlítʲ] |
| pfeffern (vt) | перчить (нсв, пх) | [pértʃitʲ], [pertʃítʲ] |
| reiben (vt) | тереть (нсв, пх) | [terétʲ] |
| Schale (f) | кожура (ж) | [kɔʒurá] |
| schälen (vt) | чистить (нсв, пх) | [tʃístitʲ] |

## 52. Essen

| Fleisch (n) | мясо (с) | [mʲásɔ] |
| Hühnerfleisch (n) | курица (ж) | [kúritsa] |
| Küken (n) | цыплёнок (м) | [tsiplǿnɔk] |
| Ente (f) | утка (ж) | [útka] |
| Gans (f) | гусь (м) | [gúsʲ] |
| Wild (n) | дичь (ж) | [dítʃʲ] |
| Pute (f) | индейка (ж) | [indéjka] |

| Schweinefleisch (n) | свинина (ж) | [svinína] |
| Kalbfleisch (n) | телятина (ж) | [telʲátina] |
| Hammelfleisch (n) | баранина (ж) | [baránina] |
| Rindfleisch (n) | говядина (ж) | [gɔvʲádina] |
| Kaninchenfleisch (n) | кролик (м) | [królik] |

| Wurst (f) | колбаса (ж) | [kɔlbasá] |
| Würstchen (n) | сосиска (ж) | [sɔsíska] |
| Schinkenspeck (m) | бекон (м) | [bekón] |
| Schinken (m) | ветчина (ж) | [vettʃiná] |
| Räucherschinken (m) | окорок (м) | [ókɔrɔk] |

| Pastete (f) | паштет (м) | [paʃtét] |
| Leber (f) | печень (ж) | [pétʃenʲ] |
| Hackfleisch (n) | фарш (м) | [fárʃ] |
| Zunge (f) | язык (м) | [jɪzĩk] |

| Ei (n) | яйцо (с) | [jɪjtsó] |
| Eier (pl) | яйца (мн) | [jájtsa] |
| Eiweiß (n) | белок (м) | [belók] |
| Eigelb (n) | желток (м) | [ʒeltók] |

| Fisch (m) | рыба (ж) | [rĩba] |
| Meeresfrüchte (pl) | морепродукты (мн) | [mɔre·prɔdúkti] |
| Krebstiere (pl) | ракообразные (мн) | [rakɔɔbráznie] |
| Kaviar (m) | икра (ж) | [ikrá] |

| Krabbe (f) | краб (м) | [kráb] |
| Garnele (f) | креветка (ж) | [krevétka] |
| Auster (f) | устрица (ж) | [ústritsa] |
| Languste (f) | лангуст (м) | [langúst] |
| Krake (m) | осьминог (м) | [ɔsʲminóg] |
| Kalmar (m) | кальмар (м) | [kalʲmár] |

| Störfleisch (n) | осетрина (ж) | [ɔsetrína] |
| Lachs (m) | лосось (м) | [lɔsósʲ] |
| Heilbutt (m) | палтус (м) | [páltus] |

| Dorsch (m) | треска (ж) | [treská] |
| Makrele (f) | скумбрия (ж) | [skúmbrija] |
| Tunfisch (m) | тунец (м) | [tunéts] |
| Aal (m) | угорь (м) | [úgɔrʲ] |

| Forelle (f) | форель (ж) | [fɔræ̈lʲ] |
| Sardine (f) | сардина (ж) | [sardína] |
| Hecht (m) | щука (ж) | [ʃʲúka] |
| Hering (m) | сельдь (ж) | [sélʲtʲ] |

| Brot (n) | хлеб (м) | [hléb] |
| Käse (m) | сыр (м) | [sĩr] |
| Zucker (m) | сахар (м) | [sáhar] |
| Salz (n) | соль (ж) | [sólʲ] |

| Reis (m) | рис (м) | [rís] |
| Teigwaren (pl) | макароны (мн) | [makaróni] |
| Nudeln (pl) | лапша (ж) | [lapʃá] |
| Butter (f) | сливочное масло (с) | [slívɔtʃnɔe máslɔ] |
| Pflanzenöl (n) | растительное масло (с) | [rastítelʲnɔe máslɔ] |

| | | |
|---|---|---|
| Sonnenblumenöl (n) | подсолнечное масло (с) | [pɔtsólnetʃnɔe máslɔ] |
| Margarine (f) | маргарин (м) | [margarín] |
| | | |
| Oliven (pl) | оливки (мн) | [ɔlífki] |
| Olivenöl (n) | оливковое масло (с) | [ɔlífkɔvɔe máslɔ] |
| | | |
| Milch (f) | молоко (с) | [mɔlɔkó] |
| Kondensmilch (f) | сгущённое молоко (с) | [sguʃǿnɔe mɔlɔkó] |
| Joghurt (m) | йогурт (м) | [jógurt] |
| saure Sahne (f) | сметана (ж) | [smetána] |
| Sahne (f) | сливки (мн) | [slífki] |
| | | |
| Mayonnaise (f) | майонез (м) | [majinǽs] |
| Buttercreme (f) | крем (м) | [krém] |
| | | |
| Grütze (f) | крупа (ж) | [krupá] |
| Mehl (n) | мука (ж) | [muká] |
| Konserven (pl) | консервы (мн) | [kɔnsérvi] |
| | | |
| Maisflocken (pl) | кукурузные хлопья (мн) | [kukurúznɨe hlópja] |
| Honig (m) | мёд (м) | [mǿd] |
| Marmelade (f) | джем, конфитюр (м) | [dʒǽm], [kɔnfit'úr] |
| Kaugummi (m, n) | жевательная резинка (м) | [ʒevátel'naja rezínka] |

## 53. Getränke

| | | |
|---|---|---|
| Wasser (n) | вода (ж) | [vɔdá] |
| Trinkwasser (n) | питьевая вода (ж) | [pitjevája vɔdá] |
| Mineralwasser (n) | минеральная вода (ж) | [minerál'naja vɔdá] |
| | | |
| still | без газа | [bez gáza] |
| mit Kohlensäure | газированная | [gaziróvanaja] |
| mit Gas | с газом | [s gázɔm] |
| Eis (n) | лёд (м) | [lǿd] |
| mit Eis | со льдом | [sɔ l'dóm] |
| | | |
| alkoholfrei (Adj) | безалкогольный | [bezalkɔgól'nij] |
| alkoholfreies Getränk (n) | безалкогольный напиток (м) | [bezalkɔgól'nij napítɔk] |
| | | |
| Erfrischungsgetränk (n) | прохладительный напиток (м) | [prɔhladítel'nij napítɔk] |
| Limonade (f) | лимонад (м) | [limɔnád] |
| | | |
| Spirituosen (pl) | алкогольные напитки (мн) | [alkɔgól'nɨe napítki] |
| Wein (m) | вино (с) | [vinó] |
| Weißwein (m) | белое вино (с) | [bélɔe vinó] |
| Rotwein (m) | красное вино (с) | [krásnɔe vinó] |
| Likör (m) | ликёр (м) | [likǿr] |

| | | |
|---|---|---|
| Champagner (m) | шампанское (c) | [ʃampánskɔe] |
| Wermut (m) | вермут (м) | [vérmut] |
| | | |
| Whisky (m) | виски (c) | [víski] |
| Wodka (m) | водка (ж) | [vótka] |
| Gin (m) | джин (м) | [dʒīn] |
| Kognak (m) | коньяк (м) | [kɔnják] |
| Rum (m) | ром (м) | [róm] |
| | | |
| Kaffee (m) | кофе (м) | [kófe] |
| schwarzer Kaffee (m) | чёрный кофе (м) | [tʃórnij kófe] |
| Milchkaffee (m) | кофе (м) с молоком | [kófe s mɔlɔkóm] |
| Cappuccino (m) | кофе (м) со сливками | [kófe sɔ slífkami] |
| Pulverkaffee (m) | растворимый кофе (м) | [rastvɔrímij kófe] |
| | | |
| Milch (f) | молоко (c) | [mɔlɔkó] |
| Cocktail (m) | коктейль (м) | [kɔktǽjlʲ] |
| Milchcocktail (m) | молочный коктейль (м) | [mɔlótʃnij kɔktǽjlʲ] |
| | | |
| Saft (m) | сок (м) | [sók] |
| Tomatensaft (m) | томатный сок (м) | [tɔmátnij sók] |
| Orangensaft (m) | апельсиновый сок (м) | [apelʲsínɔvij sók] |
| frisch gepresster Saft (m) | свежевыжатый сок (м) | [sveʒe·vīʒatij sók] |
| | | |
| Bier (n) | пиво (c) | [pívɔ] |
| Helles (n) | светлое пиво (c) | [svétlɔe pívɔ] |
| Dunkelbier (n) | тёмное пиво (c) | [tɵmnɔe pívɔ] |
| | | |
| Tee (m) | чай (м) | [tʃáj] |
| schwarzer Tee (m) | чёрный чай (м) | [tʃórnij tʃáj] |
| grüner Tee (m) | зелёный чай (м) | [zelɵnij tʃáj] |

## 54. Gemüse

| | | |
|---|---|---|
| Gemüse (n) | овощи (м мн) | [óvɔʃʲi] |
| grünes Gemüse (pl) | зелень (ж) | [zélenʲ] |
| | | |
| Tomate (f) | помидор (м) | [pɔmidór] |
| Gurke (f) | огурец (м) | [ɔguréʦ] |
| Karotte (f) | морковь (ж) | [mɔrkófʲ] |
| Kartoffel (f) | картофель (м) | [kartófelʲ] |
| Zwiebel (f) | лук (м) | [lúk] |
| Knoblauch (m) | чеснок (м) | [tʃesnók] |
| | | |
| Kohl (m) | капуста (ж) | [kapústa] |
| Blumenkohl (m) | цветная капуста (ж) | [ʦvetnája kapústa] |
| Rosenkohl (m) | брюссельская капуста (ж) | [brʲusélʲskaja kapústa] |
| | | |
| Brokkoli (m) | капуста брокколи (ж) | [kapústa brókɔli] |
| Rote Bete (f) | свёкла (ж) | [svɵkla] |

| Aubergine (f) | баклажан (м) | [baklaʒán] |
| Zucchini (f) | кабачок (м) | [kabatʃók] |
| Kürbis (m) | тыква (ж) | [tĩkva] |
| Rübe (f) | репа (ж) | [répa] |

| Petersilie (f) | петрушка (ж) | [petrúʃka] |
| Dill (m) | укроп (м) | [ukróp] |
| Kopf Salat (m) | салат (м) | [salát] |
| Sellerie (m) | сельдерей (м) | [selʲderéj] |
| Spargel (m) | спаржа (ж) | [spárʒa] |
| Spinat (m) | шпинат (м) | [ʃpinát] |

| Erbse (f) | горох (м) | [gɔróh] |
| Bohnen (pl) | бобы (мн) | [bɔbĩ] |
| Mais (m) | кукуруза (ж) | [kukurúza] |
| weiße Bohne (f) | фасоль (ж) | [fasólʲ] |

| Paprika (m) | перец (м) | [pérets] |
| Radieschen (n) | редис (м) | [redís] |
| Artischocke (f) | артишок (м) | [artiʃók] |

## 55. Obst. Nüsse

| Frucht (f) | фрукт (м) | [frúkt] |
| Apfel (m) | яблоко (с) | [jáblɔkɔ] |
| Birne (f) | груша (ж) | [grúʃa] |
| Zitrone (f) | лимон (м) | [limón] |
| Apfelsine (f) | апельсин (м) | [apelʲsín] |
| Erdbeere (f) | клубника (ж) | [klubníka] |

| Mandarine (f) | мандарин (м) | [mandarín] |
| Pflaume (f) | слива (ж) | [slíva] |
| Pfirsich (m) | персик (м) | [pérsik] |
| Aprikose (f) | абрикос (м) | [abrikós] |
| Himbeere (f) | малина (ж) | [malína] |
| Ananas (f) | ананас (м) | [ananás] |

| Banane (f) | банан (м) | [banán] |
| Wassermelone (f) | арбуз (м) | [arbús] |
| Weintrauben (pl) | виноград (м) | [vinɔgrád] |
| Sauerkirsche (f) | вишня (ж) | [víʃnʲa] |
| Süßkirsche (f) | черешня (ж) | [tʃeréʃnʲa] |
| Melone (f) | дыня (ж) | [dĩnʲa] |

| Grapefruit (f) | грейпфрут (м) | [gréjpfrut] |
| Avocado (f) | авокадо (с) | [avɔkádɔ] |
| Papaya (f) | папайя (ж) | [papája] |
| Mango (f) | манго (с) | [mángɔ] |
| Granatapfel (m) | гранат (м) | [granát] |
| rote Johannisbeere (f) | красная смородина (ж) | [krásnaja smɔródina] |

| schwarze Johannisbeere (f) | чёрная смородина (ж) | [tʃórnaja smoródina] |
|---|---|---|
| Stachelbeere (f) | крыжовник (м) | [kriʒóvnik] |
| Heidelbeere (f) | черника (ж) | [tʃerníka] |
| Brombeere (f) | ежевика (ж) | [eʒevíka] |

| Rosinen (pl) | изюм (м) | [izʲúm] |
|---|---|---|
| Feige (f) | инжир (м) | [inʒír] |
| Dattel (f) | финик (м) | [fínik] |

| Erdnuss (f) | арахис (м) | [aráhis] |
|---|---|---|
| Mandel (f) | миндаль (м) | [mindálʲ] |
| Walnuss (f) | грецкий орех (м) | [grétskij ɔréh] |
| Haselnuss (f) | лесной орех (м) | [lesnój ɔréh] |
| Kokosnuss (f) | кокосовый орех (м) | [kɔkósɔvij ɔréh] |
| Pistazien (pl) | фисташки (мн) | [fistáʃki] |

## 56. Brot. Süßigkeiten

| Konditorwaren (pl) | кондитерские изделия (мн) | [kɔndíterskie izdélija] |
|---|---|---|
| Brot (n) | хлеб (м) | [hléb] |
| Keks (m, n) | печенье (с) | [petʃénje] |

| Schokolade (f) | шоколад (м) | [ʃɔkɔlád] |
|---|---|---|
| Schokoladen- | шоколадный | [ʃɔkɔládnij] |
| Bonbon (m, n) | конфета (ж) | [kɔnféta] |
| Kuchen (m) | пирожное (с) | [piróʒnɔe] |
| Torte (f) | торт (м) | [tórt] |

| Kuchen (Apfel-) | пирог (м) | [piróg] |
|---|---|---|
| Füllung (f) | начинка (ж) | [natʃínka] |

| Konfitüre (f) | варенье (с) | [varénje] |
|---|---|---|
| Marmelade (f) | мармелад (м) | [marmelád] |
| Waffeln (pl) | вафли (мн) | [váfli] |
| Eis (n) | мороженое (с) | [mɔróʒenɔe] |
| Pudding (m) | пудинг (м) | [púding] |

## 57. Gewürze

| Salz (n) | соль (ж) | [sólʲ] |
|---|---|---|
| salzig (Adj) | солёный | [sɔlǿnij] |
| salzen (vt) | солить (нсв, пх) | [sɔlítʲ] |

| schwarzer Pfeffer (m) | чёрный перец (м) | [tʃórnij pérets] |
|---|---|---|
| roter Pfeffer (m) | красный перец (м) | [krásnij pérets] |
| Senf (m) | горчица (ж) | [gɔrtʃítsa] |

| Meerrettich (m) | хрен (м) | [hrén] |
| Gewürz (n) | приправа (ж) | [pripráva] |
| Gewürz (n) | пряность (ж) | [priánosti] |
| Soße (f) | соус (м) | [sóus] |
| Essig (m) | уксус (м) | [úksus] |

| Anis (m) | анис (м) | [anís] |
| Basilikum (n) | базилик (м) | [bazilík] |
| Nelke (f) | гвоздика (ж) | [gvɔzdíka] |
| Ingwer (m) | имбирь (м) | [imbíri] |
| Koriander (m) | кориандр (м) | [kɔriándr] |
| Zimt (m) | корица (ж) | [kɔrítsa] |

| Sesam (m) | кунжут (м) | [kunʒút] |
| Lorbeerblatt (n) | лавровый лист (м) | [lavróvij líst] |
| Paprika (m) | паприка (ж) | [páprika] |
| Kümmel (m) | тмин (м) | [tmín] |
| Safran (m) | шафран (м) | [ʃafrán] |

T&P
BOOKS

# PERSÖNLICHE
# INFORMATIONEN. FAMILIE

T&P Books Publishing

## 58. Persönliche Informationen. Formulare

| | | |
|---|---|---|
| Vorname (m) | имя (c) | [ím¹a] |
| Name (m) | фамилия (ж) | [famíllija] |
| Geburtsdatum (n) | дата (ж) рождения | [dáta rɔʒdénija] |
| Geburtsort (m) | место (c) рождения | [méstɔ rɔʒdénija] |
| | | |
| Nationalität (f) | национальность (ж) | [natsiɔnál¹nɔst¹] |
| Wohnort (m) | место (c) жительства | [méstɔ ʒĭtel¹stva] |
| Land (n) | страна (ж) | [straná] |
| Beruf (m) | профессия (ж) | [prɔfésija] |
| | | |
| Geschlecht (n) | пол (м) | [pól] |
| Größe (f) | рост (м) | [róst] |
| Gewicht (n) | вес (м) | [vés] |

## 59. Familienmitglieder. Verwandte

| | | |
|---|---|---|
| Mutter (f) | мать (ж) | [mát¹] |
| Vater (m) | отец (м) | [ɔtéts] |
| Sohn (m) | сын (м) | [sĭn] |
| Tochter (f) | дочь (ж) | [dótʃ¹] |
| | | |
| jüngste Tochter (f) | младшая дочь (ж) | [mládʃaja dótʃ¹] |
| jüngste Sohn (m) | младший сын (м) | [mládʃij sĭn] |
| ältere Tochter (f) | старшая дочь (ж) | [stárʃaja dótʃ¹] |
| älterer Sohn (m) | старший сын (м) | [stárʃij sĭn] |
| | | |
| Bruder (m) | брат (м) | [brát] |
| Schwester (f) | сестра (ж) | [sestrá] |
| | | |
| Cousin (m) | двоюродный брат (м) | [dvɔjúrɔdnij brát] |
| Cousine (f) | двоюродная сестра (ж) | [dvɔjúrɔdnaja sestrá] |
| Mama (f) | мама (ж) | [máma] |
| Papa (m) | папа (м) | [pápa] |
| Eltern (pl) | родители (мн) | [rɔdíteli] |
| Kind (n) | ребёнок (м) | [rebɵ́nɔk] |
| Kinder (pl) | дети (мн) | [déti] |
| | | |
| Großmutter (f) | бабушка (ж) | [bábuʃka] |
| Großvater (m) | дедушка (м) | [déduʃka] |
| Enkel (m) | внук (м) | [vnúk] |
| Enkelin (f) | внучка (ж) | [vnútʃka] |
| Enkelkinder (pl) | внуки (мн) | [vnúki] |

| Onkel (m) | дядя (м) | [dʲádʲa] |
| Tante (f) | тётя (ж) | [tʲótʲa] |
| Neffe (m) | племянник (м) | [plemʲánik] |
| Nichte (f) | племянница (ж) | [plemʲánitsa] |

| Schwiegermutter (f) | тёща (ж) | [tʲóʃʲa] |
| Schwiegervater (m) | свёкор (м) | [svʲókɔr] |
| Schwiegersohn (m) | зять (м) | [zʲátʲ] |
| Stiefmutter (f) | мачеха (ж) | [mátʃeha] |
| Stiefvater (m) | отчим (м) | [óttʃim] |

| Säugling (m) | грудной ребёнок (м) | [grudnój rebʲónɔk] |
| Kleinkind (n) | младенец (м) | [mladénets] |
| Kleine (m) | малыш (м) | [malíʃ] |

| Frau (f) | жена (ж) | [ʒená] |
| Mann (m) | муж (м) | [múʃ] |
| Ehemann (m) | супруг (м) | [suprúg] |
| Gemahlin (f) | супруга (ж) | [suprúga] |

| verheiratet (Ehemann) | женатый | [ʒenátij] |
| verheiratet (Ehefrau) | замужняя | [zamúʒnʲaja] |
| ledig | холостой | [hɔlɔstój] |
| Junggeselle (m) | холостяк (м) | [hɔlɔstʲák] |
| geschieden (Adj) | разведённый | [razvedʲónnij] |
| Witwe (f) | вдова (ж) | [vdɔvá] |
| Witwer (m) | вдовец (м) | [vdɔvéts] |

| Verwandte (m) | родственник (м) | [rótstvenik] |
| naher Verwandter (m) | близкий родственник (м) | [blískij rótstvenik] |
| entfernter Verwandter (m) | дальний родственник (м) | [dálʲnij rótstvenik] |
| Verwandte (pl) | родные (мн) | [rɔdnīje] |

| Waisenjunge (m) | сирота (м) | [sirɔtá] |
| Waisenmädchen (f) | сирота (ж) | [sirɔtá] |
| Vormund (m) | опекун (м) | [ɔpekún] |
| adoptieren (einen Jungen) | усыновить (св, пх) | [usinɔvítʲ] |
| adoptieren (ein Mädchen) | удочерить (св, пх) | [udɔtʃerítʲ] |

## 60. Freunde. Arbeitskollegen

| Freund (m) | друг (м) | [drúg] |
| Freundin (f) | подруга (ж) | [pɔdrúga] |
| Freundschaft (f) | дружба (ж) | [drúʒba] |
| befreundet sein | дружить (нсв, нпх) | [druʒítʲ] |

| Freund (m) | приятель (м) | [prijátelʲ] |
| Freundin (f) | приятельница (ж) | [prijátelʲnitsa] |

149

| Partner (m) | партнёр (м) | [partnǿr] |
| Chef (m) | шеф (м) | [ʃǽf] |
| Vorgesetzte (m) | начальник (м) | [natʃálʲnik] |
| Besitzer (m) | владелец (м) | [vladélets] |
| Untergeordnete (m) | подчинённый (м) | [pottʃinǿnnij] |
| Kollege (m), Kollegin (f) | коллега (м) | [kɔléga] |
| | | |
| Bekannte (m) | знакомый (м) | [znakómij] |
| Reisegefährte (m) | попутчик (м) | [pɔpúttʃik] |
| Mitschüler (m) | одноклассник (м) | [ɔdnɔklásnik] |
| | | |
| Nachbar (m) | сосед (м) | [sɔséd] |
| Nachbarin (f) | соседка (ж) | [sɔsétka] |
| Nachbarn (pl) | соседи (мн) | [sɔsédi] |

# T&P BOOKS

# MENSCHLICHER KÖRPER. MEDIZIN

**T&P Books Publishing**

| | | |
|---|---|---|
| Kopf (m) | голова (ж) | [gɔlɔvá] |
| Gesicht (n) | лицо (с) | [litsó] |
| Nase (f) | нос (м) | [nós] |
| Mund (m) | рот (м) | [rót] |

| | | |
|---|---|---|
| Auge (n) | глаз (м) | [glás] |
| Augen (pl) | глаза (мн) | [glazá] |
| Pupille (f) | зрачок (м) | [zratʃók] |
| Augenbraue (f) | бровь (ж) | [brófʲ] |
| Wimper (f) | ресница (ж) | [resnítsa] |
| Augenlid (n) | веко (с) | [vékɔ] |

| | | |
|---|---|---|
| Zunge (f) | язык (м) | [jɪzīk] |
| Zahn (m) | зуб (м) | [zúb] |
| Lippen (pl) | губы (мн) | [gúbi] |
| Backenknochen (pl) | скулы (мн) | [skúli] |
| Zahnfleisch (n) | десна (ж) | [desná] |
| Gaumen (m) | нёбо (с) | [nǿbɔ] |

| | | |
|---|---|---|
| Nasenlöcher (pl) | ноздри (мн) | [nózdri] |
| Kinn (n) | подбородок (м) | [pɔdbɔródɔk] |
| Kiefer (m) | челюсть (ж) | [tʃélʲustʲ] |
| Wange (f) | щека (ж) | [ʃʲeká] |

| | | |
|---|---|---|
| Stirn (f) | лоб (м) | [lób] |
| Schläfe (f) | висок (м) | [visók] |
| Ohr (n) | ухо (с) | [úhɔ] |
| Nacken (m) | затылок (м) | [zatīlɔk] |
| Hals (m) | шея (ж) | [ʃǽja] |
| Kehle (f) | горло (с) | [górlɔ] |

| | | |
|---|---|---|
| Haare (pl) | волосы (мн) | [vólɔsi] |
| Frisur (f) | причёска (ж) | [pritʃóska] |
| Haarschnitt (m) | стрижка (ж) | [stríʃka] |
| Perücke (f) | парик (м) | [parík] |

| | | |
|---|---|---|
| Schnurrbart (m) | усы (м мн) | [usī] |
| Bart (m) | борода (ж) | [bɔrɔdá] |
| haben (einen Bart ~) | носить (нсв, пх) | [nɔsítʲ] |
| Zopf (m) | коса (ж) | [kɔsá] |
| Backenbart (m) | бакенбарды (мн) | [bakenbárdi] |

| | | |
|---|---|---|
| rothaarig | рыжий | [rīʒij] |
| grau | седой | [sedój] |

| kahl | лысый | [lɨ́sij] |
| Glatze (f) | лысина (ж) | [lɨ́sina] |

| Pferdeschwanz (m) | хвост (м) | [hvóst] |
| Pony (Ponyfrisur) | чёлка (ж) | [tʃólka] |

## 62. Menschlicher Körper

| Hand (f) | кисть (ж) | [kístʲ] |
| Arm (m) | рука (ж) | [ruká] |

| Finger (m) | палец (м) | [pálets] |
| Daumen (m) | большой палец (м) | [bolʲʃój pálets] |
| kleiner Finger (m) | мизинец (м) | [mizínets] |
| Nagel (m) | ноготь (м) | [nógɔtʲ] |

| Faust (f) | кулак (м) | [kulák] |
| Handfläche (f) | ладонь (ж) | [ladónʲ] |
| Handgelenk (n) | запястье (с) | [zapʲástje] |
| Unterarm (m) | предплечье (с) | [pretplétʃje] |

| Ellbogen (m) | локоть (м) | [lókɔtʲ] |
| Schulter (f) | плечо (с) | [pletʃó] |

| Bein (n) | нога (ж) | [nɔgá] |
| Fuß (m) | ступня (ж) | [stupnʲá] |
| Knie (n) | колено (с) | [kolénɔ] |
| Wade (f) | икра (ж) | [ikrá] |

| Hüfte (f) | бедро (с) | [bedró] |
| Ferse (f) | пятка (ж) | [pʲátka] |

| Körper (m) | тело (с) | [télɔ] |
| Bauch (m) | живот (м) | [ʒivót] |
| Brust (f) | грудь (ж) | [grútʲ] |
| Busen (m) | грудь (ж) | [grútʲ] |
| Seite (f), Flanke (f) | бок (м) | [bók] |
| Rücken (m) | спина (ж) | [spiná] |

| Kreuz (n) | поясница (ж) | [pojisnítsa] |
| Taille (f) | талия (ж) | [tálija] |

| Nabel (m) | пупок (м) | [pupók] |
| Gesäßbacken (pl) | ягодицы (мн) | [jágɔditsi] |
| Hinterteil (n) | зад (м) | [zád] |

| Leberfleck (m) | родинка (ж) | [ródinka] |
| Muttermal (n) | родимое пятно (с) | [rɔdímɔe pɪtnó] |
| Tätowierung (f) | татуировка (ж) | [tatuirófka] |
| Narbe (f) | шрам (м) | [ʃrám] |

## 63. Krankheiten

| | | |
|---|---|---|
| Krankheit (f) | **болезнь** (ж) | [bɔléznʲ] |
| krank sein | **болеть** (нсв, нпх) | [bɔlétʲ] |
| Gesundheit (f) | **здоровье** (с) | [zdɔróvje] |
| Schnupfen (m) | **насморк** (м) | [násmɔrk] |
| Angina (f) | **ангина** (ж) | [angína] |
| Erkältung (f) | **простуда** (ж) | [prɔstúda] |
| sich erkälten | **простудиться** (св, возв) | [prɔstudítsa] |
| Bronchitis (f) | **бронхит** (м) | [brɔnhít] |
| Lungenentzündung (f) | **воспаление** (с) **лёгких** | [vɔspalénie lǿhkih] |
| Grippe (f) | **грипп** (м) | [gríp] |
| kurzsichtig | **близорукий** | [blizɔrúkij] |
| weitsichtig | **дальнозоркий** | [dalʲnɔzórkij] |
| Schielen (n) | **косоглазие** (с) | [kɔsɔglázie] |
| schielend (Adj) | **косоглазый** | [kɔsɔglázij] |
| grauer Star (m) | **катаракта** (ж) | [katarákta] |
| Glaukom (n) | **глаукома** (ж) | [glaukóma] |
| Schlaganfall (m) | **инсульт** (м) | [insúlʲt] |
| Infarkt (m) | **инфаркт** (м) | [infárkt] |
| Herzinfarkt (m) | **инфаркт** (м) **миокарда** | [infárkt miɔkárda] |
| Lähmung (f) | **паралич** (м) | [paralítʃ] |
| lähmen (vt) | **парализовать** (нсв, пх) | [paralizɔvátʲ] |
| Allergie (f) | **аллергия** (ж) | [alergíja] |
| Asthma (n) | **астма** (ж) | [ástma] |
| Diabetes (m) | **диабет** (м) | [diabét] |
| Zahnschmerz (m) | **зубная боль** (ж) | [zubnája bólʲ] |
| Karies (f) | **кариес** (м) | [káries] |
| Durchfall (m) | **диарея** (ж) | [diaréja] |
| Verstopfung (f) | **запор** (м) | [zapór] |
| Magenverstimmung (f) | **расстройство** (с) **желудка** | [rastrójstvɔ ʒelútka] |
| Vergiftung (f) | **отравление** (с) | [ɔtravlénie] |
| Vergiftung bekommen | **отравиться** (св, возв) | [ɔtravítsa] |
| Arthritis (f) | **артрит** (м) | [artrít] |
| Rachitis (f) | **рахит** (м) | [rahít] |
| Rheumatismus (m) | **ревматизм** (м) | [revmatízm] |
| Atherosklerose (f) | **атеросклероз** (м) | [atɛrɔsklerós] |
| Gastritis (f) | **гастрит** (м) | [gastrít] |
| Blinddarmentzündung (f) | **аппендицит** (м) | [apenditsít] |
| Cholezystitis (f) | **холецистит** (м) | [hɔletsistít] |
| Geschwür (n) | **язва** (ж) | [jázva] |

| | | |
|---|---|---|
| Masern (pl) | корь (ж) | [kórʲ] |
| Röteln (pl) | краснуха (ж) | [krasnúha] |
| Gelbsucht (f) | желтуха (ж) | [ʒeltúha] |
| Hepatitis (f) | гепатит (м) | [gepatít] |

| | | |
|---|---|---|
| Schizophrenie (f) | шизофрения (ж) | [ʃizɔfreníja] |
| Tollwut (f) | бешенство (c) | [béʃɛnstvɔ] |
| Neurose (f) | невроз (м) | [nevrós] |
| Gehirnerschütterung (f) | сотрясение (c) мозга | [sɔtrısénie mózga] |

| | | |
|---|---|---|
| Krebs (m) | рак (м) | [rák] |
| Sklerose (f) | склероз (м) | [sklerós] |
| multiple Sklerose (f) | рассеянный склероз (м) | [rasséɪnnij sklerós] |

| | | |
|---|---|---|
| Alkoholismus (m) | алкоголизм (м) | [alkɔgɔlízm] |
| Alkoholiker (m) | алкоголик (м) | [alkɔgólik] |
| Syphilis (f) | сифилис (м) | [sífilis] |
| AIDS | СПИД (м) | [spíd] |

| | | |
|---|---|---|
| Tumor (m) | опухоль (ж) | [ópuhɔlʲ] |
| bösartig | злокачественная | [zlɔkátʃestvenaja] |
| gutartig | доброкачественная | [dɔbrɔkátʃestvenaja] |

| | | |
|---|---|---|
| Fieber (n) | лихорадка (ж) | [lihɔrátka] |
| Malaria (f) | малярия (ж) | [malîríja] |
| Gangrän (f, n) | гангрена (ж) | [gangréna] |
| Seekrankheit (f) | морская болезнь (ж) | [mɔrskája bɔléznʲ] |
| Epilepsie (f) | эпилепсия (ж) | [ɛpilépsija] |

| | | |
|---|---|---|
| Epidemie (f) | эпидемия (ж) | [ɛpidémija] |
| Typhus (m) | тиф (м) | [tíf] |
| Tuberkulose (f) | туберкулёз (м) | [tuberkuløs] |
| Cholera (f) | холера (ж) | [hɔléra] |
| Pest (f) | чума (ж) | [tʃʲumá] |

## 64. Symptome. Behandlungen. Teil 1

| | | |
|---|---|---|
| Symptom (n) | симптом (м) | [simptóm] |
| Temperatur (f) | температура (ж) | [temperatúra] |
| Fieber (n) | высокая температура (ж) | [vısókaja temperatúra] |
| Puls (m) | пульс (м) | [púlʲs] |

| | | |
|---|---|---|
| Schwindel (m) | головокружение (c) | [gólɔvɔ·kruʒǽnie] |
| heiß (Stirne usw.) | горячий | [gɔrʲátʃij] |
| Schüttelfrost (m) | озноб (м) | [ɔznób] |
| blass (z.B. -es Gesicht) | бледный | [blédnij] |

| | | |
|---|---|---|
| Husten (m) | кашель (м) | [káʃɛlʲ] |
| husten (vi) | кашлять (нсв, нпх) | [káʃlɪtʲ] |

| niesen (vi) | чихать (нсв, нпх) | [tʃihátʲ] |
| Ohnmacht (f) | обморок (м) | [óbmɔrɔk] |
| ohnmächtig werden | упасть в обморок | [upástʲ v óbmɔrɔk] |

| blauer Fleck (m) | синяк (м) | [sinʲák] |
| Beule (f) | шишка (ж) | [ʃíʃka] |
| sich stoßen | удариться (св, возв) | [udáritsa] |
| Prellung (f) | ушиб (м) | [uʃíb] |
| sich stoßen | ударить ... (св, пх) | [udáritʲ ...] |

| hinken (vi) | хромать (нсв, нпх) | [hrɔmátʲ] |
| Verrenkung (f) | вывих (м) | [vívih] |
| ausrenken (vt) | вывихнуть (св, пх) | [vívihnutʲ] |
| Fraktur (f) | перелом (м) | [perelóm] |
| brechen (Arm usw.) | получить перелом | [pɔlutʃítʲ perelóm] |

| Schnittwunde (f) | порез (м) | [pɔrés] |
| sich schneiden | порезаться (св, возв) | [pɔrézatsa] |
| Blutung (f) | кровотечение (с) | [krɔvɔ·tetʃénie] |

| Verbrennung (f) | ожог (м) | [ɔʒóg] |
| sich verbrennen | обжечься (св, возв) | [ɔbʒǽtʃsʲa] |

| stechen (vt) | уколоть (св, пх) | [ukɔlótʲ] |
| sich stechen | уколоться (св, возв) | [ukɔlótsa] |
| verletzen (vt) | повредить (св, пх) | [pɔvredítʲ] |
| Verletzung (f) | повреждение (с) | [pɔvreʒdénie] |
| Wunde (f) | рана (ж) | [rána] |
| Trauma (n) | травма (ж) | [trávma] |

| irrereden (vi) | бредить (нсв, нпх) | [brédit<sup>ʲ</sup>] |
| stottern (vi) | заикаться (нсв, возв) | [zaikátsa] |
| Sonnenstich (m) | солнечный удар (м) | [sólnetʃnij udár] |

## 65. Symptome. Behandlungen. Teil 2

| Schmerz (m) | боль (ж) | [bólʲ] |
| Splitter (m) | заноза (ж) | [zanóza] |

| Schweiß (m) | пот (м) | [pót] |
| schwitzen (vi) | потеть (нсв, нпх) | [pɔtétʲ] |
| Erbrechen (n) | рвота (ж) | [rvóta] |
| Krämpfe (pl) | судороги (ж мн) | [súdɔrɔgi] |

| schwanger | беременная | [berémennaja] |
| geboren sein | родиться (св, возв) | [rɔdítsa] |
| Geburt (f) | роды (мн) | [ródi] |
| gebären (vt) | рожать (нсв, пх) | [rɔʒátʲ] |
| Abtreibung (f) | аборт (м) | [abórt] |
| Atem (m) | дыхание (с) | [dihánie] |

| | | |
|---|---|---|
| Atemzug (m) | вдох (м) | [vdóh] |
| Ausatmung (f) | выдох (м) | [vīdɔh] |
| ausatmen (vt) | выдохнуть (св, пх) | [vīdɔhnutʲ] |
| einatmen (vt) | вдыхать (нсв, нпх) | [vdɨhátʲ] |
| | | |
| Invalide (m) | инвалид (м) | [invalíd] |
| Krüppel (m) | калека (с) | [kaléka] |
| Drogenabhängiger (m) | наркоман (м) | [narkɔmán] |
| | | |
| taub | глухой | [gluhój] |
| stumm | немой | [nemój] |
| taubstumm | глухонемой | [gluhɔ·nemój] |
| | | |
| verrückt (Adj) | сумасшедший | [sumaʃǽdʃɛj] |
| Irre (m) | сумасшедший (м) | [sumaʃǽdʃɛj] |
| Irre (f) | сумасшедшая (ж) | [sumaʃǽdʃaja] |
| den Verstand verlieren | сойти с ума | [sɔjtí s umá] |
| | | |
| Gen (n) | ген (м) | [gén] |
| Immunität (f) | иммунитет (м) | [imunitét] |
| erblich | наследственный | [naslétstvenij] |
| angeboren | врождённый | [vrɔʒdǿnij] |
| | | |
| Virus (m, n) | вирус (м) | [vírus] |
| Mikrobe (f) | микроб (м) | [mikrób] |
| Bakterie (f) | бактерия (ж) | [baktǽrija] |
| Infektion (f) | инфекция (ж) | [inféktsija] |

## 66. Symptome. Behandlungen. Teil 3

| | | |
|---|---|---|
| Krankenhaus (n) | больница (ж) | [bɔlʲnítsa] |
| Patient (m) | пациент (м) | [patsiǽnt] |
| | | |
| Diagnose (f) | диагноз (м) | [diágnɔs] |
| Heilung (f) | лечение (с) | [letʃénie] |
| Behandlung (f) | лечение (с) | [letʃénie] |
| Behandlung bekommen | лечиться (нсв, возв) | [letʃítsa] |
| behandeln (vt) | лечить (нсв, пх) | [letʃítʲ] |
| pflegen (Kranke) | ухаживать (нсв, нпх) | [uháʒivatʲ] |
| Pflege (f) | уход (м) | [uhód] |
| | | |
| Operation (f) | операция (ж) | [ɔperátsija] |
| verbinden (vt) | перевязать (св, пх) | [perevizátʲ] |
| Verband (m) | перевязка (ж) | [perevʲázka] |
| | | |
| Impfung (f) | прививка (ж) | [privífka] |
| impfen (vt) | делать прививку | [délatʲ privífku] |
| Spritze (f) | укол (м) | [ukól] |
| eine Spritze geben | делать укол | [délatʲ ukól] |
| Amputation (f) | ампутация (ж) | [amputátsija] |

amputieren (vt)    ампутировать (н/св, пх)    [amputírɔvatʲ]
Koma (n)    кома (ж)    [kóma]
im Koma liegen    быть в коме    [bɪtʲ f kóme]
Reanimation (f)    реанимация (ж)    [reanimátsija]

genesen von … (vi)    выздоравливать (нсв, нпх)    [vizdɔrávlivatʲ]
Zustand (m)    состояние (с)    [sɔstɔjánie]
Bewusstsein (n)    сознание (с)    [sɔznánie]
Gedächtnis (n)    память (ж)    [pámɪtʲ]

ziehen (einen Zahn ~)    удалять (нсв, пх)    [udalʲátʲ]
Plombe (f)    пломба (ж)    [plómba]
plombieren (vt)    пломбировать (нсв, пх)    [plɔmbirɔvátʲ]

Hypnose (f)    гипноз (м)    [gipnós]
hypnotisieren (vt)    гипнотизировать (нсв, пх)    [gipnɔtizírɔvatʲ]

## 67. Medizin. Medikamente. Accessoires

Arznei (f)    лекарство (с)    [lekárstvɔ]
Heilmittel (n)    средство (с)    [srétstvɔ]
verschreiben (vt)    прописать (нсв, пх)    [prɔpisátʲ]
Rezept (n)    рецепт (м)    [retsǽpt]

Tablette (f)    таблетка (ж)    [tablétka]
Salbe (f)    мазь (ж)    [másʲ]
Ampulle (f)    ампула (ж)    [ámpula]
Mixtur (f)    микстура (ж)    [mikstúra]
Sirup (m)    сироп (м)    [siróp]
Pille (f)    пилюля (ж)    [pilʲúlʲa]
Pulver (n)    порошок (м)    [pɔrɔʃók]

Verband (m)    бинт (м)    [bínt]
Watte (f)    вата (ж)    [váta]
Jod (n)    йод (м)    [jód]

Pflaster (n)    лейкопластырь (м)    [lejkɔplástirʲ]
Pipette (f)    пипетка (ж)    [pipétka]

Thermometer (n)    градусник (м)    [grádusnik]
Spritze (f)    шприц (м)    [ʃpríts]

Rollstuhl (m)    коляска (ж)    [kɔlʲáska]
Krücken (pl)    костыли (м мн)    [kɔstilʲí]

Betäubungsmittel (n)    обезболивающее (с)    [ɔbezbólivajuʃee]
Abführmittel (n)    слабительное (с)    [slabítelʲnɔe]
Spiritus (m)    спирт (м)    [spírt]
Heilkraut (n)    трава (ж)    [travá]
Kräuter- (z.B. Kräutertee)    травяной    [travɪnój]

BOOKS

# WOHNUNG

T&P Books Publishing

## 68. Wohnung

| | | |
|---|---|---|
| Wohnung (f) | квартира (ж) | [kvartíra] |
| Zimmer (n) | комната (ж) | [kómnata] |
| Schlafzimmer (n) | спальня (ж) | [spálʲnʲa] |
| Esszimmer (n) | столовая (ж) | [stɔlóvaja] |
| Wohnzimmer (n) | гостиная (ж) | [gɔstínaja] |
| Arbeitszimmer (n) | кабинет (м) | [kabinét] |
| | | |
| Vorzimmer (n) | прихожая (ж) | [prihóʒaja] |
| Badezimmer (n) | ванная комната (ж) | [vánnaja kómnata] |
| Toilette (f) | туалет (м) | [tualét] |
| | | |
| Decke (f) | потолок (м) | [pɔtɔlók] |
| Fußboden (m) | пол (м) | [pól] |
| Ecke (f) | угол (м) | [úgɔl] |

## 69. Möbel. Innenausstattung

| | | |
|---|---|---|
| Möbel (n) | мебель (ж) | [mébelʲ] |
| Tisch (m) | стол (м) | [stól] |
| Stuhl (m) | стул (м) | [stúl] |
| Bett (n) | кровать (ж) | [krɔvátʲ] |
| Sofa (n) | диван (м) | [diván] |
| Sessel (m) | кресло (с) | [kréslɔ] |
| | | |
| Bücherschrank (m) | книжный шкаф (м) | [kníʒnij ʃkáf] |
| Regal (n) | полка (ж) | [pólka] |
| | | |
| Schrank (m) | гардероб (м) | [garderób] |
| Hakenleiste (f) | вешалка (ж) | [véʃəlka] |
| Kleiderständer (m) | вешалка (ж) | [véʃəlka] |
| | | |
| Kommode (f) | комод (м) | [kɔmód] |
| Couchtisch (m) | журнальный столик (м) | [ʒurnálʲnij stólik] |
| | | |
| Spiegel (m) | зеркало (с) | [zérkalɔ] |
| Teppich (m) | ковёр (м) | [kɔvǿr] |
| Matte (kleiner Teppich) | коврик (м) | [kóvrik] |
| | | |
| Kamin (m) | камин (м) | [kamín] |
| Kerze (f) | свеча (ж) | [svetʃá] |
| Kerzenleuchter (m) | подсвечник (м) | [pɔtsvétʃnik] |
| Vorhänge (pl) | шторы (ж мн) | [ʃtóri] |

| | | |
|---|---|---|
| Tapete (f) | обои (мн) | [ɔbói] |
| Jalousie (f) | жалюзи (мн) | [ʒalʲuzí] |

| | | |
|---|---|---|
| Tischlampe (f) | настольная лампа (ж) | [nastólʲnaja lámpa] |
| Leuchte (f) | светильник (м) | [svetílʲnik] |
| Stehlampe (f) | торшер (м) | [tɔrʃǽr] |
| Kronleuchter (m) | люстра (ж) | [lʲústra] |

| | | |
|---|---|---|
| Bein (Tischbein usw.) | ножка (ж) | [nóʃka] |
| Armlehne (f) | подлокотник (м) | [pɔdlɔkótnik] |
| Lehne (f) | спинка (ж) | [spínka] |
| Schublade (f) | ящик (м) | [jáʃʲik] |

## 70. Bettwäsche

| | | |
|---|---|---|
| Bettwäsche (f) | постельное бельё (с) | [pɔstélʲnɔe beljó] |
| Kissen (n) | подушка (ж) | [pɔdúʃka] |
| Kissenbezug (m) | наволочка (ж) | [návɔlɔʧka] |
| Bettdecke (f) | одеяло (с) | [ɔdejálɔ] |
| Laken (n) | простыня (ж) | [prɔstinʲá] |
| Tagesdecke (f) | покрывало (с) | [pɔkriválɔ] |

## 71. Küche

| | | |
|---|---|---|
| Küche (f) | кухня (ж) | [kúhnʲa] |
| Gas (n) | газ (м) | [gás] |
| Gasherd (m) | газовая плита (ж) | [gázɔvaja plitá] |
| Elektroherd (m) | электроплита (ж) | [ɛléktrɔ·plitá] |
| Backofen (m) | духовка (ж) | [duhófka] |
| Mikrowellenherd (m) | микроволновая печь (ж) | [mikrɔ·vɔlnóvaja péʧʲ] |

| | | |
|---|---|---|
| Kühlschrank (m) | холодильник (м) | [hɔlɔdílʲnik] |
| Tiefkühltruhe (f) | морозильник (м) | [mɔrɔzílʲnik] |
| Geschirrspülmaschine (f) | посудомоечная машина (ж) | [pɔsúdɔ·móeʧnaja maʃína] |

| | | |
|---|---|---|
| Fleischwolf (m) | мясорубка (ж) | [mɪsɔrúpka] |
| Saftpresse (f) | соковыжималка (ж) | [sɔkɔ·viʒimálka] |
| Toaster (m) | тостер (м) | [tóstɛr] |
| Mixer (m) | миксер (м) | [míkser] |

| | | |
|---|---|---|
| Kaffeemaschine (f) | кофеварка (ж) | [kɔfevárka] |
| Kaffeekanne (f) | кофейник (м) | [kɔféjnik] |
| Kaffeemühle (f) | кофемолка (ж) | [kɔfemólka] |

| | | |
|---|---|---|
| Wasserkessel (m) | чайник (м) | [ʧájnik] |
| Teekanne (f) | чайник (м) | [ʧájnik] |
| Deckel (m) | крышка (ж) | [krɨ́ʃka] |

| | | |
|---|---|---|
| Teesieb (n) | ситечко (c) | [sítetʃkɔ] |
| Löffel (m) | ложка (ж) | [lóʃka] |
| Teelöffel (m) | чайная ложка (ж) | [tʃájnaja lóʃka] |
| Esslöffel (m) | столовая ложка (ж) | [stɔlóvaja lóʃka] |
| Gabel (f) | вилка (ж) | [vílka] |
| Messer (n) | нож (м) | [nóʃ] |
| | | |
| Geschirr (n) | посуда (ж) | [pɔsúda] |
| Teller (m) | тарелка (ж) | [tarélka] |
| Untertasse (f) | блюдце (c) | [blʲútse] |
| | | |
| Schnapsglas (n) | рюмка (ж) | [rʲúmka] |
| Glas (n) | стакан (м) | [stakán] |
| Tasse (f) | чашка (ж) | [tʃáʃka] |
| | | |
| Zuckerdose (f) | сахарница (ж) | [sáharnitsa] |
| Salzstreuer (m) | солонка (ж) | [sɔlónka] |
| Pfefferstreuer (m) | перечница (ж) | [péretʃnitsa] |
| Butterdose (f) | маслёнка (ж) | [maslǿnka] |
| | | |
| Kochtopf (m) | кастрюля (ж) | [kastrʲúlʲa] |
| Pfanne (f) | сковородка (ж) | [skɔvɔrótka] |
| Schöpflöffel (m) | половник (м) | [pɔlóvnik] |
| Durchschlag (m) | дуршлаг (м) | [durʃlág] |
| Tablett (n) | поднос (м) | [pɔdnós] |
| | | |
| Flasche (f) | бутылка (ж) | [butīlka] |
| Glas (Einmachglas) | банка (ж) | [bánka] |
| Dose (f) | банка (ж) | [bánka] |
| | | |
| Flaschenöffner (m) | открывалка (ж) | [ɔtkriválka] |
| Dosenöffner (m) | открывалка (ж) | [ɔtkriválka] |
| Korkenzieher (m) | штопор (м) | [ʃtópɔr] |
| Filter (n) | фильтр (м) | [fílʲtr] |
| filtern (vt) | фильтровать (нсв, пх) | [filʲtrɔvátʲ] |
| | | |
| Müll (m) | мусор (м) | [músɔr] |
| Mülleimer, Treteimer (m) | мусорное ведро (c) | [músɔrnɔe vedró] |

## 72. Bad

| | | |
|---|---|---|
| Badezimmer (n) | ванная комната (ж) | [vánnaja kómnata] |
| Wasser (n) | вода (ж) | [vɔdá] |
| Wasserhahn (m) | кран (м) | [krán] |
| Warmwasser (n) | горячая вода (ж) | [gɔrʲátʃaja vɔdá] |
| Kaltwasser (n) | холодная вода (ж) | [hɔlódnaja vɔdá] |
| | | |
| Zahnpasta (f) | зубная паста (ж) | [zubnája pásta] |
| Zähne putzen | чистить зубы | [tʃístitʲ zúbi] |
| Zahnbürste (f) | зубная щётка (ж) | [zubnája ʃǿtka] |

| sich rasieren | бриться (нсв, возв) | [brítsa] |
| Rasierschaum (m) | пена (ж) для бритья | [péna dlʲa britjá] |
| Rasierer (m) | бритва (ж) | [brítva] |

| waschen (vt) | мыть (нсв, пх) | [mītʲ] |
| sich waschen | мыться (нсв, возв) | [mītsa] |
| Dusche (f) | душ (м) | [dúʃ] |
| sich duschen | принимать душ | [prinimátʲ dúʃ] |

| Badewanne (f) | ванна (ж) | [vánna] |
| Klosettbecken (n) | унитаз (м) | [unitás] |
| Waschbecken (n) | раковина (ж) | [rákɔvina] |

| Seife (f) | мыло (с) | [mīlɔ] |
| Seifenschale (f) | мыльница (ж) | [mīlʲnitsa] |

| Schwamm (m) | губка (ж) | [gúpka] |
| Shampoo (n) | шампунь (м) | [ʃampúnʲ] |
| Handtuch (n) | полотенце (с) | [pɔlɔténtse] |
| Bademantel (m) | халат (м) | [halát] |

| Wäsche (f) | стирка (ж) | [stírka] |
| Waschmaschine (f) | стиральная машина (ж) | [stirálʲnaja maʃína] |
| waschen (vt) | стирать бельё | [stirátʲ beljǿ] |
| Waschpulver (n) | стиральный порошок (м) | [stirálʲnij pɔrɔʃók] |

# 73. Haushaltsgeräte

| Fernseher (m) | телевизор (м) | [televízɔr] |
| Tonbandgerät (n) | магнитофон (м) | [magnitɔfón] |
| Videorekorder (m) | видеомагнитофон (м) | [vídeɔ·magnitɔfón] |
| Empfänger (m) | приёмник (м) | [prijómnik] |
| Player (m) | плеер (м) | [plǽjer] |

| Videoprojektor (m) | видеопроектор (м) | [vídeɔ·prɔǽktɔr] |
| Heimkino (n) | домашний кинотеатр (м) | [dɔmáʃnij kinɔteátr] |
| DVD-Player (m) | DVD проигрыватель (м) | [di·vi·dí prɔígrivatelʲ] |
| Verstärker (m) | усилитель (м) | [usilítelʲ] |
| Spielkonsole (f) | игровая приставка (ж) | [igrɔvája pristáfka] |

| Videokamera (f) | видеокамера (ж) | [vídeɔ·kámera] |
| Kamera (f) | фотоаппарат (м) | [fɔtɔ·aparát] |
| Digitalkamera (f) | цифровой фотоаппарат (м) | [tsifrɔvój fɔtɔaparát] |

| Staubsauger (m) | пылесос (м) | [pilesós] |
| Bügeleisen (n) | утюг (м) | [utʲúg] |
| Bügelbrett (n) | гладильная доска (ж) | [gladílʲnaja dɔská] |
| Telefon (n) | телефон (м) | [telefón] |

| Mobiltelefon (n) | мобильный телефон (м) | [mɔbílʲnij telefón] |
| Nähmaschine (f) | швейная машинка (ж) | [ʃvejnaja maʃínka] |

| Mikrophon (n) | микрофон (м) | [mikrɔfón] |
| Kopfhörer (m) | наушники (м мн) | [naúʃniki] |
| Fernbedienung (f) | пульт (м) | [púlʲt] |

| CD (f) | компакт-диск (м) | [kɔmpákt-dísk] |
| Kassette (f) | кассета (ж) | [kaséta] |
| Schallplatte (f) | пластинка (ж) | [plastínka] |

# DIE ERDE. WETTER

T&P Books Publishing

## 74. Weltall

| | | |
|---|---|---|
| Kosmos (m) | космос (м) | [kósmɔs] |
| kosmisch, Raum- | космический | [kɔsmítʃeskij] |
| Weltraum (m) | космическое пространство | [kɔsmítʃeskɔe prɔstránstvɔ] |
| | | |
| All (n) | мир (м) | [mír] |
| Universum (n) | вселенная (ж) | [fselénnaja] |
| Galaxie (f) | галактика (ж) | [galáktika] |
| | | |
| Stern (m) | звезда (ж) | [zvezdá] |
| Gestirn (n) | созвездие (с) | [sɔzvézdie] |
| Planet (m) | планета (ж) | [planéta] |
| Satellit (m) | спутник (м) | [spútnik] |
| | | |
| Meteorit (m) | метеорит (м) | [meteɔrít] |
| Komet (m) | комета (ж) | [kɔméta] |
| Asteroid (m) | астероид (м) | [astɛróid] |
| | | |
| Umlaufbahn (f) | орбита (ж) | [ɔrbíta] |
| sich drehen | вращаться (нсв, возв) | [vraʃátsa] |
| Atmosphäre (f) | атмосфера (ж) | [atmɔsféra] |
| | | |
| Sonne (f) | Солнце (с) | [sónʦe] |
| Sonnensystem (n) | Солнечная система (ж) | [sólnetʃnaja sistéma] |
| Sonnenfinsternis (f) | солнечное затмение (с) | [sólnetʃnɔe zatménie] |
| | | |
| Erde (f) | Земля (ж) | [zeml'á] |
| Mond (m) | Луна (ж) | [luná] |
| | | |
| Mars (m) | Марс (м) | [márs] |
| Venus (f) | Венера (ж) | [venéra] |
| Jupiter (m) | Юпитер (м) | [jupíter] |
| Saturn (m) | Сатурн (м) | [satúrn] |
| | | |
| Merkur (m) | Меркурий (м) | [merkúrij] |
| Uran (m) | Уран (м) | [urán] |
| Neptun (m) | Нептун (м) | [neptún] |
| Pluto (m) | Плутон (м) | [plutón] |
| | | |
| Milchstraße (f) | Млечный Путь (м) | [mlétʃnij pút'] |
| Der Große Bär | Большая Медведица (ж) | [bol'ʃája medvédiʦa] |
| Polarstern (m) | Полярная Звезда (ж) | [pol'árnaja zvezdá] |
| Marsbewohner (m) | марсианин (м) | [marsiánin] |
| Außerirdischer (m) | инопланетянин (м) | [inɔplanet'ánin] |

| außerirdisches Wesen (n) | пришелец (м) | [priʃǽlets] |
| fliegende Untertasse (f) | летающая тарелка (ж) | [letájuʃaja tarélka] |

| Raumschiff (n) | космический корабль (м) | [kɔsmítʃeskij kɔrábli] |
| Raumstation (f) | орбитальная станция (ж) | [ɔrbitálinaja stántsija] |
| Raketenstart (m) | старт (м) | [stárt] |

| Triebwerk (n) | двигатель (м) | [dvígateli] |
| Düse (f) | сопло (с) | [sɔpló] |
| Treibstoff (m) | топливо (с) | [tóplivɔ] |

| Kabine (f) | кабина (ж) | [kabína] |
| Antenne (f) | антенна (ж) | [antǽna] |
| Bullauge (n) | иллюминатор (м) | [ililum/nátɔr] |
| Sonnenbatterie (f) | солнечная батарея (ж) | [sólnetʃnaja bataréja] |
| Raumanzug (m) | скафандр (м) | [skafándr] |

| Schwerelosigkeit (f) | невесомость (ж) | [nevesómɔsti] |
| Sauerstoff (m) | кислород (м) | [kislɔród] |

| Ankopplung (f) | стыковка (ж) | [stikófka] |
| koppeln (vi) | производить стыковку | [prɔizvɔdíti stikófku] |

| Observatorium (n) | обсерватория (ж) | [ɔpservatórija] |
| Teleskop (n) | телескоп (м) | [teleskóp] |
| beobachten (vt) | наблюдать (нсв, нпх) | [nabliudáti] |
| erforschen (vt) | исследовать (н/св, пх) | [islédɔvati] |

## 75. Die Erde

| Erde (f) | Земля (ж) | [zemliá] |
| Erdkugel (f) | земной шар (м) | [zemnój ʃár] |
| Planet (m) | планета (ж) | [planéta] |

| Atmosphäre (f) | атмосфера (ж) | [atmɔsféra] |
| Geographie (f) | география (ж) | [geɔgráfija] |
| Natur (f) | природа (ж) | [priróda] |

| Globus (m) | глобус (м) | [glóbus] |
| Landkarte (f) | карта (ж) | [kárta] |
| Atlas (m) | атлас (м) | [átlas] |

| Europa (n) | Европа (ж) | [evrópa] |
| Asien (n) | Азия (ж) | [ázija] |
| Afrika (n) | Африка (ж) | [áfrika] |
| Australien (n) | Австралия (ж) | [afstrálija] |
| Amerika (n) | Америка (ж) | [amérika] |
| Nordamerika (n) | Северная Америка (ж) | [sévernaja amérika] |

| Südamerika (n) | Южная Америка (ж) | [juʒnaja amérika] |
| Antarktis (f) | Антарктида (ж) | [antarktída] |
| Arktis (f) | Арктика (ж) | [árktika] |

## 76. Himmelsrichtungen

| Norden (m) | север (м) | [séver] |
| nach Norden | на север | [na séver] |
| im Norden | на севере | [na sévere] |
| nördlich | северный | [sévernij] |

| Süden (m) | юг (м) | [júg] |
| nach Süden | на юг | [na júg] |
| im Süden | на юге | [na júge] |
| südlich | южный | [júʒnij] |

| Westen (m) | запад (м) | [západ] |
| nach Westen | на запад | [na západ] |
| im Westen | на западе | [na západe] |
| westlich, West- | западный | [západnij] |

| Osten (m) | восток (м) | [vɔstók] |
| nach Osten | на восток | [na vɔstók] |
| im Osten | на востоке | [na vɔstóke] |
| östlich | восточный | [vɔstótʃnij] |

## 77. Meer. Ozean

| Meer (n), See (f) | море (с) | [móre] |
| Ozean (m) | океан (м) | [ɔkeán] |
| Golf (m) | залив (м) | [zalíf] |
| Meerenge (f) | пролив (м) | [prɔlíf] |

| Festland (n) | земля (ж), суша (ж) | [zemlʲá], [súʃa] |
| Kontinent (m) | материк (м) | [materík] |
| Insel (f) | остров (м) | [óstrɔf] |
| Halbinsel (f) | полуостров (м) | [pɔlu·óstrɔf] |
| Archipel (m) | архипелаг (м) | [arhipelág] |

| Bucht (f) | бухта (ж) | [búhta] |
| Hafen (m) | гавань (ж) | [gávanʲ] |
| Lagune (f) | лагуна (ж) | [lagúna] |
| Kap (n) | мыс (м) | [mīs] |

| Atoll (n) | атолл (м) | [atól] |
| Riff (n) | риф (м) | [ríf] |
| Koralle (f) | коралл (м) | [kɔrál] |
| Korallenriff (n) | коралловый риф (м) | [kɔrálɔvij ríf] |

| tief (Adj) | глубокий | [glubókij] |
| Tiefe (f) | глубина (ж) | [glubiná] |
| Abgrund (m) | бездна (ж) | [bézdna] |
| Graben (m) | впадина (ж) | [fpádina] |

| Strom (m) | течение (с) | [teʧénie] |
| umspülen (vt) | омывать (нсв, пх) | [ɔmivátʲ] |

| Ufer (n) | побережье (с) | [pɔberéʒje] |
| Küste (f) | берег (м) | [béreg] |

| Flut (f) | прилив (м) | [prilíf] |
| Ebbe (f) | отлив (м) | [ɔtlíf] |
| Sandbank (f) | отмель (ж) | [ótmelʲ] |
| Boden (m) | дно (с) | [dnó] |

| Welle (f) | волна (ж) | [vɔlná] |
| Wellenkamm (m) | гребень (м) волны | [grébenʲ vɔlnī] |
| Schaum (m) | пена (ж) | [péna] |

| Sturm (m) | буря (ж) | [búrʲa] |
| Orkan (m) | ураган (м) | [uragán] |
| Tsunami (m) | цунами (с) | [ʦunámi] |
| Windstille (f) | штиль (м) | [ʃtílʲ] |
| ruhig | спокойный | [spɔkójnij] |

| Pol (m) | полюс (м) | [pólʲus] |
| Polar- | полярный | [polʲárnij] |

| Breite (f) | широта (ж) | [ʃirɔtá] |
| Länge (f) | долгота (ж) | [dɔlgɔtá] |
| Breitenkreis (m) | параллель (ж) | [paralélʲ] |
| Äquator (m) | экватор (м) | [ɛkvátɔr] |

| Himmel (m) | небо (с) | [nébɔ] |
| Horizont (m) | горизонт (м) | [gɔrizónt] |
| Luft (f) | воздух (м) | [vózduh] |

| Leuchtturm (m) | маяк (м) | [maják] |
| tauchen (vi) | нырять (нсв, нпх) | [nirʲátʲ] |
| versinken (vi) | затонуть (св, нпх) | [zatɔnútʲ] |
| Schätze (pl) | сокровища (мн) | [sɔkróviʃa] |

## 78. Namen der Meere und Ozeane

| Atlantischer Ozean (m) | Атлантический океан (м) | [atlantíʧeskij ɔkeán] |
| Indischer Ozean (m) | Индийский океан (м) | [indíjskij ɔkeán] |
| Pazifischer Ozean (m) | Тихий океан (м) | [tíhij ɔkeán] |
| Arktischer Ozean (m) | Северный Ледовитый океан (м) | [sévernij ledɔvítij ɔkeán] |

| | | |
|---|---|---|
| Schwarzes Meer (n) | Чёрное море (c) | [tʃórnɔe móre] |
| Rotes Meer (n) | Красное море (c) | [krásnɔe móre] |
| Gelbes Meer (n) | Жёлтое море (c) | [ʒóltɔe móre] |
| Weißes Meer (n) | Белое море (c) | [bélɔe móre] |
| | | |
| Kaspisches Meer (n) | Каспийское море (c) | [kaspíjskɔe móre] |
| Totes Meer (n) | Мёртвое море (c) | [mǿrtvɔe móre] |
| Mittelmeer (n) | Средиземное море (c) | [sredizémnɔe móre] |
| | | |
| Ägäisches Meer (n) | Эгейское море (c) | [ɛgéjskɔe móre] |
| Adriatisches Meer (n) | Адриатическое море (c) | [adriatítʃeskɔe móre] |
| | | |
| Arabisches Meer (n) | Аравийское море (c) | [aravíjskɔe móre] |
| Japanisches Meer (n) | японское море (c) | [jɪpónskɔe móre] |
| Beringmeer (n) | Берингово море (c) | [béringɔvɔ móre] |
| Südchinesisches Meer (n) | Южно-Китайское море (c) | [júʒnɔ-kitájskɔe móre] |
| | | |
| Korallenmeer (n) | Коралловое море (c) | [kɔrálɔvɔe móre] |
| Tasmansee (f) | Тасманово море (c) | [tasmánɔvɔ móre] |
| Karibisches Meer (n) | Карибское море (c) | [karíbskɔe móre] |
| | | |
| Barentssee (f) | Баренцево море (c) | [bárentsɛvɔ móre] |
| Karasee (f) | Карское море (c) | [kárskɔe móre] |
| | | |
| Nordsee (f) | Северное море (c) | [sévernɔe móre] |
| Ostsee (f) | Балтийское море (c) | [baltíjskɔe móre] |
| Nordmeer (n) | Норвежское море (c) | [nɔrvéʒskɔe móre] |

## 79. Berge

| | | |
|---|---|---|
| Berg (m) | гора (ж) | [gɔrá] |
| Gebirgskette (f) | горная цепь (ж) | [górnaja tsæpʲ] |
| Bergrücken (m) | горный хребет (м) | [górnɪj hrebét] |
| | | |
| Gipfel (m) | вершина (ж) | [verʃína] |
| Spitze (f) | пик (м) | [pík] |
| Bergfuß (m) | подножие (c) | [pɔdnóʒie] |
| Abhang (m) | склон (м) | [sklón] |
| | | |
| Vulkan (m) | вулкан (м) | [vulkán] |
| tätiger Vulkan (m) | действующий вулкан (м) | [déjstvujuʃij vulkán] |
| | | |
| schlafender Vulkan (m) | потухший вулкан (м) | [pɔtúhʃij vulkán] |
| | | |
| Ausbruch (m) | извержение (c) | [izverʒǽnie] |
| Krater (m) | кратер (м) | [krátɛr] |
| Magma (n) | магма (ж) | [mágma] |
| Lava (f) | лава (ж) | [láva] |
| glühend heiß (-e Lava) | раскалённый | [raskalǿnnij] |

| Cañon (m) | каньон (м) | [kanjón] |
| Schlucht (f) | ущелье (c) | [uʃélje] |
| Spalte (f) | расщелина (ж) | [raʃélina] |

| Gebirgspass (m) | перевал (м) | [perevál] |
| Plateau (n) | плато (c) | [plató] |
| Fels (m) | скала (ж) | [skalá] |
| Hügel (m) | холм (м) | [hólm] |

| Gletscher (m) | ледник (м) | [ledník] |
| Wasserfall (m) | водопад (м) | [vɔdɔpád] |
| Geiser (m) | гейзер (м) | [géjzer] |
| See (m) | озеро (c) | [ózerɔ] |

| Ebene (f) | равнина (ж) | [ravnína] |
| Landschaft (f) | пейзаж (м) | [pejzáʃ] |
| Echo (n) | эхо (c) | [æhɔ] |

| Bergsteiger (m) | альпинист (м) | [alʲpiníst] |
| Kletterer (m) | скалолаз (м) | [skalɔlás] |
| bezwingen (vt) | покорять (нсв, пх) | [pɔkɔrʲátʲ] |
| Aufstieg (m) | восхождение (c) | [vɔsxɔʒdénie] |

## 80. Namen der Berge

| Alpen (pl) | Альпы (мн) | [álʲpi] |
| Montblanc (m) | Монблан (м) | [mɔnblán] |
| Pyrenäen (pl) | Пиренеи (мн) | [pirenéi] |

| Karpaten (pl) | Карпаты (мн) | [karpáti] |
| Uralgebirge (n) | Уральские горы (мн) | [urálʲskie góri] |
| Kaukasus (m) | Кавказ (м) | [kafkás] |
| Elbrus (m) | Эльбрус (м) | [ɛlʲbrús] |

| Altai (m) | Алтай (м) | [altáj] |
| Tian Shan (m) | Тянь-Шань (ж) | [tʲánʲ-ʃánʲ] |
| Pamir (m) | Памир (м) | [pamír] |
| Himalaja (m) | Гималаи (мн) | [gimalái] |
| Everest (m) | Эверест (м) | [ɛverést] |

| Anden (pl) | Анды (мн) | [ándi] |
| Kilimandscharo (m) | Килиманджаро (ж) | [kilimandʒárɔ] |

## 81. Flüsse

| Fluss (m) | река (ж) | [reká] |
| Quelle (f) | источник (м) | [istótʃnik] |
| Flussbett (n) | русло (c) | [rúslɔ] |

| Stromgebiet (n) | бассейн (м) | [baséjn] |
| einmünden in ... | впадать в ... (нсв) | [fpadátⁱ f ...] |

| Nebenfluss (m) | приток (м) | [pritók] |
| Ufer (n) | берег (м) | [béreg] |

| Strom (m) | течение (с) | [tetʃénie] |
| stromabwärts | вниз по течению | [vnís pɔ tetʃéniju] |
| stromaufwärts | вверх по течению | [vvérh pɔ tetʃéniju] |

| Überschwemmung (f) | наводнение (с) | [navɔdnénie] |
| Hochwasser (n) | половодье (с) | [pɔlɔvódje] |
| aus den Ufern treten | разливаться (нсв, возв) | [razlivátsa] |
| überfluten (vt) | затоплять (нсв, пх) | [zatɔplʲátⁱ] |

| Sandbank (f) | мель (ж) | [mélʲ] |
| Stromschnelle (f) | порог (м) | [pɔróg] |

| Damm (m) | плотина (ж) | [plɔtína] |
| Kanal (m) | канал (м) | [kanál] |
| Stausee (m) | водохранилище (с) | [vódɔ·hranílⁱiʃe] |
| Schleuse (f) | шлюз (м) | [ʃlʲús] |

| Gewässer (n) | водоём (м) | [vɔdɔjóm] |
| Sumpf (m), Moor (n) | болото (с) | [bɔlótɔ] |
| Marsch (f) | трясина (ж) | [trɪsína] |
| Strudel (m) | водоворот (м) | [vɔdɔvɔrót] |

| Bach (m) | ручей (м) | [rutʃéj] |
| Trink- (z.B. Trinkwasser) | питьевой | [pitjevój] |
| Süß- (Wasser) | пресный | [présnij] |

| Eis (n) | лёд (м) | [lód] |
| zufrieren (vi) | замёрзнуть (св, нпх) | [zamórznutⁱ] |

## 82. Namen der Flüsse

| Seine (f) | Сена (ж) | [séna] |
| Loire (f) | Луара (ж) | [luára] |

| Themse (f) | Темза (ж) | [tǽmza] |
| Rhein (m) | Рейн (м) | [rǽjn] |
| Donau (f) | Дунай (м) | [dunáj] |

| Wolga (f) | Волга (ж) | [vólga] |
| Don (m) | Дон (м) | [dón] |
| Lena (f) | Лена (ж) | [léna] |

| Gelber Fluss (m) | Хуанхэ (ж) | [huanhǽ] |
| Jangtse (m) | янцзы (ж) | [jɪntszī] |

| Mekong (m) | **Меконг** (м) | [mekóng] |
| Ganges (m) | **Ганг** (м) | [gáng] |

| Nil (m) | **Нил** (м) | [níl] |
| Kongo (m) | **Конго** (ж) | [kóngɔ] |
| Okavango (m) | **Окаванго** (ж) | [ɔkavángɔ] |
| Sambesi (m) | **Замбези** (ж) | [zambézi] |
| Limpopo (m) | **Лимпопо** (ж) | [limpɔpó] |
| Mississippi (m) | **Миссисипи** (ж) | [misisípi] |

## 83. Wald

| Wald (m) | **лес** (м) | [lés] |
| Wald- | **лесной** | [lesnój] |

| Dickicht (n) | **чаща** (ж) | [ʧáʃa] |
| Gehölz (n) | **роща** (ж) | [róʃa] |
| Lichtung (f) | **поляна** (ж) | [pɔlʲána] |

| Dickicht (n) | **заросли** (мн) | [zárɔsli] |
| Gebüsch (n) | **кустарник** (м) | [kustárnik] |

| Fußweg (m) | **тропинка** (ж) | [trɔpínka] |
| Erosionsrinne (f) | **овраг** (м) | [ɔvrág] |

| Baum (m) | **дерево** (с) | [dérevɔ] |
| Blatt (n) | **лист** (м) | [líst] |
| Laub (n) | **листва** (ж) | [listvá] |

| Laubfall (m) | **листопад** (м) | [listɔpád] |
| fallen (Blätter) | **опадать** (нсв, нпх) | [ɔpadátʲ] |
| Wipfel (m) | **верхушка** (ж) | [verhúʃka] |

| Zweig (m) | **ветка** (ж) | [vétka] |
| Ast (m) | **сук** (м) | [súk] |
| Knospe (f) | **почка** (ж) | [póʧka] |
| Nadel (f) | **игла** (ж) | [iglá] |
| Zapfen (m) | **шишка** (ж) | [ʃíʃka] |

| Höhlung (f) | **дупло** (с) | [dupló] |
| Nest (n) | **гнездо** (с) | [gnezdó] |
| Höhle (f) | **нора** (ж) | [nɔrá] |

| Stamm (m) | **ствол** (м) | [stvól] |
| Wurzel (f) | **корень** (м) | [kórenʲ] |
| Rinde (f) | **кора** (ж) | [kɔrá] |
| Moos (n) | **мох** (м) | [móh] |

| entwurzeln (vt) | **корчевать** (нсв, пх) | [kɔrʧevátʲ] |
| fällen (vt) | **рубить** (нсв, пх) | [rubítʲ] |

| abholzen (vt) | вырубать лес | [virubátʲ lʲés] |
| Baumstumpf (m) | пень (м) | [pénʲ] |

| Lagerfeuer (n) | костёр (м) | [kɔstǿr] |
| Waldbrand (m) | пожар (м) | [pɔʒár] |
| löschen (vt) | тушить (нсв, пх) | [tuʃítʲ] |

| Förster (m) | лесник (м) | [lesník] |
| Schutz (m) | охрана (ж) | [ɔhrána] |
| beschützen (vt) | охранять (нсв, пх) | [ɔhranʲátʲ] |
| Wilddieb (m) | браконьер (м) | [brakɔnjér] |
| Falle (f) | капкан (м) | [kapkán] |

| sammeln, pflücken (vt) | собирать (нсв, пх) | [sɔbirátʲ] |
| sich verirren | заблудиться (св, возв) | [zabludítsa] |

## 84. natürliche Lebensgrundlagen

| Naturressourcen (pl) | природные ресурсы (м мн) | [priródnie resúrsi] |
| Bodenschätze (pl) | полезные ископаемые (с мн) | [pɔléznie iskɔpáemie] |
| Vorkommen (n) | залежи (мн) | [zálezi] |
| Feld (Ölfeld usw.) | месторождение (c) | [mestɔrɔʒdénie] |

| gewinnen (vt) | добывать (нсв, пх) | [dɔbivátʲ] |
| Gewinnung (f) | добыча (ж) | [dɔbītʃa] |
| Erz (n) | руда (ж) | [rudá] |
| Bergwerk (n) | рудник (м) | [rudník] |
| Schacht (m) | шахта (ж) | [ʃáhta] |
| Bergarbeiter (m) | шахтёр (м) | [ʃahtǿr] |

| Erdgas (n) | газ (м) | [gás] |
| Gasleitung (f) | газопровод (м) | [gazɔ·prɔvód] |

| Erdöl (n) | нефть (ж) | [néftʲ] |
| Erdölleitung (f) | нефтепровод (м) | [nefte·prɔvód] |
| Ölquelle (f) | нефтяная вышка (ж) | [neftınája vȳʃka] |
| Bohrturm (m) | буровая вышка (ж) | [burɔvája vȳʃka] |
| Tanker (m) | танкер (м) | [tánker] |

| Sand (m) | песок (м) | [pesók] |
| Kalkstein (m) | известняк (м) | [izvesnʲák] |
| Kies (m) | гравий (м) | [grávij] |
| Torf (m) | торф (м) | [tórf] |
| Ton (m) | глина (ж) | [glína] |
| Kohle (f) | уголь (м) | [úgɔlʲ] |

| Eisen (n) | железо (c) | [ʒelézɔ] |
| Gold (n) | золото (c) | [zólɔtɔ] |

| Silber (n) | серебро (c) | [serebró] |
| Nickel (n) | никель (м) | [níkelʲ] |
| Kupfer (n) | медь (ж) | [métʲ] |

| Zink (n) | цинк (м) | [tsĩnk] |
| Mangan (n) | марганец (м) | [márganets] |
| Quecksilber (n) | ртуть (ж) | [rtútʲ] |
| Blei (n) | свинец (м) | [svinéts] |

| Mineral (n) | минерал (м) | [minerál] |
| Kristall (m) | кристалл (м) | [kristál] |
| Marmor (m) | мрамор (м) | [mrámɔr] |
| Uran (n) | уран (м) | [urán] |

## 85. Wetter

| Wetter (n) | погода (ж) | [pɔgóda] |
| Wetterbericht (m) | прогноз (м) погоды | [prɔgnós pɔgódi] |
| Temperatur (f) | температура (ж) | [temperatúra] |
| Thermometer (n) | термометр (м) | [termómetr] |
| Barometer (n) | барометр (м) | [barómetr] |

| feucht | влажный | [vláʒnij] |
| Feuchtigkeit (f) | влажность (ж) | [vláʒnɔstʲ] |
| Hitze (f) | жара (ж) | [ʒará] |
| glutheiß | жаркий | [ʒárkij] |
| ist heiß | жарко | [ʒárkɔ] |

| ist warm | тепло | [tepló] |
| warm (Adj) | тёплый | [tʲóplij] |

| ist kalt | холодно | [hólɔdnɔ] |
| kalt (Adj) | холодный | [hɔlódnij] |

| Sonne (f) | солнце (c) | [sóntse] |
| scheinen (vi) | светить (нсв, нпх) | [svetítʲ] |
| sonnig (Adj) | солнечный | [sólnetʃnij] |
| aufgehen (vi) | взойти (св, нпх) | [vzɔjtí] |
| untergehen (vi) | сесть (св, нпх) | [séstʲ] |

| Wolke (f) | облако (c) | [óblakɔ] |
| bewölkt, wolkig | облачный | [óblatʃnij] |
| Regenwolke (f) | туча (ж) | [tútʃa] |
| trüb (-er Tag) | пасмурный | [pásmurnij] |

| Regen (m) | дождь (м) | [dóʃtʲ], [dóʃ] |
| Es regnet | идёт дождь | [idɵt dóʃtʲ] |
| regnerisch (-er Tag) | дождливый | [dɔʒdlívij] |
| nieseln (vi) | моросить (нсв, нпх) | [mɔrɔsítʲ] |
| strömender Regen (m) | проливной дождь (м) | [prɔlivnój dóʃtʲ] |

| | | |
|---|---|---|
| Regenschauer (m) | ливень (м) | [líven'] |
| stark (-er Regen) | сильный | [síl'nij] |
| Pfütze (f) | лужа (ж) | [lúʒa] |
| nass werden (vi) | промокнуть (св, нпх) | [prɔmóknut'] |
| | | |
| Nebel (m) | туман (м) | [tumán] |
| neblig (-er Tag) | туманный | [tumánnij] |
| Schnee (m) | снег (м) | [snég] |
| Es schneit | идёт снег | [idǿt snég] |

## 86. Unwetter Naturkatastrophen

| | | |
|---|---|---|
| Gewitter (n) | гроза (ж) | [grɔzá] |
| Blitz (m) | молния (ж) | [mólnija] |
| blitzen (vi) | сверкать (нсв, нпх) | [sverkát'] |
| | | |
| Donner (m) | гром (м) | [gróm] |
| donnern (vi) | греметь (нсв, нпх) | [gremét'] |
| Es donnert | гремит гром | [gremít gróm] |
| | | |
| Hagel (m) | град (м) | [grád] |
| Es hagelt | идёт град | [idǿt grád] |
| | | |
| überfluten (vt) | затопить (св, пх) | [zatɔpít'] |
| Überschwemmung (f) | наводнение (с) | [navɔdnénie] |
| | | |
| Erdbeben (n) | землетрясение (с) | [zemletrɪsénie] |
| Erschütterung (f) | толчок (м) | [tɔltʃók] |
| Epizentrum (n) | эпицентр (м) | [ɛpitsǽntr] |
| Ausbruch (m) | извержение (с) | [izverʒǽnie] |
| Lava (f) | лава (ж) | [láva] |
| | | |
| Wirbelsturm (m) | смерч (м) | [smértʃ] |
| Tornado (m) | торнадо (м) | [tɔrnádɔ] |
| Taifun (m) | тайфун (м) | [tajfún] |
| | | |
| Orkan (m) | ураган (м) | [uragán] |
| Sturm (m) | буря (ж) | [búr'a] |
| Tsunami (m) | цунами (с) | [tsunámi] |
| | | |
| Zyklon (m) | циклон (м) | [tsɪklón] |
| Unwetter (n) | непогода (ж) | [nepɔgóda] |
| Brand (m) | пожар (м) | [pɔʒár] |
| Katastrophe (f) | катастрофа (ж) | [katastrófa] |
| Meteorit (m) | метеорит (м) | [meteɔrít] |
| | | |
| Lawine (f) | лавина (ж) | [lavína] |
| Schneelawine (f) | обвал (м) | [ɔbvál] |
| Schneegestöber (n) | метель (ж) | [metél'] |
| Schneesturm (m) | вьюга (ж) | [vjúga] |

T&P BOOKS

# FAUNA

T&P Books Publishing

## 87. Säugetiere. Raubtiere

| | | |
|---|---|---|
| Raubtier (n) | хищник (м) | [híʃⁿik] |
| Tiger (m) | тигр (м) | [tígr] |
| Löwe (m) | лев (м) | [léf] |
| Wolf (m) | волк (м) | [vólk] |
| Fuchs (m) | лиса (ж) | [lisá] |
| | | |
| Jaguar (m) | ягуар (м) | [jıguár] |
| Leopard (m) | леопард (м) | [leɔpárd] |
| Gepard (m) | гепард (м) | [gepárd] |
| | | |
| Panther (m) | пантера (ж) | [pantǽra] |
| Puma (m) | пума (ж) | [púma] |
| Schneeleopard (m) | снежный барс (м) | [snéʒnij bárs] |
| Luchs (m) | рысь (ж) | [rīsⁱ] |
| | | |
| Kojote (m) | койот (м) | [kɔjót] |
| Schakal (m) | шакал (м) | [ʃakál] |
| Hyäne (f) | гиена (ж) | [giéna] |

## 88. Tiere in freier Wildbahn

| | | |
|---|---|---|
| Tier (n) | животное (с) | [ʒivótnɔe] |
| Bestie (f) | зверь (м) | [zvérⁱ] |
| | | |
| Eichhörnchen (n) | белка (ж) | [bélka] |
| Igel (m) | ёж (м) | [jóʃ] |
| Hase (m) | заяц (м) | [záıts] |
| Kaninchen (n) | кролик (м) | [królik] |
| | | |
| Dachs (m) | барсук (м) | [barsúk] |
| Waschbär (m) | енот (м) | [enót] |
| Hamster (m) | хомяк (м) | [hɔmⁱák] |
| Murmeltier (n) | сурок (м) | [surók] |
| | | |
| Maulwurf (m) | крот (м) | [krót] |
| Maus (f) | мышь (ж) | [mīʃ] |
| Ratte (f) | крыса (ж) | [krīsa] |
| Fledermaus (f) | летучая мышь (ж) | [letútʃaja mīʃ] |
| | | |
| Hermelin (n) | горностай (м) | [gɔrnɔstáj] |
| Zobel (m) | соболь (м) | [sóbɔlⁱ] |
| Marder (m) | куница (ж) | [kunítsa] |

| Wiesel (n) | ласка (ж) | [láska] |
| Nerz (m) | норка (ж) | [nórka] |

| Biber (m) | бобр (м) | [bóbr] |
| Fischotter (m) | выдра (ж) | [vĭdra] |

| Pferd (n) | лошадь (ж) | [lóʃatʲ] |
| Elch (m) | лось (м) | [lósʲ] |
| Hirsch (m) | олень (м) | [ɔlénʲ] |
| Kamel (n) | верблюд (м) | [verblʲúd] |

| Bison (m) | бизон (м) | [bizón] |
| Wisent (m) | зубр (м) | [zúbr] |
| Büffel (m) | буйвол (м) | [bújvɔl] |

| Zebra (n) | зебра (ж) | [zébra] |
| Antilope (f) | антилопа (ж) | [antilópa] |
| Reh (n) | косуля (ж) | [kɔsúlʲa] |
| Damhirsch (m) | лань (ж) | [lánʲ] |
| Gämse (f) | серна (ж) | [sérna] |
| Wildschwein (n) | кабан (м) | [kabán] |

| Wal (m) | кит (м) | [kít] |
| Seehund (m) | тюлень (м) | [tʲulénʲ] |
| Walroß (n) | морж (м) | [mórʃ] |
| Seebär (m) | котик (м) | [kótik] |
| Delfin (m) | дельфин (м) | [delʲfín] |

| Bär (m) | медведь (м) | [medvétʲ] |
| Eisbär (m) | белый медведь (м) | [bélij medvétʲ] |
| Panda (m) | панда (ж) | [pánda] |

| Affe (m) | обезьяна (ж) | [ɔbezjána] |
| Schimpanse (m) | шимпанзе (с) | [ʃimpanzǽ] |
| Orang-Utan (m) | орангутанг (м) | [ɔrangutáng] |
| Gorilla (m) | горилла (ж) | [gɔríla] |
| Makak (m) | макака (ж) | [makáka] |
| Gibbon (m) | гиббон (м) | [gibón] |

| Elefant (m) | слон (м) | [slón] |
| Nashorn (n) | носорог (м) | [nɔsɔróg] |

| Giraffe (f) | жираф (м) | [ʒɨráf] |
| Flusspferd (n) | бегемот (м) | [begemót] |

| Känguru (n) | кенгуру (м) | [kengurú] |
| Koala (m) | коала (ж) | [kɔála] |

| Manguste (f) | мангуст (м) | [mangúst] |
| Chinchilla (n) | шиншилла (ж) | [ʃinʃíla] |
| Stinktier (n) | скунс (м) | [skúns] |
| Stachelschwein (n) | дикобраз (м) | [dikɔbrás] |

## 89. Haustiere

| Katze (f) | кошка (ж) | [kóʃka] |
| Kater (m) | кот (м) | [kót] |

| Pferd (n) | лошадь (ж) | [lóʃatʲ] |
| Hengst (m) | жеребец (м) | [ʒerebéts] |
| Stute (f) | кобыла (ж) | [kɔbĭla] |

| Kuh (f) | корова (ж) | [kɔróva] |
| Stier (m) | бык (м) | [bĭk] |
| Ochse (m) | вол (м) | [vól] |

| Schaf (n) | овца (ж) | [ɔftsá] |
| Widder (m) | баран (м) | [barán] |
| Ziege (f) | коза (ж) | [kɔzá] |
| Ziegenbock (m) | козёл (м) | [kɔzǿl] |

| Esel (m) | осёл (м) | [ɔsǿl] |
| Maultier (n) | мул (м) | [múl] |

| Schwein (n) | свинья (ж) | [svinjá] |
| Ferkel (n) | поросёнок (м) | [pɔrɔsǿnɔk] |
| Kaninchen (n) | кролик (м) | [królik] |

| Huhn (n) | курица (ж) | [kúritsa] |
| Hahn (m) | петух (м) | [petúh] |

| Ente (f) | утка (ж) | [útka] |
| Enterich (m) | селезень (м) | [sélezenʲ] |
| Gans (f) | гусь (м) | [gúsʲ] |

| Puter (m) | индюк (м) | [indʲúk] |
| Pute (f) | индюшка (ж) | [indʲúʃka] |

| Haustiere (pl) | домашние животные (с мн) | [dɔmáʃnie ʒivótnie] |

| zahm | ручной | [rutʃnój] |
| zähmen (vt) | приручать (нсв, пх) | [prirutʃátʲ] |
| züchten (vt) | выращивать (нсв, пх) | [viráʃivatʲ] |

| Farm (f) | ферма (ж) | [férma] |
| Geflügel (n) | домашняя птица (ж) | [dɔmáʃnʲaja ptítsa] |
| Vieh (n) | скот (м) | [skót] |
| Herde (f) | стадо (с) | [stádɔ] |

| Pferdestall (m) | конюшня (ж) | [kɔnʲúʃnʲa] |
| Schweinestall (m) | свинарник (м) | [svinárnik] |
| Kuhstall (m) | коровник (м) | [kɔróvnik] |
| Kaninchenstall (m) | крольчатник (м) | [krɔlʲtʃátnik] |
| Hühnerstall (m) | курятник (м) | [kurʲátnik] |

## 90. Vögel

| | | |
|---|---|---|
| Vogel (m) | птица (ж) | [ptítsa] |
| Taube (f) | голубь (м) | [gólupʲ] |
| Spatz (m) | воробей (м) | [vɔrɔbéj] |
| Meise (f) | синица (ж) | [sinítsa] |
| Elster (f) | сорока (ж) | [sɔróka] |
| | | |
| Rabe (m) | ворон (м) | [vórɔn] |
| Krähe (f) | ворона (ж) | [vɔróna] |
| Dohle (f) | галка (ж) | [gálka] |
| Saatkrähe (f) | грач (м) | [grátʃ] |
| | | |
| Ente (f) | утка (ж) | [útka] |
| Gans (f) | гусь (м) | [gúsʲ] |
| Fasan (m) | фазан (м) | [fazán] |
| | | |
| Adler (m) | орёл (м) | [ɔrʲól] |
| Habicht (m) | ястреб (м) | [jástreb] |
| Falke (m) | сокол (м) | [sókɔl] |
| Greif (m) | гриф (м) | [gríf] |
| Kondor (m) | кондор (м) | [kóndɔr] |
| | | |
| Schwan (m) | лебедь (м) | [lébetʲ] |
| Kranich (m) | журавль (м) | [ʒurávlʲ] |
| Storch (m) | аист (м) | [áist] |
| | | |
| Papagei (m) | попугай (м) | [pɔpugáj] |
| Kolibri (m) | колибри (ж) | [kɔlíbri] |
| Pfau (m) | павлин (м) | [pavlín] |
| | | |
| Strauß (m) | страус (м) | [stráus] |
| Reiher (m) | цапля (ж) | [tsáplʲa] |
| Flamingo (m) | фламинго (с) | [flamíngɔ] |
| Pelikan (m) | пеликан (м) | [pelikán] |
| | | |
| Nachtigall (f) | соловей (м) | [sɔlɔvéj] |
| Schwalbe (f) | ласточка (ж) | [lástɔtʃka] |
| | | |
| Drossel (f) | дрозд (м) | [drózd] |
| Singdrossel (f) | певчий дрозд (м) | [péftʃij drózd] |
| Amsel (f) | чёрный дрозд (м) | [tʃórnij drózd] |
| | | |
| Segler (m) | стриж (м) | [stríʃ] |
| Lerche (f) | жаворонок (м) | [ʒávɔrɔnɔk] |
| Wachtel (f) | перепел (м) | [pérepel] |
| | | |
| Specht (m) | дятел (м) | [dʲátel] |
| Kuckuck (m) | кукушка (ж) | [kukúʃka] |
| Eule (f) | сова (ж) | [sɔvá] |
| Uhu (m) | филин (м) | [fílin] |

| Auerhahn (m) | глухарь (м) | [gluhárʲ] |
| Birkhahn (m) | тетерев (м) | [téteref] |
| Rebhuhn (n) | куропатка (ж) | [kurɔpátka] |

| Star (m) | скворец (м) | [skvɔréʦ] |
| Kanarienvogel (m) | канарейка (ж) | [kanaréjka] |
| Haselhuhn (n) | рябчик (м) | [rʲáptʃik] |
| Buchfink (m) | зяблик (м) | [zʲáblik] |
| Gimpel (m) | снегирь (м) | [snegírʲ] |

| Möwe (f) | чайка (ж) | [ʧájka] |
| Albatros (m) | альбатрос (м) | [alʲbatrós] |
| Pinguin (m) | пингвин (м) | [pingvín] |

## 91. Fische. Meerestiere

| Brachse (f) | лещ (м) | [léʃ] |
| Karpfen (m) | карп (м) | [kárp] |
| Barsch (m) | окунь (м) | [ókunʲ] |
| Wels (m) | сом (м) | [sóm] |
| Hecht (m) | щука (ж) | [ʃúka] |

| Lachs (m) | лосось (м) | [lɔsósʲ] |
| Stör (m) | осётр (м) | [ɔsøtr] |

| Hering (m) | сельдь (ж) | [sélʲtʲ] |
| atlantische Lachs (m) | сёмга (ж) | [sømga] |
| Makrele (f) | скумбрия (ж) | [skúmbrija] |
| Scholle (f) | камбала (ж) | [kámbala] |

| Zander (m) | судак (м) | [sudák] |
| Dorsch (m) | треска (ж) | [treská] |
| Tunfisch (m) | тунец (м) | [tunéʦ] |
| Forelle (f) | форель (ж) | [forælʲ] |

| Aal (m) | угорь (м) | [úgɔrʲ] |
| Zitterrochen (m) | электрический скат (м) | [ɛlektríʧeskij skát] |
| Muräne (f) | мурена (ж) | [muréna] |
| Piranha (m) | пиранья (ж) | [piránja] |

| Hai (m) | акула (ж) | [akúla] |
| Delfin (m) | дельфин (м) | [delʲfín] |
| Wal (m) | кит (м) | [kít] |

| Krabbe (f) | краб (м) | [kráb] |
| Meduse (f) | медуза (ж) | [medúza] |
| Krake (m) | осьминог (м) | [ɔsʲminóg] |

| Seestern (m) | морская звезда (ж) | [mɔrskája zvezdá] |
| Seeigel (m) | морской ёж (м) | [mɔrskój jóʃ] |

| Seepferdchen (n) | морской конёк (м) | [mɔrskój kɔnǿk] |
| Auster (f) | устрица (ж) | [ústritsa] |
| Garnele (f) | креветка (ж) | [krevétka] |
| Hummer (m) | омар (м) | [ɔmár] |
| Languste (f) | лангуст (м) | [langúst] |

## 92. Amphibien Reptilien

| Schlange (f) | змея (ж) | [zmejá] |
| Gift-, giftig | ядовитый | [jɪdɔvítɪj] |

| Viper (f) | гадюка (ж) | [gadʲúka] |
| Kobra (f) | кобра (ж) | [kóbra] |
| Python (m) | питон (м) | [pitón] |
| Boa (f) | удав (м) | [udáf] |

| Ringelnatter (f) | уж (м) | [úʃ] |
| Klapperschlange (f) | гремучая змея (ж) | [gremútʃaja zmejá] |
| Anakonda (f) | анаконда (ж) | [anakónda] |

| Eidechse (f) | ящерица (ж) | [jáʃʲeritsa] |
| Leguan (m) | игуана (ж) | [iguána] |
| Waran (m) | варан (м) | [varán] |
| Salamander (m) | саламандра (ж) | [salamándra] |
| Chamäleon (n) | хамелеон (м) | [hameleón] |
| Skorpion (m) | скорпион (м) | [skɔrpión] |

| Schildkröte (f) | черепаха (ж) | [tʃerepáha] |
| Frosch (m) | лягушка (ж) | [lɪgúʃka] |
| Kröte (f) | жаба (ж) | [ʒába] |
| Krokodil (n) | крокодил (м) | [krɔkɔdíl] |

## 93. Insekten

| Insekt (n) | насекомое (с) | [nasekómɔe] |
| Schmetterling (m) | бабочка (ж) | [bábɔtʃka] |
| Ameise (f) | муравей (м) | [muravéj] |
| Fliege (f) | муха (ж) | [múha] |
| Mücke (f) | комар (м) | [kɔmár] |
| Käfer (m) | жук (м) | [ʒúk] |

| Wespe (f) | оса (ж) | [ɔsá] |
| Biene (f) | пчела (ж) | [ptʃelá] |
| Hummel (f) | шмель (м) | [ʃmélʲ] |
| Bremse (f) | овод (м) | [óvɔd] |

| Spinne (f) | паук (м) | [paúk] |
| Spinnennetz (n) | паутина (ж) | [pautína] |

| | | |
|---|---|---|
| Libelle (f) | стрекоза (ж) | [strekɔzá] |
| Grashüpfer (m) | кузнечик (м) | [kuznétʃik] |
| Schmetterling (m) | мотылёк (м) | [mɔtɨløk] |
| | | |
| Schabe (f) | таракан (м) | [tarakán] |
| Zecke (f) | клещ (м) | [kléʃ] |
| Floh (m) | блоха (ж) | [blɔhá] |
| Kriebelmücke (f) | мошка (ж) | [móʃka] |
| | | |
| Heuschrecke (f) | саранча (ж) | [sarantʃá] |
| Schnecke (f) | улитка (ж) | [ulítka] |
| Heimchen (n) | сверчок (м) | [svertʃók] |
| Leuchtkäfer (m) | светлячок (м) | [svetlɨtʃók] |
| Marienkäfer (m) | божья коровка (ж) | [bóʒja kɔrófka] |
| Maikäfer (m) | майский жук (м) | [májskij ʒúk] |
| | | |
| Blutegel (m) | пиявка (ж) | [pijáfka] |
| Raupe (f) | гусеница (ж) | [gúsenitsa] |
| Wurm (m) | червь (м) | [tʃérfʲ] |
| Larve (f) | личинка (ж) | [litʃínka] |

# FLORA

T&P Books Publishing

## 94. Bäume

| Baum (m) | дерево (c) | [dérevɔ] |
| Laub- | лиственное | [lístvenɔe] |
| Nadel- | хвойное | [hvójnɔe] |
| immergrün | вечнозелёное | [vetʃnɔ·zelǿnɔe] |

| Apfelbaum (m) | яблоня (ж) | [jáblɔnʲa] |
| Birnbaum (m) | груша (ж) | [grúʃa] |
| Süßkirschbaum (m) | черешня (ж) | [tʃeréʃnʲa] |
| Sauerkirschbaum (m) | вишня (ж) | [víʃnʲa] |
| Pflaumenbaum (m) | слива (ж) | [slíva] |

| Birke (f) | берёза (ж) | [berǿza] |
| Eiche (f) | дуб (м) | [dúb] |
| Linde (f) | липа (ж) | [lípa] |
| Espe (f) | осина (ж) | [ɔsína] |
| Ahorn (m) | клён (м) | [klǿn] |

| Fichte (f) | ель (ж) | [élʲ] |
| Kiefer (f) | сосна (ж) | [sɔsná] |
| Lärche (f) | лиственница (ж) | [lístvenitsa] |

| Tanne (f) | пихта (ж) | [píhta] |
| Zeder (f) | кедр (м) | [kédr] |

| Pappel (f) | тополь (м) | [tópɔlʲ] |
| Vogelbeerbaum (m) | рябина (ж) | [rɪbína] |

| Weide (f) | ива (ж) | [íva] |
| Erle (f) | ольха (ж) | [ɔlʲhá] |

| Buche (f) | бук (м) | [búk] |
| Ulme (f) | вяз (м) | [vʲás] |

| Esche (f) | ясень (м) | [jásenʲ] |
| Kastanie (f) | каштан (м) | [kaʃtán] |

| Magnolie (f) | магнолия (ж) | [magnólija] |
| Palme (f) | пальма (ж) | [pálʲma] |
| Zypresse (f) | кипарис (м) | [kiparís] |

| Mangrovenbaum (m) | мангровое дерево (c) | [mángrɔvɔe dérevɔ] |
| Baobab (m) | баобаб (м) | [baɔbáb] |
| Eukalyptus (m) | эвкалипт (м) | [ɛfkalípt] |
| Mammutbaum (m) | секвойя (ж) | [sekvója] |

## 95. Büsche

| | | |
|---|---|---|
| Strauch (m) | куст (м) | [kúst] |
| Gebüsch (n) | кустарник (м) | [kustárnik] |
| | | |
| Weinstock (m) | виноград (м) | [vinɔgrád] |
| Weinberg (m) | виноградник (м) | [vinɔgrádnik] |
| | | |
| Himbeerstrauch (m) | малина (ж) | [malína] |
| schwarze Johannisbeere (f) | чёрная смородина (ж) | [tʃórnaja smɔródina] |
| rote Johannisbeere (f) | красная смородина (ж) | [krásnaja smɔródina] |
| Stachelbeerstrauch (m) | крыжовник (м) | [kriʒóvnik] |
| | | |
| Akazie (f) | акация (ж) | [akátsija] |
| Berberitze (f) | барбарис (м) | [barbarís] |
| Jasmin (m) | жасмин (м) | [ʒasmín] |
| | | |
| Wacholder (m) | можжевельник (м) | [mɔʒevélʲnik] |
| Rosenstrauch (m) | розовый куст (м) | [rózɔvij kúst] |
| Heckenrose (f) | шиповник (м) | [ʃipóvnik] |

## 96. Obst. Beeren

| | | |
|---|---|---|
| Apfel (m) | яблоко (с) | [jáblɔkɔ] |
| Birne (f) | груша (ж) | [grúʃa] |
| Pflaume (f) | слива (ж) | [slíva] |
| | | |
| Erdbeere (f) | клубника (ж) | [klubníka] |
| Sauerkirsche (f) | вишня (ж) | [víʃnʲa] |
| Süßkirsche (f) | черешня (ж) | [tʃeréʃnʲa] |
| Weintrauben (pl) | виноград (м) | [vinɔgrád] |
| | | |
| Himbeere (f) | малина (ж) | [malína] |
| schwarze Johannisbeere (f) | чёрная смородина (ж) | [tʃórnaja smɔródina] |
| rote Johannisbeere (f) | красная смородина (ж) | [krásnaja smɔródina] |
| Stachelbeere (f) | крыжовник (м) | [kriʒóvnik] |
| Moosbeere (f) | клюква (ж) | [klʲúkva] |
| | | |
| Apfelsine (f) | апельсин (м) | [apelʲsín] |
| Mandarine (f) | мандарин (м) | [mandarín] |
| Ananas (f) | ананас (м) | [ananás] |
| Banane (f) | банан (м) | [banán] |
| Dattel (f) | финик (м) | [fínik] |
| | | |
| Zitrone (f) | лимон (м) | [limón] |
| Aprikose (f) | абрикос (м) | [abrikós] |
| Pfirsich (m) | персик (м) | [pérsik] |

| Kiwi (f) | киви (м) | [kívi] |
| Grapefruit (f) | грейпфрут (м) | [gréjpfrut] |

| Beere (f) | ягода (ж) | [jágɔda] |
| Beeren (pl) | ягоды (ж мн) | [jágɔdɨ] |
| Preiselbeere (f) | брусника (ж) | [brusníka] |
| Walderdbeere (f) | земляника (ж) | [zemlɪníka] |
| Heidelbeere (f) | черника (ж) | [ʧerníka] |

## 97. Blumen. Pflanzen

| Blume (f) | цветок (м) | [ʦvetók] |
| Blumenstrauß (m) | букет (м) | [bukét] |

| Rose (f) | роза (ж) | [róza] |
| Tulpe (f) | тюльпан (м) | [tʲulʲpán] |
| Nelke (f) | гвоздика (ж) | [gvɔzdíka] |
| Gladiole (f) | гладиолус (м) | [gladiólus] |

| Kornblume (f) | василёк (м) | [vasiløk] |
| Glockenblume (f) | колокольчик (м) | [kɔlɔkólʲʧik] |
| Löwenzahn (m) | одуванчик (м) | [ɔduvánʧik] |
| Kamille (f) | ромашка (ж) | [rɔmáʃka] |

| Aloe (f) | алоэ (с) | [alóɛ] |
| Kaktus (m) | кактус (м) | [káktus] |
| Gummibaum (m) | фикус (м) | [fíkus] |

| Lilie (f) | лилия (ж) | [lílija] |
| Geranie (f) | герань (ж) | [geránʲ] |
| Hyazinthe (f) | гиацинт (м) | [giaʦīnt] |

| Mimose (f) | мимоза (ж) | [mimóza] |
| Narzisse (f) | нарцисс (м) | [narʦīs] |
| Kapuzinerkresse (f) | настурция (ж) | [nastúrʦija] |

| Orchidee (f) | орхидея (ж) | [ɔrhidéja] |
| Pfingstrose (f) | пион (м) | [pión] |
| Veilchen (n) | фиалка (ж) | [fiálka] |

| Stiefmütterchen (n) | анютины глазки (мн) | [anʲútinɨ gláski] |
| Vergissmeinnicht (n) | незабудка (ж) | [nezabútka] |
| Gänseblümchen (n) | маргаритка (ж) | [margarítka] |

| Mohn (m) | мак (м) | [mák] |
| Hanf (m) | конопля (ж) | [kɔnɔplʲá] |
| Minze (f) | мята (ж) | [mʲáta] |

| Maiglöckchen (n) | ландыш (м) | [lándɨʃ] |
| Schneeglöckchen (n) | подснежник (м) | [pɔtsnéʒnik] |

| | | |
|---|---|---|
| Brennnessel (f) | крапива (ж) | [krapíva] |
| Sauerampfer (m) | щавель (м) | [ʃavélʲ] |
| Seerose (f) | кувшинка (ж) | [kufʃínka] |
| Farn (m) | папоротник (м) | [páportnik] |
| Flechte (f) | лишайник (м) | [liʃájnik] |

| | | |
|---|---|---|
| Gewächshaus (n) | оранжерея (ж) | [ɔranʒeréja] |
| Rasen (m) | газон (м) | [gazón] |
| Blumenbeet (n) | клумба (ж) | [klúmba] |

| | | |
|---|---|---|
| Pflanze (f) | растение (с) | [rasténie] |
| Gras (n) | трава (ж) | [travá] |
| Grashalm (m) | травинка (ж) | [travínka] |

| | | |
|---|---|---|
| Blatt (n) | лист (м) | [líst] |
| Blütenblatt (n) | лепесток (м) | [lepestók] |
| Stiel (m) | стебель (м) | [stébelʲ] |
| Knolle (f) | клубень (м) | [klúbenʲ] |

| | | |
|---|---|---|
| Jungpflanze (f) | росток (м) | [rɔstók] |
| Dorn (m) | шип (м) | [ʃíp] |

| | | |
|---|---|---|
| blühen (vi) | цвести (нсв, нпх) | [ʦvestí] |
| welken (vi) | вянуть (нсв, нпх) | [vʲánutʲ] |
| Geruch (m) | запах (м) | [zápah] |
| abschneiden (vt) | срезать (св, пх) | [srézatʲ] |
| pflücken (vt) | сорвать (св, пх) | [sɔrvátʲ] |

## 98. Getreide, Körner

| | | |
|---|---|---|
| Getreide (n) | зерно (с) | [zernó] |
| Getreidepflanzen (pl) | зерновые растения (с мн) | [zernɔvīe rasténija] |
| Ähre (f) | колос (м) | [kólɔs] |

| | | |
|---|---|---|
| Weizen (m) | пшеница (ж) | [pʃɛníʦa] |
| Roggen (m) | рожь (ж) | [róʃ] |
| Hafer (m) | овёс (м) | [ɔvǿs] |
| Hirse (f) | просо (с) | [prósɔ] |
| Gerste (f) | ячмень (м) | [jɪʧménʲ] |

| | | |
|---|---|---|
| Mais (m) | кукуруза (ж) | [kukurúza] |
| Reis (m) | рис (м) | [rís] |
| Buchweizen (m) | гречиха (ж) | [greʧíha] |

| | | |
|---|---|---|
| Erbse (f) | горох (м) | [gɔróh] |
| weiße Bohne (f) | фасоль (ж) | [fasólʲ] |
| Sojabohne (f) | соя (ж) | [sója] |
| Linse (f) | чечевица (ж) | [ʧeʧevíʦa] |
| Bohnen (pl) | бобы (мн) | [bɔbī] |

T&P BOOKS

# LÄNDER DER WELT

T&P Books Publishing

| Afghanistan | Афганистан (м) | [afganistán] |
| Ägypten | Египет (м) | [egípet] |
| Albanien | Албания (ж) | [albánija] |
| Argentinien | Аргентина (ж) | [argentína] |
| Armenien | Армения (ж) | [arménija] |
| Aserbaidschan | Азербайджан (м) | [azerbajdʒán] |
| Australien | Австралия (ж) | [afstrálija] |
| | | |
| Bangladesch | Бангладеш (м) | [bangladéʃ] |
| Belgien | Бельгия (ж) | [bélʲgija] |
| Bolivien | Боливия (ж) | [bolívija] |
| Bosnien und Herzegowina | Босния и Герцеговина (ж) | [bósnija i gertsɛgɔvína] |
| Brasilien | Бразилия (ж) | [brazílija] |
| Bulgarien | Болгария (ж) | [bolgárija] |
| | | |
| Chile | Чили (ж) | [ʧíli] |
| China | Китай (м) | [kitáj] |
| Dänemark | Дания (ж) | [dánija] |
| Deutschland | Германия (ж) | [germánija] |
| Die Bahamas | Багамские острова (ж) | [bagámskie ɔstrɔvá] |
| Die Vereinigten Staaten | Соединённые Штаты (мн) Америки | [sɔedinǿnnie ʃtáti amériki] |
| Dominikanische Republik | Доминиканская республика (ж) | [dominikánskaja respúblika] |
| | | |
| Ecuador | Эквадор (м) | [ɛkvadór] |
| England | Англия (ж) | [ánglija] |
| Estland | Эстония (ж) | [ɛstónija] |
| Finnland | Финляндия (ж) | [finlʲándija] |
| Frankreich | Франция (ж) | [fránʦija] |
| Französisch-Polynesien | Французская Полинезия (ж) | [franʦúskaja pɔlinǽzija] |
| | | |
| Georgien | Грузия (ж) | [grúzija] |
| Ghana | Гана (ж) | [gána] |
| Griechenland | Греция (ж) | [gréʦija] |
| Großbritannien | Великобритания (ж) | [velikɔbritánija] |
| Haiti | Гаити (м) | [gaíti] |
| | | |
| Indien | Индия (ж) | [índija] |
| Indonesien | Индонезия (ж) | [indonézija] |
| Irak | Ирак (м) | [irák] |
| Iran | Иран (м) | [irán] |

| Irland | Ирландия (ж) | [irlándija] |
| Island | Исландия (ж) | [islándija] |
| Israel | Израиль (м) | [izráilʲ] |
| Italien | Италия (ж) | [itálija] |

## 100. Länder. Teil 2

| Jamaika | ямайка (ж) | [jɪmájka] |
| Japan | япония (ж) | [jɪpónija] |
| Jordanien | Иордания (ж) | [iɔrdánija] |

| Kambodscha | Камбоджа (ж) | [kambódʒa] |
| Kanada | Канада (ж) | [kanáda] |
| Kasachstan | Казахстан (м) | [kazahstán] |
| Kenia | Кения (ж) | [kénija] |
| Kirgisien | Кыргызстан (м) | [kirgizstán] |
| Kolumbien | Колумбия (ж) | [kɔlúmbija] |
| Kroatien | Хорватия (ж) | [hɔrvátija] |
| Kuba | Куба (ж) | [kúba] |
| Kuwait | Кувейт (м) | [kuvéjt] |

| Laos | Лаос (м) | [laós] |
| Lettland | Латвия (ж) | [látvija] |
| Libanon (m) | Ливан (м) | [liván] |
| Libyen | Ливия (ж) | [lívija] |
| Liechtenstein | Лихтенштейн (м) | [lihtɛnʃtǽjn] |

| Litauen | Литва (ж) | [litvá] |
| Luxemburg | Люксембург (м) | [lʲuksembúrg] |

| Madagaskar | Мадагаскар (м) | [madagaskár] |
| Makedonien | Македония (ж) | [makedónija] |
| Malaysia | Малайзия (ж) | [malájzija] |
| Malta | Мальта (ж) | [málʲta] |
| Marokko | Марокко (с) | [marókɔ] |
| Mexiko | Мексика (ж) | [méksika] |
| Moldawien | Молдова (ж) | [mɔldóva] |
| Monaco | Монако (с) | [mɔnákɔ] |
| Mongolei (f) | Монголия (ж) | [mɔngólija] |

| Montenegro | Черногория (ж) | [ʧernɔgórija] |
| Myanmar | Мьянма (ж) | [mjánma] |

| Namibia | Намибия (ж) | [namíbija] |
| Nepal | Непал (м) | [nepál] |
| Neuseeland | Новая Зеландия (ж) | [nóvaja zelándija] |
| Niederlande (f) | Нидерланды (мн) | [niderlándi] |
| Nordkorea | Северная Корея (ж) | [sévernaja kɔréja] |
| Norwegen | Норвегия (ж) | [nɔrvégija] |
| Österreich | Австрия (ж) | [áfstrija] |

## 101. Länder. Teil 3

| | | |
|---|---|---|
| Pakistan | Пакистан (м) | [pakistán] |
| Palästina | Палестина (ж) | [palestína] |
| Panama | Панама (ж) | [panáma] |
| Paraguay | Парагвай (м) | [paragváj] |
| Peru | Перу (с) | [perú] |
| Polen | Польша (ж) | [pólʲʃa] |
| Portugal | Португалия (ж) | [portugálija] |
| | | |
| Republik Südafrika | ЮАР (ж) | [juár] |
| Rumänien | Румыния (ж) | [rumīnija] |
| Russland | Россия (ж) | [rɔsíja] |
| | | |
| Sansibar | Занзибар (м) | [zanzibár] |
| Saudi-Arabien | Саудовская Аравия (ж) | [saúdɔfskaja arávija] |
| Schottland | Шотландия (ж) | [ʃotlándija] |
| Schweden | Швеция (ж) | [ʃvétsija] |
| Schweiz (f) | Швейцария (ж) | [ʃvejtsárija] |
| Senegal | Сенегал (м) | [senegál] |
| Serbien | Сербия (ж) | [sérbija] |
| Slowakei (f) | Словакия (ж) | [slɔvákija] |
| Slowenien | Словения (ж) | [slɔvénija] |
| Spanien | Испания (ж) | [ispánija] |
| Südkorea | Южная Корея (ж) | [júʒnaja kɔréja] |
| Suriname | Суринам (м) | [surinám] |
| Syrien | Сирия (ж) | [sírija] |
| | | |
| Tadschikistan | Таджикистан (м) | [tadʒikistán] |
| Taiwan | Тайвань (м) | [tajvánʲ] |
| Tansania | Танзания (ж) | [tanzánija] |
| Tasmanien | Тасмания (ж) | [tasmánija] |
| Thailand | Таиланд (м) | [tailánd] |
| Tschechien | Чехия (ж) | [tʃéhija] |
| Tunesien | Тунис (м) | [tunís] |
| Türkei (f) | Турция (ж) | [túrtsija] |
| Turkmenistan | Туркмения (ж) | [turkménija] |
| | | |
| Ukraine (f) | Украина (ж) | [ukraína] |
| Ungarn | Венгрия (ж) | [véngrija] |
| | | |
| Uruguay | Уругвай (м) | [urugváj] |
| Usbekistan | Узбекистан (м) | [uzbekistán] |
| | | |
| Vatikan (m) | Ватикан (м) | [vatikán] |
| Venezuela | Венесуэла (ж) | [venesuǽla] |
| Vereinigten Arabischen Emirate | Объединённые Арабские Эмираты (мн) | [ɔbjedinɵ́nnie arápskie ɛmiráti] |
| Vietnam | Вьетнам (м) | [vjetnám] |
| Weißrussland | Беларусь (ж) | [belarúsʲ] |
| Zypern | Кипр (м) | [kípr] |

# GASTRONOMISCHES WÖRTERBUCH

Dieser Teil beinhaltet viele
Wörter und Begriffe im
Zusammenhang mit
Lebensmitteln.
Dieses Wörterbuch wird es
einfacher für Sie machen,
um das Menü in einem
Restaurant zu verstehen
und die richtige Speise
zu wählen

T&P Books Publishing

# Deutsch-Russisch gastronomisches wörterbuch

| | | |
|---|---|---|
| Ähre (f) | колос (м) | [kólɔs] |
| Aal (m) | угорь (м) | [úgorʲ] |
| Abendessen (n) | ужин (м) | [úʒin] |
| alkoholfrei | безалкогольный | [bezalkɔgólʲnij] |
| alkoholfreies Getränk (n) | безалкогольный напиток (м) | [bezalkɔgólʲnij napítɔk] |
| Ananas (f) | ананас (м) | [ananás] |
| Anis (m) | анис (м) | [anís] |
| Aperitif (m) | аперитив (м) | [aperitíf] |
| Apfel (m) | яблоко (с) | [jáblɔkɔ] |
| Apfelsine (f) | апельсин (м) | [apelʲsín] |
| Appetit (m) | аппетит (м) | [apetít] |
| Aprikose (f) | абрикос (м) | [abrikós] |
| Artischocke (f) | артишок (м) | [artiʃók] |
| atlantische Lachs (m) | сёмга (ж) | [sǿmga] |
| Aubergine (f) | баклажан (м) | [baklaʒán] |
| Auster (f) | устрица (ж) | [ústritsa] |
| Avocado (f) | авокадо (с) | [avɔkádɔ] |
| Banane (f) | банан (м) | [banán] |
| Bar (f) | бар (м) | [bár] |
| Barmixer (m) | бармен (м) | [bármɛn] |
| Barsch (m) | окунь (м) | [ókunʲ] |
| Basilikum (n) | базилик (м) | [bazilík] |
| Beefsteak (n) | бифштекс (м) | [bifʃtǽks] |
| Beere (f) | ягода (ж) | [jágɔda] |
| Beeren (pl) | ягоды (ж мн) | [jágɔdi] |
| Beigeschmack (m) | привкус (м) | [prífkus] |
| Beilage (f) | гарнир (м) | [garnír] |
| belegtes Brot (n) | бутерброд (м) | [buterbród] |
| Bier (n) | пиво (с) | [pívɔ] |
| Birkenpilz (m) | подберёзовик (м) | [pɔdberǿzɔvik] |
| Birne (f) | груша (ж) | [grúʃa] |
| bitter | горький | [górʲkij] |
| Blumenkohl (m) | цветная капуста (ж) | [tsvetnája kapústa] |
| Bohnen (pl) | бобы (мн) | [bɔbɨ̄] |
| Bonbon (m, n) | конфета (ж) | [kɔnféta] |
| Brühe (f), Bouillon (f) | бульон (м) | [buljón] |
| Brachse (f) | лещ (м) | [léʃ] |
| Brei (m) | каша (ж) | [káʃa] |
| Brokkoli (m) | капуста брокколи (ж) | [kapústa brókɔli] |
| Brombeere (f) | ежевика (ж) | [eʒevíka] |
| Brot (n) | хлеб (м) | [hléb] |
| Buchweizen (m) | гречиха (ж) | [gretʃíha] |
| Butter (f) | сливочное масло (с) | [slívɔtʃnɔe máslɔ] |

| | | |
|---|---|---|
| Buttercreme (f) | крем (м) | [krém] |
| Cappuccino (m) | кофе (м) со сливками | [kófe sɔ slífkami] |
| Champagner (m) | шампанское (с) | [ʃampánskɔe] |
| Cocktail (m) | коктейль (м) | [kɔktǽjlʲ] |
| Dattel (f) | финик (м) | [fínik] |
| Diät (f) | диета (ж) | [diéta] |
| Dill (m) | укроп (м) | [ukróp] |
| Dorsch (m) | треска (ж) | [treská] |
| Dosenöffner (m) | открывалка (ж) | [ɔtkriválka] |
| Dunkelbier (n) | тёмное пиво (с) | [tǿmnɔe pívɔ] |
| Ei (n) | яйцо (с) | [jijtsó] |
| Eier (pl) | яйца (мн) | [jájtsa] |
| Eigelb (n) | желток (м) | [ʒeltók] |
| Eis (n) | лёд (м) | [lǿd] |
| Eis (n) | мороженое (с) | [mɔróʒenɔe] |
| Eiweiß (n) | белок (м) | [belók] |
| Ente (f) | утка (ж) | [útka] |
| Erbse (f) | горох (м) | [gɔróh] |
| Erdbeere (f) | клубника (ж) | [klubníka] |
| Erdnuss (f) | арахис (м) | [aráhis] |
| Erfrischungsgetränk (n) | прохладительный напиток (м) | [prɔhladítelʲnij napítɔk] |
| essbarer Pilz (m) | съедобный гриб (м) | [sjedóbnij gríb] |
| Essen (n) | еда (ж) | [edá] |
| Essig (m) | уксус (м) | [úksus] |
| Esslöffel (m) | столовая ложка (ж) | [stɔlóvaja lóʃka] |
| Füllung (f) | начинка (ж) | [natʃínka] |
| Feige (f) | инжир (м) | [inʒĭr] |
| Fett (n) | жиры (мн) | [ʒĭrĭ] |
| Fisch (m) | рыба (ж) | [rĭba] |
| Flaschenöffner (m) | открывалка (ж) | [ɔtkriválka] |
| Fleisch (n) | мясо (с) | [mʲásɔ] |
| Fliegenpilz (m) | мухомор (м) | [muhɔmór] |
| Forelle (f) | форель (ж) | [fɔrǽlʲ] |
| Frühstück (n) | завтрак (м) | [záftrak] |
| frisch gepresster Saft (m) | свежевыжатый сок (м) | [sveʒe·vĭʒatij sók] |
| Frucht (f) | фрукт (м) | [frúkt] |
| Gabel (f) | вилка (ж) | [vílka] |
| Gans (f) | гусь (м) | [gúsʲ] |
| Garnele (f) | креветка (ж) | [krevétka] |
| gebraten | жареный | [ʒárenij] |
| gekocht | варёный | [varǿnij] |
| Gemüse (n) | овощи (м мн) | [óvɔʃi] |
| geräuchert | копчёный | [kɔptʃónij] |
| Gericht (n) | блюдо (с) | [blʲúdɔ] |
| Gerste (f) | ячмень (м) | [jitʃménʲ] |
| Geschmack (m) | вкус (м) | [fkús] |
| Getreide (n) | зерно (с) | [zernó] |
| Getreidepflanzen (pl) | зерновые растения (с мн) | [zernɔvīe rasténija] |
| getrocknet | сушёный | [suʃónij] |
| Gewürz (n) | приправа (ж) | [pripráva] |

| Gewürz (n) | пряность (ж) | [pr<sup>j</sup>ánost<sup>j</sup>] |
|---|---|---|
| Giftpilz (m) | ядовитый гриб (м) | [jɪdɔvítɪj gríb] |
| Gin (m) | джин (м) | [dʒĩn] |
| Grüner Knollenblätterpilz (m) | поганка (ж) | [pɔgánka] |
| grüner Tee (m) | зелёный чай (м) | [zelǿnij tʃáj] |
| grünes Gemüse (pl) | зелень (ж) | [zélen<sup>j</sup>] |
| Grütze (f) | крупа (ж) | [krupá] |
| Granatapfel (m) | гранат (м) | [granát] |
| Grapefruit (f) | грейпфрут (м) | [gréjpfrut] |
| Gurke (f) | огурец (м) | [ɔguréts] |
| Guten Appetit! | Приятного аппетита! | [prijátnɔvɔ apetíta] |
| Hühnerfleisch (n) | курица (ж) | [kúritsa] |
| Hackfleisch (n) | фарш (м) | [fárʃ] |
| Hafer (m) | овёс (м) | [ɔvǿs] |
| Hai (m) | акула (ж) | [akúla] |
| Hamburger (m) | гамбургер (м) | [gámburger] |
| Hammelfleisch (n) | баранина (ж) | [baránina] |
| Haselnuss (f) | лесной орех (м) | [lesnój ɔréh] |
| Hecht (m) | щука (ж) | [ʃʲúka] |
| heiß | горячий | [gɔr<sup>j</sup>átʃij] |
| Heidelbeere (f) | черника (ж) | [tʃerníka] |
| Heilbutt (m) | палтус (м) | [páltus] |
| Helles (n) | светлое пиво (с) | [svétlɔe pívɔ] |
| Hering (m) | сельдь (ж) | [sél<sup>j</sup>t<sup>j</sup>] |
| Himbeere (f) | малина (ж) | [malína] |
| Hirse (f) | просо (с) | [prósɔ] |
| Honig (m) | мёд (м) | [mǿd] |
| Ingwer (m) | имбирь (м) | [imbír<sup>j</sup>] |
| Joghurt (m, f) | йогурт (м) | [jógurt] |
| Käse (m) | сыр (м) | [sĩr] |
| Küche (f) | кухня (ж) | [kúhn<sup>j</sup>a] |
| Kümmel (m) | тмин (м) | [tmín] |
| Kürbis (m) | тыква (ж) | [tĩkva] |
| Kaffee (m) | кофе (м) | [kófe] |
| Kalbfleisch (n) | телятина (ж) | [tel<sup>j</sup>átina] |
| Kalmar (m) | кальмар (м) | [kal<sup>j</sup>már] |
| Kalorie (f) | калория (ж) | [kalórija] |
| kalt | холодный | [hɔlódnij] |
| Kaninchenfleisch (n) | кролик (м) | [królik] |
| Karotte (f) | морковь (ж) | [mɔrkóf<sup>j</sup>] |
| Karpfen (m) | карп (м) | [kárp] |
| Kartoffel (f) | картофель (м) | [kartófel<sup>j</sup>] |
| Kartoffelpüree (n) | картофельное пюре (с) | [kartófel<sup>j</sup>nɔe p<sup>j</sup>uré] |
| Kaugummi (m, n) | жевательная резинка (м) | [ʒevátel<sup>j</sup>naja rezínka] |
| Kaviar (m) | икра (ж) | [ikrá] |
| Keks (m, n) | печенье (с) | [petʃénje] |
| Kellner (m) | официант (м) | [ɔfitsiánt] |
| Kellnerin (f) | официантка (ж) | [ɔfitsiántka] |
| Kiwi, Kiwifrucht (f) | киви (м) | [kívi] |
| Knoblauch (m) | чеснок (м) | [tʃesnók] |

| | | |
|---|---|---|
| Kognak (m) | коньяк (м) | [kɔnják] |
| Kohl (m) | капуста (ж) | [kapústa] |
| Kohlenhydrat (n) | углеводы (мн) | [uglevódi] |
| Kokosnuss (f) | кокосовый орех (м) | [kɔkósɔvij ɔréh] |
| Kondensmilch (f) | сгущённое молоко (с) | [sguʃǿnɔe mɔlɔkó] |
| Konditorwaren (pl) | кондитерские изделия (мн) | [kɔndíterskie izdélija] |
| Konfitüre (f) | варенье (с) | [varénje] |
| Konserven (pl) | консервы (мн) | [kɔnsérvi] |
| Kopf Salat (m) | салат (м) | [salát] |
| Koriander (m) | кориандр (м) | [kɔriándr] |
| Korkenzieher (m) | штопор (м) | [ʃtópɔr] |
| Krümel (m) | крошка (ж) | [króʃka] |
| Krabbe (f) | краб (м) | [kráb] |
| Krebstiere (pl) | ракообразные (мн) | [rakɔɔbráznie] |
| Kuchen (m) | пирожное (с) | [piróʒnɔe] |
| Kuchen (m) | пирог (м) | [piróg] |
| Löffel (m) | ложка (ж) | [lóʃka] |
| Lachs (m) | лосось (м) | [lɔsósʲ] |
| Languste (f) | лангуст (м) | [langúst] |
| Leber (f) | печень (ж) | [pétʃenʲ] |
| lecker | вкусный | [fkúsnij] |
| Likör (m) | ликёр (м) | [likǿr] |
| Limonade (f) | лимонад (м) | [limɔnád] |
| Linse (f) | чечевица (ж) | [tʃetʃevítsa] |
| Lorbeerblatt (n) | лавровый лист (м) | [lavróvij líst] |
| Mais (m) | кукуруза (ж) | [kukurúza] |
| Mais (m) | кукуруза (ж) | [kukurúza] |
| Maisflocken (pl) | кукурузные хлопья (мн) | [kukurúznie hlópja] |
| Makrele (f) | скумбрия (ж) | [skúmbrija] |
| Mandarine (f) | мандарин (м) | [mandarín] |
| Mandel (f) | миндаль (м) | [mindálʲ] |
| Mango (f) | манго (с) | [mángɔ] |
| Margarine (f) | маргарин (м) | [margarín] |
| mariniert | маринованный | [marinóvanij] |
| Marmelade (f) | джем, конфитюр (м) | [dʒǽm], [kɔnfitʲúr] |
| Marmelade (f) | мармелад (м) | [marmelád] |
| Mayonnaise (f) | майонез (м) | [majinǽs] |
| Meeresfrüchte (pl) | морепродукты (мн) | [mɔre·prɔdúkti] |
| Meerrettich (m) | хрен (м) | [hrén] |
| Mehl (n) | мука (ж) | [muká] |
| Melone (f) | дыня (ж) | [dīnʲa] |
| Messer (n) | нож (м) | [nóʃ] |
| Milch (f) | молоко (с) | [mɔlɔkó] |
| Milchcocktail (m) | молочный коктейль (м) | [mɔlótʃnij kɔktǽjlʲ] |
| Milchkaffee (m) | кофе (м) с молоком | [kófe s mɔlɔkóm] |
| Mineralwasser (n) | минеральная вода (ж) | [minerálʲnaja vɔdá] |
| mit Eis | со льдом | [sɔ lʲdóm] |
| mit Gas | с газом | [s gázɔm] |
| mit Kohlensäure | газированная | [gazírɔvanaja] |
| Mittagessen (n) | обед (м) | [ɔbéd] |
| Moosbeere (f) | клюква (ж) | [klʲúkva] |

| | | |
|---|---|---|
| Morchel (f) | сморчок (м) | [smortʃók] |
| Nachtisch (m) | десерт (м) | [desért] |
| Nelke (f) | гвоздика (ж) | [gvɔzdíka] |
| Nudeln (pl) | лапша (ж) | [lapʃá] |
| Oliven (pl) | оливки (мн) | [ɔlífki] |
| Olivenöl (n) | оливковое масло (с) | [ɔlífkɔvɔe máslɔ] |
| Omelett (n) | омлет (м) | [ɔmlét] |
| Orangensaft (m) | апельсиновый сок (м) | [apelʲsínɔvij sók] |
| Papaya (f) | папайя (ж) | [papája] |
| Paprika (m) | перец (м) | [pérets] |
| Paprika (m) | паприка (ж) | [páprika] |
| Pastete (f) | паштет (м) | [paʃtét] |
| Petersilie (f) | петрушка (ж) | [petrúʃka] |
| Pfifferling (m) | лисичка (ж) | [lisíʧka] |
| Pfirsich (m) | персик (м) | [pérsik] |
| Pflanzenöl (n) | растительное масло (с) | [rastítelʲnɔe máslɔ] |
| Pflaume (f) | слива (ж) | [slíva] |
| Pilz (m) | гриб (м) | [gríb] |
| Pistazien (pl) | фисташки (мн) | [fistáʃki] |
| Pizza (f) | пицца (ж) | [pítsa] |
| Portion (f) | порция (ж) | [pórtsija] |
| Preiselbeere (f) | брусника (ж) | [brusníka] |
| Protein (n) | белки (мн) | [belkí] |
| Pudding (m) | пудинг (м) | [púding] |
| Pulverkaffee (m) | растворимый кофе (м) | [rastvɔrímij kófe] |
| Pute (f) | индейка (ж) | [indéjka] |
| Räucherschinken (m) | окорок (м) | [ókɔrɔk] |
| Rübe (f) | репа (ж) | [répa] |
| Radieschen (n) | редис (м) | [redís] |
| Rechnung (f) | счёт (м) | [ʃǿt] |
| Reis (m) | рис (м) | [rís] |
| Rezept (n) | рецепт (м) | [retsæpt] |
| Rindfleisch (n) | говядина (ж) | [gɔvʲádina] |
| Roggen (m) | рожь (ж) | [róʃ] |
| Rosenkohl (m) | брюссельская капуста (ж) | [brʲusélʲskaja kapústa] |
| Rosinen (pl) | изюм (м) | [izʲúm] |
| Rote Bete (f) | свёкла (ж) | [svǿkla] |
| rote Johannisbeere (f) | красная смородина (ж) | [krásnaja smɔródina] |
| roter Pfeffer (m) | красный перец (м) | [krásnij pérets] |
| Rotkappe (f) | подосиновик (м) | [pɔdɔsínɔvik] |
| Rotwein (m) | красное вино (с) | [krásnɔe vinó] |
| Rum (m) | ром (м) | [róm] |
| süß | сладкий | [slátkij] |
| Süßkirsche (f) | черешня (ж) | [ʧereʃnʲa] |
| Safran (m) | шафран (м) | [ʃafrán] |
| Saft (m) | сок (м) | [sók] |
| Sahne (f) | сливки (мн) | [slífki] |
| Salat (m) | салат (м) | [salát] |
| Salz (n) | соль (ж) | [sólʲ] |
| salzig | солёный | [sɔlǿnij] |
| Sardine (f) | сардина (ж) | [sardína] |

| | | |
|---|---|---|
| Sauerkirsche (f) | вишня (ж) | [víʃnʲa] |
| saure Sahne (f) | сметана (ж) | [smetána] |
| Schale (f) | кожура (ж) | [koʒurá] |
| Scheibchen (n) | ломтик (м) | [lómtik] |
| Schinken (m) | ветчина (ж) | [vettʃiná] |
| Schinkenspeck (m) | бекон (м) | [bekón] |
| Schokolade (f) | шоколад (м) | [ʃokolád] |
| Schokoladen- | шоколадный | [ʃokoládnij] |
| Scholle (f) | камбала (ж) | [kámbala] |
| schwarze Johannisbeere (f) | чёрная смородина (ж) | [tʃórnaja smoródina] |
| schwarzer Kaffee (m) | чёрный кофе (м) | [tʃórnij kófe] |
| schwarzer Pfeffer (m) | чёрный перец (м) | [tʃórnij péreʦ] |
| schwarzer Tee (m) | чёрный чай (м) | [tʃórnij tʃáj] |
| Schweinefleisch (n) | свинина (ж) | [svinína] |
| Sellerie (m) | сельдерей (м) | [selʲderéj] |
| Senf (m) | горчица (ж) | [gortʃíʦa] |
| Sesam (m) | кунжут (м) | [kunʒút] |
| Soße (f) | соус (м) | [sóus] |
| Sojabohne (f) | соя (ж) | [sója] |
| Sonnenblumenöl (n) | подсолнечное масло (с) | [potsólnetʃnoe máslo] |
| Spaghetti (pl) | спагетти (мн) | [spagéti] |
| Spargel (m) | спаржа (ж) | [spárʒa] |
| Speisekarte (f) | меню (с) | [menʲú] |
| Spiegelei (n) | яичница (ж) | [iiʃníʦa] |
| Spinat (m) | шпинат (м) | [ʃpinát] |
| Spirituosen (pl) | алкогольные напитки (мн) | [alkogólʲnie napítki] |
| Störfleisch (n) | осетрина (ж) | [osetrína] |
| Stück (n) | кусок (м) | [kusók] |
| Stachelbeere (f) | крыжовник (м) | [kriʒóvnik] |
| Steinpilz (m) | белый гриб (м) | [bélij gríb] |
| still | без газа | [bez gáza] |
| Suppe (f) | суп (м) | [súp] |
| Täubling (m) | сыроежка (ж) | [siroéʃka] |
| Tasse (f) | чашка (ж) | [tʃáʃka] |
| Tee (m) | чай (м) | [tʃáj] |
| Teelöffel (m) | чайная ложка (ж) | [tʃájnaja lóʃka] |
| Teigwaren (pl) | макароны (мн) | [makaróni] |
| Teller (m) | тарелка (ж) | [tarélka] |
| tiefgekühlt | замороженный | [zamoróʒenij] |
| Tomate (f) | помидор (м) | [pomidór] |
| Tomatensaft (m) | томатный сок (м) | [tomátnij sók] |
| Torte (f) | торт (м) | [tórt] |
| Trinkgeld (n) | чаевые (мн) | [tʃaevíe] |
| Trinkwasser (n) | питьевая вода (ж) | [pitjevája vodá] |
| Tunfisch (m) | тунец (м) | [tunéʦ] |
| Untertasse (f) | блюдце (с) | [blʲúʦe] |
| Vegetarier (m) | вегетарианец (м) | [vegetariáneʦ] |
| vegetarisch | вегетарианский | [vegetariánskij] |
| Vitamin (n) | витамин (м) | [vitamín] |
| Vorspeise (f) | закуска (ж) | [zakúska] |

| | | |
|---|---|---|
| Würstchen (n) | сосиска (ж) | [sɔsíska] |
| Waffeln (pl) | вафли (мн) | [váfli] |
| Walderdbeere (f) | земляника (ж) | [zemlɪníka] |
| Walnuss (f) | грецкий орех (м) | [grétskij ɔréh] |
| Wasser (n) | вода (ж) | [vɔdá] |
| Wasserglas (n) | стакан (м) | [stakán] |
| Wassermelone (f) | арбуз (м) | [arbús] |
| weiße Bohne (f) | фасоль (ж) | [fasólʲ] |
| Weißwein (m) | белое вино (с) | [bélɔe vinó] |
| Wein (m) | вино (с) | [vinó] |
| Weinglas (n) | бокал (м) | [bɔkál] |
| Weinkarte (f) | карта (ж) вин | [kárta vín] |
| Weintrauben (pl) | виноград (м) | [vinɔgrád] |
| Weizen (m) | пшеница (ж) | [pʃɛnítsa] |
| Wels (m) | сом (м) | [sóm] |
| Wermut (m) | вермут (м) | [vérmut] |
| Whisky (m) | виски (с) | [víski] |
| Wild (n) | дичь (ж) | [dítʃ] |
| Wodka (m) | водка (ж) | [vótka] |
| Wurst (f) | колбаса (ж) | [kɔlbasá] |
| Zahnstocher (m) | зубочистка (ж) | [zubɔtʃístka] |
| Zander (m) | судак (м) | [sudák] |
| Zimt (m) | корица (ж) | [kɔrítsa] |
| Zitrone (f) | лимон (м) | [limón] |
| Zucchini (f) | кабачок (м) | [kabatʃók] |
| Zucker (m) | сахар (м) | [sáhar] |
| Zunge (f) | язык (м) | [jɪzĩk] |
| Zwiebel (f) | лук (м) | [lúk] |

| | | |
|---|---|---|
| абрикос (м) | [abrikós] | Aprikose (f) |
| авокадо (с) | [avɔkádɔ] | Avocado (f) |
| акула (ж) | [akúla] | Hai (m) |
| алкогольные напитки (мн) | [alkɔgólʲnie napítki] | Spirituosen (pl) |
| ананас (м) | [ananás] | Ananas (f) |
| анис (м) | [anís] | Anis (m) |
| апельсин (м) | [apelʲsín] | Apfelsine (f) |
| апельсиновый сок (м) | [apelʲsínɔvij sók] | Orangensaft (m) |
| аперитив (м) | [aperitíf] | Aperitif (m) |
| аппетит (м) | [apetít] | Appetit (m) |
| арахис (м) | [aráhis] | Erdnuss (f) |
| арбуз (м) | [arbús] | Wassermelone (f) |
| артишок (м) | [artiʃók] | Artischocke (f) |
| базилик (м) | [bazilík] | Basilikum (n) |
| баклажан (м) | [baklaʒán] | Aubergine (f) |
| банан (м) | [banán] | Banane (f) |
| бар (м) | [bár] | Bar (f) |
| баранина (ж) | [baránina] | Hammelfleisch (n) |
| бармен (м) | [bármɛn] | Barmixer (m) |
| без газа | [bez gáza] | still |
| безалкогольный | [bezalkɔgólʲnij] | alkoholfrei |
| безалкогольный напиток (м) | [bezalkɔgólʲnij napítɔk] | alkoholfreies Getränk (n) |
| бекон (м) | [bekón] | Schinkenspeck (m) |
| белки (мн) | [belkí] | Protein (n) |
| белое вино (с) | [bélɔe vinó] | Weißwein (m) |
| белок (м) | [belók] | Eiweiß (n) |
| белый гриб (м) | [bélij gríb] | Steinpilz (m) |
| бифштекс (м) | [bifʃtǽks] | Beefsteak (n) |
| блюдо (с) | [blʲúdɔ] | Gericht (n) |
| блюдце (с) | [blʲútse] | Untertasse (f) |
| бобы (мн) | [bobī̄] | Bohnen (pl) |
| бокал (м) | [bɔkál] | Weinglas (n) |
| брусника (ж) | [brusníka] | Preiselbeere (f) |
| брюссельская капуста (ж) | [brʲusélʲskaja kapústa] | Rosenkohl (m) |
| бульон (м) | [buljón] | Brühe (f), Bouillon (f) |
| бутерброд (м) | [buterbród] | belegtes Brot (n) |
| варенье (с) | [varénje] | Konfitüre (f) |
| варёный | [varǿnij] | gekocht |
| вафли (мн) | [váfli] | Waffeln (pl) |
| вегетарианец (м) | [vegetariánets] | Vegetarier (m) |
| вегетарианский | [vegetariánskij] | vegetarisch |

| | | |
|---|---|---|
| вермут (м) | [vérmut] | Wermut (m) |
| ветчина (ж) | [vettʃiná] | Schinken (m) |
| вилка (ж) | [vílka] | Gabel (f) |
| вино (с) | [vinó] | Wein (m) |
| виноград (м) | [vinɔgrád] | Weintrauben (pl) |
| виски (с) | [víski] | Whisky (m) |
| витамин (м) | [vitamín] | Vitamin (n) |
| вишня (ж) | [víʃnʲa] | Sauerkirsche (f) |
| вкус (м) | [fkús] | Geschmack (m) |
| вкусный | [fkúsnij] | lecker |
| вода (ж) | [vɔdá] | Wasser (n) |
| водка (ж) | [vótka] | Wodka (m) |
| газированная | [gazirɔ́vanaja] | mit Kohlensäure |
| гамбургер (м) | [gámburger] | Hamburger (m) |
| гарнир (м) | [garnír] | Beilage (f) |
| гвоздика (ж) | [gvɔzdíka] | Nelke (f) |
| говядина (ж) | [gɔvʲádina] | Rindfleisch (n) |
| горох (м) | [gɔróh] | Erbse (f) |
| горчица (ж) | [gɔrtʃítsa] | Senf (m) |
| горький | [górʲkij] | bitter |
| горячий | [gɔrʲátʃij] | heiß |
| гранат (м) | [granát] | Granatapfel (m) |
| грейпфрут (м) | [gréjpfrut] | Grapefruit (f) |
| грецкий орех (м) | [grétskij ɔréh] | Walnuss (f) |
| гречиха (ж) | [gretʃíha] | Buchweizen (m) |
| гриб (м) | [gríb] | Pilz (m) |
| груша (ж) | [grúʃa] | Birne (f) |
| гусь (м) | [gúsʲ] | Gans (f) |
| десерт (м) | [desért] | Nachtisch (m) |
| джем, конфитюр (м) | [dʒǽm], [kɔnfitʲúr] | Marmelade (f) |
| джин (м) | [dʒĭn] | Gin (m) |
| диета (ж) | [diéta] | Diät (f) |
| дичь (ж) | [dítʃʲ] | Wild (n) |
| дыня (ж) | [dĭnʲa] | Melone (f) |
| еда (ж) | [edá] | Essen (n) |
| ежевика (ж) | [eʒevíka] | Brombeere (f) |
| жареный | [ʒárenij] | gebraten |
| жевательная резинка (м) | [ʒevátelʲnaja rezínka] | Kaugummi (m, n) |
| желток (м) | [ʒeltók] | Eigelb (n) |
| жиры (мн) | [ʒirĭ] | Fett (n) |
| завтрак (м) | [záftrak] | Frühstück (n) |
| закуска (ж) | [zakúska] | Vorspeise (f) |
| замороженный | [zamɔróʒenij] | tiefgekühlt |
| зелень (ж) | [zélenʲ] | grünes Gemüse (pl) |
| зелёный чай (м) | [zelʲónij tʃáj] | grüner Tee (m) |
| земляника (ж) | [zemlʲníka] | Walderdbeere (f) |
| зерно (с) | [zernó] | Getreide (n) |
| зерновые растения (с мн) | [zernɔvĭe rasténija] | Getreidepflanzen (pl) |
| зубочистка (ж) | [zubɔtʃístka] | Zahnstocher (m) |
| изюм (м) | [izʲúm] | Rosinen (pl) |

| икра (ж) | [ikrá] | Kaviar (m) |
|---|---|---|
| имбирь (м) | [imbírʲ] | Ingwer (m) |
| индейка (ж) | [indéjka] | Pute (f) |
| инжир (м) | [inʒír] | Feige (f) |
| йогурт (м) | [jógurt] | Joghurt (m, f) |
| кабачок (м) | [kabatʃók] | Zucchini (f) |
| калория (ж) | [kalórija] | Kalorie (f) |
| кальмар (м) | [kalʲmár] | Kalmar (m) |
| камбала (ж) | [kámbala] | Scholle (f) |
| капуста (ж) | [kapústa] | Kohl (m) |
| капуста брокколи (ж) | [kapústa brókɔli] | Brokkoli (m) |
| карп (м) | [kárp] | Karpfen (m) |
| карта (ж) вин | [kárta vín] | Weinkarte (f) |
| картофель (м) | [kartófelʲ] | Kartoffel (f) |
| картофельное пюре (с) | [kartófelʲnɔe pʲuré] | Kartoffelpüree (n) |
| каша (ж) | [káʃa] | Brei (m) |
| киви (м) | [kívi] | Kiwi, Kiwifrucht (f) |
| клубника (ж) | [klubníka] | Erdbeere (f) |
| клюква (ж) | [klʲúkva] | Moosbeere (f) |
| кожура (ж) | [kɔʒurá] | Schale (f) |
| кокосовый орех (м) | [kɔkósɔvij ɔréh] | Kokosnuss (f) |
| коктейль (м) | [kɔktǽjlʲ] | Cocktail (m) |
| колбаса (ж) | [kɔlbasá] | Wurst (f) |
| колос (м) | [kólɔs] | Ähre (f) |
| кондитерские изделия (мн) | [kɔndíterskie izdélija] | Konditorwaren (pl) |
| консервы (мн) | [kɔnsérvi] | Konserven (pl) |
| конфета (ж) | [kɔnféta] | Bonbon (m, n) |
| коньяк (м) | [kɔnják] | Kognak (m) |
| копчёный | [kɔptʃónij] | geräuchert |
| кориандр (м) | [kɔriándr] | Koriander (m) |
| корица (ж) | [kɔrítsa] | Zimt (m) |
| кофе (м) | [kófe] | Kaffee (m) |
| кофе (м) с молоком | [kófe s mɔlɔkóm] | Milchkaffee (m) |
| кофе (м) со сливками | [kófe sɔ slífkami] | Cappuccino (m) |
| краб (м) | [kráb] | Krabbe (f) |
| красная смородина (ж) | [krásnaja smɔródina] | rote Johannisbeere (f) |
| красное вино (с) | [krásnɔe vinó] | Rotwein (m) |
| красный перец (м) | [krásnij pérets] | roter Pfeffer (m) |
| креветка (ж) | [krevétka] | Garnele (f) |
| крем (м) | [krém] | Buttercreme (f) |
| кролик (м) | [królik] | Kaninchenfleisch (n) |
| крошка (ж) | [króʃka] | Krümel (m) |
| крупа (ж) | [krupá] | Grütze (f) |
| крыжовник (м) | [kriʒóvnik] | Stachelbeere (f) |
| кукуруза (ж) | [kukurúza] | Mais (m) |
| кукуруза (ж) | [kukurúza] | Mais (m) |
| кукурузные хлопья (мн) | [kukurúznie hlópja] | Maisflocken (pl) |
| кунжут (м) | [kunʒút] | Sesam (m) |
| курица (ж) | [kúritsa] | Hühnerfleisch (n) |
| кусок (м) | [kusók] | Stück (n) |
| кухня (ж) | [kúhnʲa] | Küche (f) |

| | | |
|---|---|---|
| лавровый лист (м) | [lavróvij líst] | Lorbeerblatt (n) |
| лангуст (м) | [langúst] | Languste (f) |
| лапша (ж) | [lapʃá] | Nudeln (pl) |
| лесной орех (м) | [lesnój ɔréh] | Haselnuss (f) |
| лещ (м) | [léʃ] | Brachse (f) |
| лёд (м) | [lǿd] | Eis (n) |
| ликёр (м) | [likǿr] | Likör (m) |
| лимон (м) | [limón] | Zitrone (f) |
| лимонад (м) | [limɔnád] | Limonade (f) |
| лисичка (ж) | [lisítʃka] | Pfifferling (m) |
| ложка (ж) | [lóʃka] | Löffel (m) |
| ломтик (м) | [lómtik] | Scheibchen (n) |
| лосось (м) | [lɔsósʲ] | Lachs (m) |
| лук (м) | [lúk] | Zwiebel (f) |
| майонез (м) | [majinǽs] | Mayonnaise (f) |
| макароны (мн) | [makaróni] | Teigwaren (pl) |
| малина (ж) | [malína] | Himbeere (f) |
| манго (с) | [mángɔ] | Mango (f) |
| мандарин (м) | [mandarín] | Mandarine (f) |
| маргарин (м) | [margarín] | Margarine (f) |
| маринованный | [marinóvanij] | mariniert |
| мармелад (м) | [marmelád] | Marmelade (f) |
| меню (с) | [menʲú] | Speisekarte (f) |
| мёд (м) | [mǿd] | Honig (m) |
| миндаль (м) | [mindálʲ] | Mandel (f) |
| минеральная вода (ж) | [minerálʲnaja vɔdá] | Mineralwasser (n) |
| молоко (с) | [mɔlɔkó] | Milch (f) |
| молочный коктейль (м) | [mɔlótʃnij kɔktǽjlʲ] | Milchcocktail (m) |
| морепродукты (мн) | [mɔre·prɔdúkti] | Meeresfrüchte (pl) |
| морковь (ж) | [mɔrkófʲ] | Karotte (f) |
| мороженое (с) | [mɔróʒenɔe] | Eis (n) |
| мука (ж) | [muká] | Mehl (n) |
| мухомор (м) | [muhɔmór] | Fliegenpilz (m) |
| мясо (с) | [mʲásɔ] | Fleisch (n) |
| начинка (ж) | [natʃínka] | Füllung (f) |
| нож (м) | [nóʃ] | Messer (n) |
| обед (м) | [ɔbéd] | Mittagessen (n) |
| овёс (м) | [ɔvǿs] | Hafer (m) |
| овощи (м мн) | [óvɔʃi] | Gemüse (n) |
| огурец (м) | [ɔguréts] | Gurke (f) |
| окорок (м) | [ókɔrɔk] | Räucherschinken (m) |
| окунь (м) | [ókunʲ] | Barsch (m) |
| оливки (мн) | [olífki] | Oliven (pl) |
| оливковое масло (с) | [ɔlífkɔvɔe máslɔ] | Olivenöl (n) |
| омлет (м) | [ɔmlét] | Omelett (n) |
| осетрина (ж) | [ɔsetrína] | Störfleisch (n) |
| открывалка (ж) | [ɔtkriválka] | Flaschenöffner (m) |
| открывалка (ж) | [ɔtkriválka] | Dosenöffner (m) |
| официант (м) | [ɔfitsiánt] | Kellner (m) |
| официантка (ж) | [ɔfitsiántka] | Kellnerin (f) |
| палтус (м) | [páltus] | Heilbutt (m) |
| папайя (ж) | [papája] | Papaya (f) |

| | | |
|---|---|---|
| паприка (ж) | [páprika] | Paprika (m) |
| паштет (м) | [paʃtét] | Pastete (f) |
| перец (м) | [pérets] | Paprika (m) |
| персик (м) | [pérsik] | Pfirsich (m) |
| петрушка (ж) | [petrúʃka] | Petersilie (f) |
| печень (ж) | [pétʃenʲ] | Leber (f) |
| печенье (с) | [petʃénje] | Keks (m, n) |
| пиво (с) | [pívɔ] | Bier (n) |
| пирог (м) | [piróg] | Kuchen (m) |
| пирожное (с) | [piróʒnɔe] | Kuchen (m) |
| питьевая вода (ж) | [pitjevája vɔdá] | Trinkwasser (n) |
| пицца (ж) | [pítsa] | Pizza (f) |
| поганка (ж) | [pɔgánka] | Grüner Knollenblätterpilz (m) |
| подберёзовик (м) | [pɔdberǿzɔvik] | Birkenpilz (m) |
| подосиновик (м) | [pɔdɔsínɔvik] | Rotkappe (f) |
| подсолнечное масло (с) | [pɔtsólnetʃnɔe máslɔ] | Sonnenblumenöl (n) |
| помидор (м) | [pɔmidór] | Tomate (f) |
| порция (ж) | [pórtsija] | Portion (f) |
| привкус (м) | [prífkus] | Beigeschmack (m) |
| приправа (ж) | [pripráva] | Gewürz (n) |
| Приятного аппетита! | [prijátnɔvɔ apetíta] | Guten Appetit! |
| просо (с) | [prósɔ] | Hirse (f) |
| прохладительный напиток (м) | [prɔhladítelʲnij napítɔk] | Erfrischungsgetränk (n) |
| пряность (ж) | [prʲánostʲ] | Gewürz (n) |
| пудинг (м) | [púding] | Pudding (m) |
| пшеница (ж) | [pʃɛnítsa] | Weizen (m) |
| ракообразные (мн) | [rakɔɔbráznie] | Krebstiere (pl) |
| растворимый кофе (м) | [rastvɔrímij kófe] | Pulverkaffee (m) |
| растительное масло (с) | [rastítelʲnɔe máslɔ] | Pflanzenöl (n) |
| редис (м) | [redís] | Radieschen (n) |
| репа (ж) | [répa] | Rübe (f) |
| рецепт (м) | [retsǽpt] | Rezept (n) |
| рис (м) | [rís] | Reis (m) |
| рожь (ж) | [róʃ] | Roggen (m) |
| ром (м) | [róm] | Rum (m) |
| рыба (ж) | [rī̃ba] | Fisch (m) |
| с газом | [s gázɔm] | mit Gas |
| салат (м) | [salát] | Kopf Salat (m) |
| салат (м) | [salát] | Salat (m) |
| сардина (ж) | [sardína] | Sardine (f) |
| сахар (м) | [sáhar] | Zucker (m) |
| свежевыжатый сок (м) | [sveʒe·vĩʒatij sók] | frisch gepresster Saft (m) |
| светлое пиво (с) | [svétlɔe pívɔ] | Helles (n) |
| свёкла (ж) | [svǿkla] | Rote Bete (f) |
| свинина (ж) | [svinína] | Schweinefleisch (n) |
| сгущённое молоко (с) | [sguʃǿnɔe mɔlɔkó] | Kondensmilch (f) |
| сельдерей (м) | [selʲderéj] | Sellerie (m) |
| сельдь (ж) | [sélʲtʲ] | Hering (m) |
| сёмга (ж) | [sǿmga] | atlantische Lachs (m) |
| скумбрия (ж) | [skúmbrija] | Makrele (f) |

| | | |
|---|---|---|
| сладкий | [slátkij] | süß |
| слива (ж) | [slíva] | Pflaume (f) |
| сливки (мн) | [slífki] | Sahne (f) |
| сливочное масло (с) | [slívɔʧnɔe máslɔ] | Butter (f) |
| сметана (ж) | [smetána] | saure Sahne (f) |
| сморчок (м) | [smɔrʧók] | Morchel (f) |
| со льдом | [sɔ lʲdóm] | mit Eis |
| сок (м) | [sók] | Saft (m) |
| солёный | [sɔlǿnij] | salzig |
| соль (ж) | [sólʲ] | Salz (n) |
| сом (м) | [sóm] | Wels (m) |
| сосиска (ж) | [sɔsíska] | Würstchen (n) |
| соус (м) | [sóus] | Soße (f) |
| соя (ж) | [sója] | Sojabohne (f) |
| спагетти (мн) | [spagéti] | Spaghetti (pl) |
| спаржа (ж) | [spárʒa] | Spargel (m) |
| стакан (м) | [stakán] | Wasserglas (n) |
| столовая ложка (ж) | [stɔlóvaja lóʃka] | Esslöffel (m) |
| судак (м) | [sudák] | Zander (m) |
| суп (м) | [súp] | Suppe (f) |
| сушёный | [suʃónij] | getrocknet |
| счёт (м) | [ʃǿt] | Rechnung (f) |
| съедобный гриб (м) | [sjedóbnij gríb] | essbarer Pilz (m) |
| сыр (м) | [sɨr] | Käse (m) |
| сыроежка (ж) | [sirɔéʃka] | Täubling (m) |
| тарелка (ж) | [tarélka] | Teller (m) |
| телятина (ж) | [telʲátina] | Kalbfleisch (n) |
| тёмное пиво (с) | [tǿmnɔe pívɔ] | Dunkelbier (n) |
| тмин (м) | [tmín] | Kümmel (m) |
| томатный сок (м) | [tɔmátnij sók] | Tomatensaft (m) |
| торт (м) | [tórt] | Torte (f) |
| треска (ж) | [treská] | Dorsch (m) |
| тунец (м) | [tunéts] | Tunfisch (m) |
| тыква (ж) | [tɨkva] | Kürbis (m) |
| углеводы (мн) | [uglevódɨ] | Kohlenhydrat (n) |
| угорь (м) | [úgɔrʲ] | Aal (m) |
| ужин (м) | [úʒin] | Abendessen (n) |
| укроп (м) | [ukróp] | Dill (m) |
| уксус (м) | [úksus] | Essig (m) |
| устрица (ж) | [ústritsa] | Auster (f) |
| утка (ж) | [útka] | Ente (f) |
| фарш (м) | [fárʃ] | Hackfleisch (n) |
| фасоль (ж) | [fasólʲ] | weiße Bohne (f) |
| финик (м) | [fínik] | Dattel (f) |
| фисташки (мн) | [fistáʃki] | Pistazien (pl) |
| форель (ж) | [fɔrælʲ] | Forelle (f) |
| фрукт (м) | [frúkt] | Frucht (f) |
| хлеб (м) | [hléb] | Brot (n) |
| холодный | [hɔlódnij] | kalt |
| хрен (м) | [hrén] | Meerrettich (m) |
| цветная капуста (ж) | [tsvetnája kapústa] | Blumenkohl (m) |
| чаевые (мн) | [ʧaevīe] | Trinkgeld (n) |

| чай (м) | [ʧaj] | Tee (m) |
|---|---|---|
| чайная ложка (ж) | [ʧajnaja lóʃka] | Teelöffel (m) |
| чашка (ж) | [ʧáʃka] | Tasse (f) |
| черешня (ж) | [ʧeréʃnʲa] | Süßkirsche (f) |
| черника (ж) | [ʧerníka] | Heidelbeere (f) |
| чеснок (м) | [ʧesnók] | Knoblauch (m) |
| чечевица (ж) | [ʧeʧevítsa] | Linse (f) |
| чёрная смородина (ж) | [ʧórnaja smoródina] | schwarze Johannisbeere (f) |
| чёрный кофе (м) | [ʧórnij kófe] | schwarzer Kaffee (m) |
| чёрный перец (м) | [ʧórnij pérets] | schwarzer Pfeffer (m) |
| чёрный чай (м) | [ʧórnij ʧaj] | schwarzer Tee (m) |
| шампанское (с) | [ʃampánskoe] | Champagner (m) |
| шафран (м) | [ʃafrán] | Safran (m) |
| шоколад (м) | [ʃokolád] | Schokolade (f) |
| шоколадный | [ʃokoládnij] | Schokoladen- |
| шпинат (м) | [ʃpinát] | Spinat (m) |
| штопор (м) | [ʃtópor] | Korkenzieher (m) |
| щука (ж) | [ʃʲúka] | Hecht (m) |
| яблоко (с) | [jábloko] | Apfel (m) |
| ягода (ж) | [jágoda] | Beere (f) |
| ягоды (ж мн) | [jágodi] | Beeren (pl) |
| ядовитый гриб (м) | [jɪdovítij gríb] | Giftpilz (m) |
| язык (м) | [jɪzīk] | Zunge (f) |
| яичница (ж) | [iíʃnitsa] | Spiegelei (n) |
| яйца (мн) | [jájtsa] | Eier (pl) |
| яйцо (с) | [jɪjtsó] | Ei (n) |
| ячмень (м) | [jɪʧménʲ] | Gerste (f) |

www.ingramcontent.com/pod-product-compliance
Lightning Source LLC
La Vergne TN
LVHW051259080426
835509LV00020B/3058